제12판

# 2026
# 세무사
# 행정소송법
# 필기노트

# CONTENTS

## Chapter 01 | 개 관

제1관 행정소송의 의의 / 6
제2관 행정소송의 종류 / 7
제3관 행정소송의 한계 / 8

## Chapter 02 | 항고소송

**제1절** 항고소송의 종류 / 12

**제2절** 취소소송의 소송요건 등 / 13
  제1관 개 설 / 13
  제2관 취소소송의 당사자 등 / 14
  제3관 취소소송의 대상 / 44
  제4관 제소기간 / 72
  제5관 전심절차 – 행정심판과 취소소송과의 관계 / 78
  제6관 재판의 관할 / 82
  제7관 관련청구소송의 이송과 병합 / 85

**제3절** 취소소송과 가구제(假救濟) / 90
  제1관 가구제의 의의 / 90
  제2관 집행정지 / 90
  제3관 민사집행법상의 가처분 / 95

**제4절** 취소소송의 심리 / 97
  제1관 심리의 내용 / 97
  제2관 심리의 원칙 / 97
  제3관 심리의 범위 / 98
  제4관 행정심판과 행정소송의 비교 / 100
  제5관 증명책임(입증책임) / 102
  제6관 처분사유의 추가·변경 / 103
  제7관 위법판단의 기준시점 / 107
  제8관 소의 변경 / 111

**제5절** 취소소송의 판결 / 116
  제1관 판결의 종류 / 116
  제2관 확정판결의 효력 / 120
  제3관 거부처분취소판결의 간접강제 / 132
  제4관 취소소송의 종료 / 133
  제5관 취소소송의 불복 / 133
  제6관 재심청구 / 134
  제7관 소송비용의 부담 / 135

**제6절** 무효등확인소송 / 136
  제1관 의의 / 136
  제2관 적용법규 / 136
  제3관 취소소송과 무효등확인소송의 관계 / 136
  제4관 소송요건 / 137
  제5관 심 리 / 137
  제6관 판 결 / 137

**제7절 부작위위법확인소송** / 139

제1관 의의 및 성질 / 139
제2관 적용법규 / 139
제3관 소송요건 / 139
제4관 집행정지 / 141
제5관 소송의 심리 / 141
제6관 판 결 / 143

## Chapter 03 | 당사자소송

제1관 의 의 / 148
제2관 실질적 당사자소송 / 148
제3관 형식적 당사자소송 / 151
제4관 당사자소송의 소송요건 등 / 153
제5관 가구제 / 153
제6관 심리 / 154
제7관 당사자소송의 판결 등 / 154
제8관 소의 변경 및 관련청구의
　　　 이송·병합 등 / 154

## Chapter 04 | 객관적소송

제1관 의 의 / 160
제2관 종 류 / 160

## Chapter 05 | 부 록

- 행정소송법 조문특강 / 162
- 앞글자 정리사항 / 205

2026
세무사
행정소송법
필기노트

제12판

CHAPTER 01

# 개관

## 제1관 행정소송의 의의

**P 14**

\* 행정소송의 의의

```
  세무서장      과세처분      납세의무자
   행정청 ←── 법률상 분쟁 ──→ 상대방
                                │ 구제청구
                                │ 과세처분 취소소송
                                ↓
                              법원
```

\* 행정소송의 입법방법

| | 열기주의<br>열거·기록 | 개괄주의<br>General |
|---|---|---|
| 의미 | 열거되고 기록된 사항만<br>행정소송 가능 | 일반적인 모든 행정행위에<br>행정소송 가능 |
| 단점 | 국민의 권리보호에 불리 | 소송이 남용될 위험 (남소) |

## 제2관 행정소송의 종류

P 15

* 행정소송의 유형

```
                              대상      하자정도
                          ┌ 처분 등 ┬ 무효 → 무효확인소송
               ┌ 항고소송 ┤         └ 취소 → 취소소송
               │    O    └ 부작위 ─────→ 부작위위법확인소송
               │    ↓
  ┌ 주관소송 ──┤    O                      껍데기        ┌ 형식: 대등 (O→O)
  │ 당사자의   │              ┌ 형식적 ────────────→ ┤                         (O)
  │ 권리구제   └ 당사자소송 ┤    알맹이                 └ 실질: 우월한 공권력행사  ↓
  │              O→O         └ 실질적                                            (O)
  │
  │              ┌ 민중소송 ┬ 선거관련: 선거소송, 당선소송, 국민투표소송, 주민투표소송
  │              │ public(공익)└ 지자체관련: 주민소송
  └ 객관소송 ──┤
    법질서유지   └ 기관소송: 기관 상호간 다툼, 현재의 권한쟁의 심판대상은 제외
                          ┌ 지방의회 vs 단체장
                          ├ 감독청 vs 단체장
                          └ 교육위원회 vs 교육감
```

┌ 시심적 소송: 소송을 통해서 법률관계 형성
│       → 당사자 소송: 피고는 원고에게 연금 xx원을 지급하라 <u>승소</u>→ 연금지급청구권 발생
│
└ 복심적 소송: 이미 이루어진 법률관계 다툼
        → 항고소송: 과세처분 ┬ 취소소송
                              └ 무효 등 확인소송

## 제3관 행정소송의 한계

**P 16**

* 법률상 이익 vs 반사적 이익

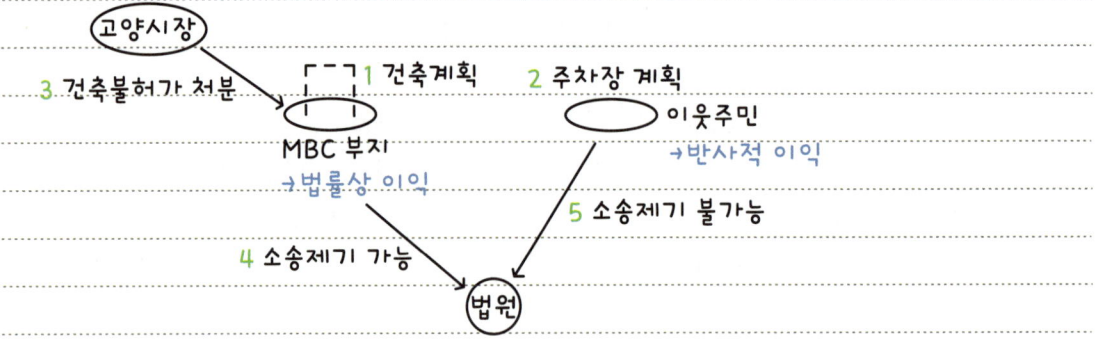

* 구체적 규범 통제 (↔추상적 법령의 효력과 해석)
  사건이 발생한 경우에만

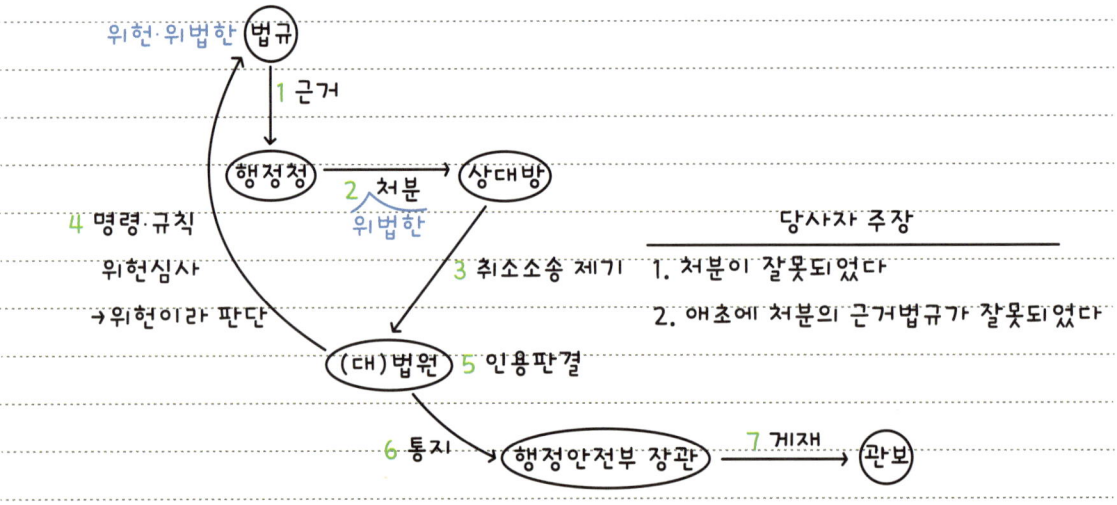

당사자 주장
1. 처분이 잘못되었다
2. 애초에 처분의 근거법규가 잘못되었다

**P 17**

* 통치행위

| 개념 | 사례 | 통제방법 |
|---|---|---|
| ┌ 고도의 정치성<br>      &<br>└ 사법심사 제외 | ┌ 군대의 해외파병<br>└ 외국과 조약 체결 | ┌ 원칙: 사법심사가 아니라 국민의 선거를 통해 심판<br>└ 다만, 국민의 기본권 침해와 직접 관련된 경우<br>    사법심사 가능 |

\* 국가와 국민의 관계 유형

| 사법관계 | 일반<br>공법상 권력관계 | 특별<br>공법상 권력관계 |
|---|---|---|
| Ex. 계약 | Ex. 국방, 납세 | Ex. 군복무관계, 재소자의 수형관계<br>공무원 근무관계 |
| ○ → ○ | ○<br>↓<br>○ | ○<br>⇊<br>○ |

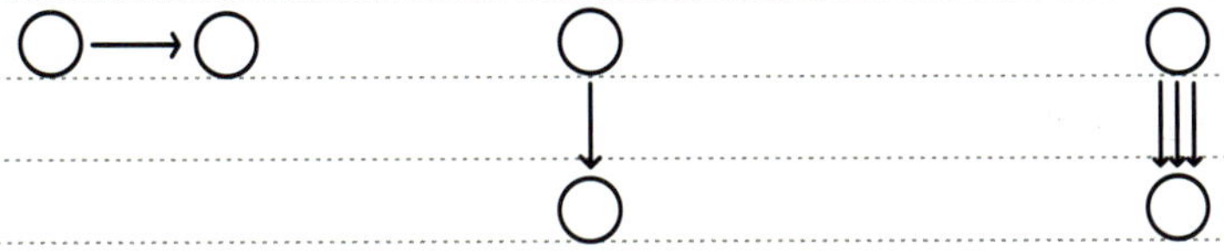

P 18

\* 관련판례 3

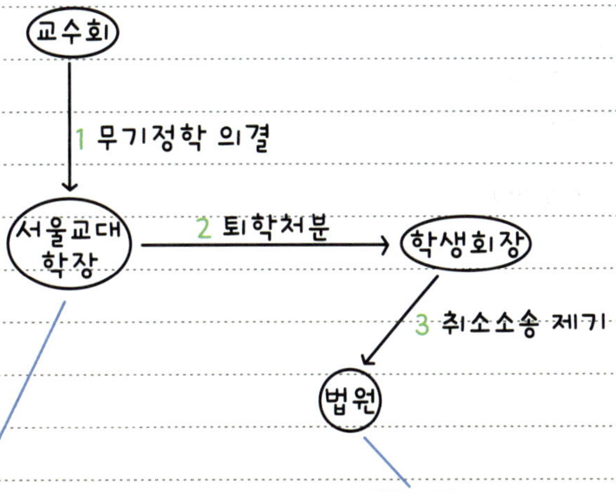

교수회
↓ 1 무기정학 의결
서울교대 학장 —2 퇴학처분→ 학생회장
　　　　　　　　　　　　↓ 3 취소소송 제기
　　　　　　　　　　　　법원

〈주장〉　　　　　　　　　　〈판단〉
1. 특별권력관계라서 사법심사 배제　　인정 X (∵전면적 법치주의)
2. 자유재량이라서 사법심사 배제　　　인정 X (∵재량권의 일탈·남용)

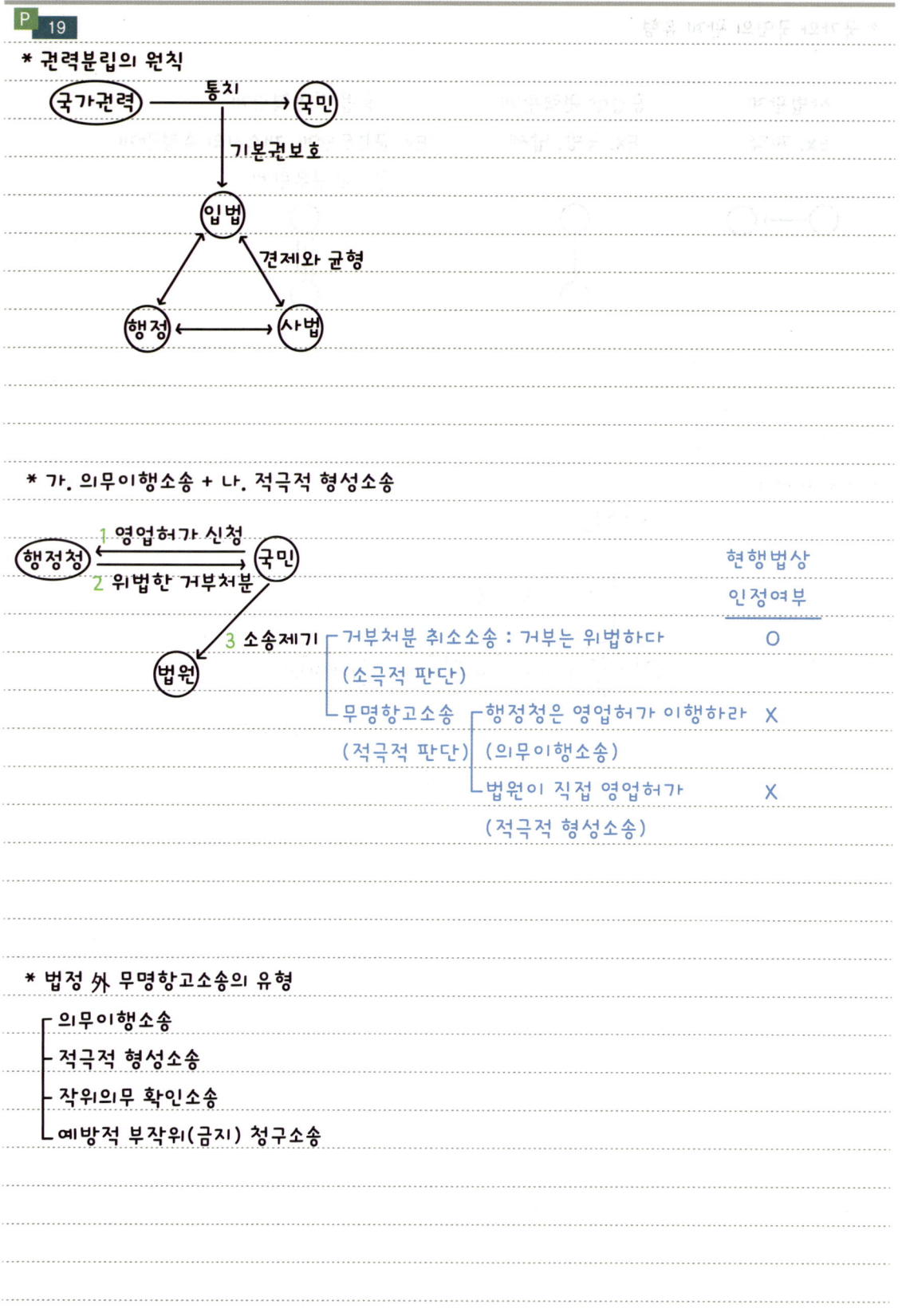

CHAPTER 02

# 항고소송

## 제1절 항고소송의 종류

P.30

* 심리의 범위

|  | 심리의 범위 | |
|---|---|---|
|  | 위법 | 부당 |
| 행정심판 | O | O |
| 행정소송 | O | X (권력분립원칙과 관련) |

* 항고소송

| | 대상 | 성격 | | | 형성력 |
|---|---|---|---|---|---|
| 취소소송 | 처분 등 | 형성소송 (make) | 유효 →취소판결→ 효력X | | O |
| 무효등확인소송 | 처분 등 | 확인소송 | 효력X →확인판결→ 효력X | | O |
| 부작위위법확인소송 | 부작위 | 확인소송 | 위법한 부작위 →확인판결→ 위법한 부작위 | | X |

## 제2절 • 취소소송의 소송요건 등

### 제1관 개설

P 31

* 취소소송의 소송요건

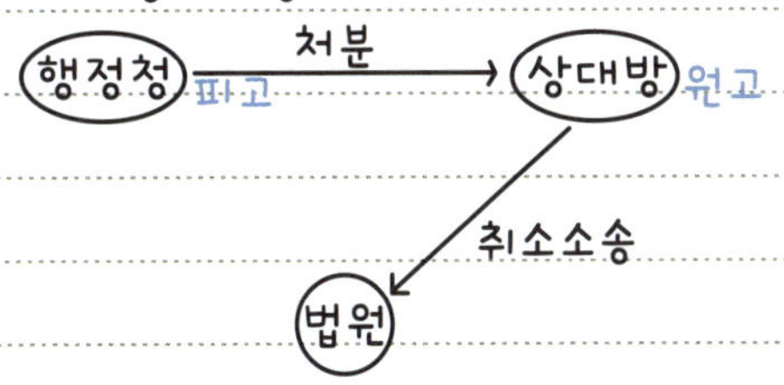

행정청(피고) →처분→ 상대방(원고) →취소소송→ 법원

|  | 판단 | 대상 | 내용 | 판결의 종류 |
|---|---|---|---|---|
| 1단계 | 본안 전 판단 | 소송요건 | 원고적격(법률상 이익)<br>피고적격(처분청)<br>대상적격(처분성)<br>소의 이익<br>제소기간<br>관할법원<br>필요적 전치 | 각하판결<br>(소송요건 흠결) |
| 2단계 | 본안판단<br>main | 처분의 위법 여부 |  | 인용판결(원고승소)<br>기각판결(원고패소) |

순서 ↓

* 심급제도(법원의 판단에 대한 불복)

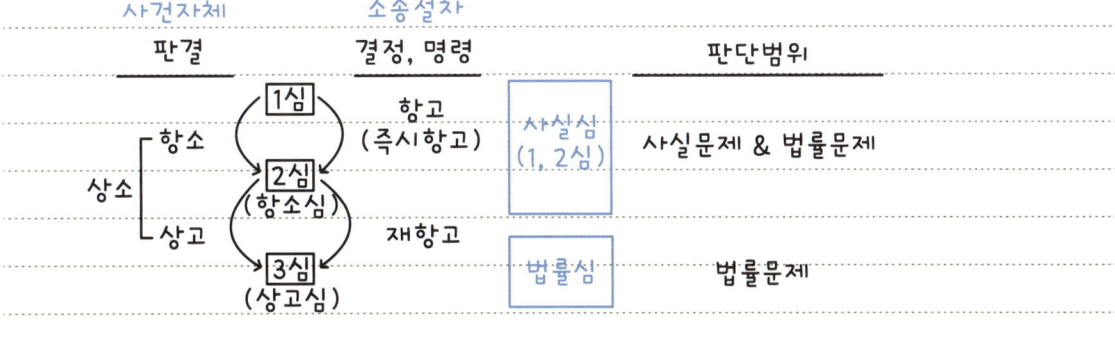

* 소송요건의 판단시기

```
        ↑              ↑                ↑
      행위시          소제기시         변론종결시(판결선고시)
   연탄공장 영업허가   영업허가 취소소송
    인근주민 O ──────── 이사 감 ────────→ 인근주민 X
                                           각하
```

## 제2관  취소소송의 당사자 등

P 32

1. 당사자 능력

* 人 : 권리의무의 주체
  ├ 자연인
  └ 법인

* 관련판례

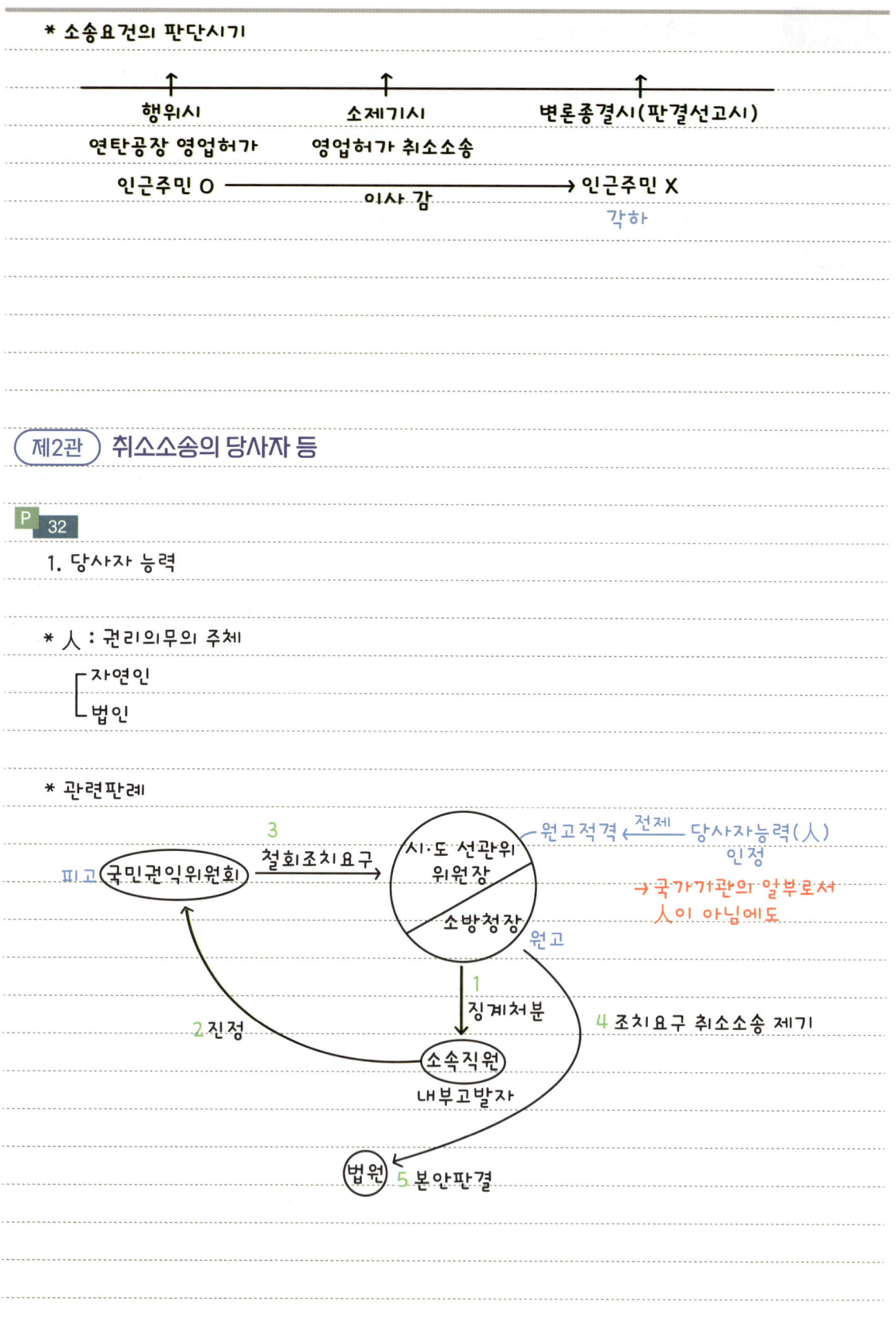

P 34

## 2. 원고적격 또는 법률상 이익

- Not only 직접적 근거법규
- But also 관련법규

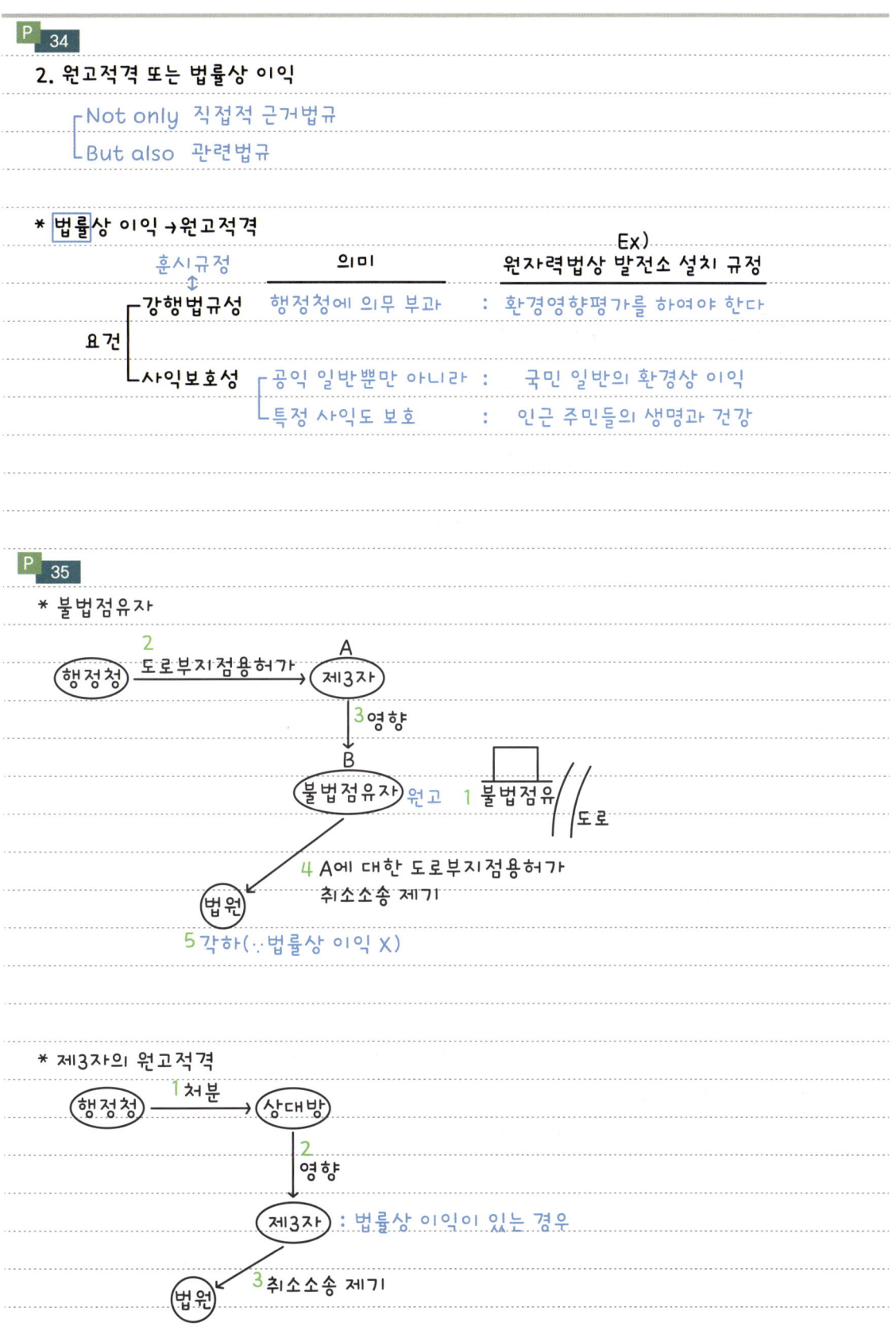

* 제3자의 법률상 이익
  - 인근주민
  - 경업자
  - 경원자

(1) 인근주민 소송

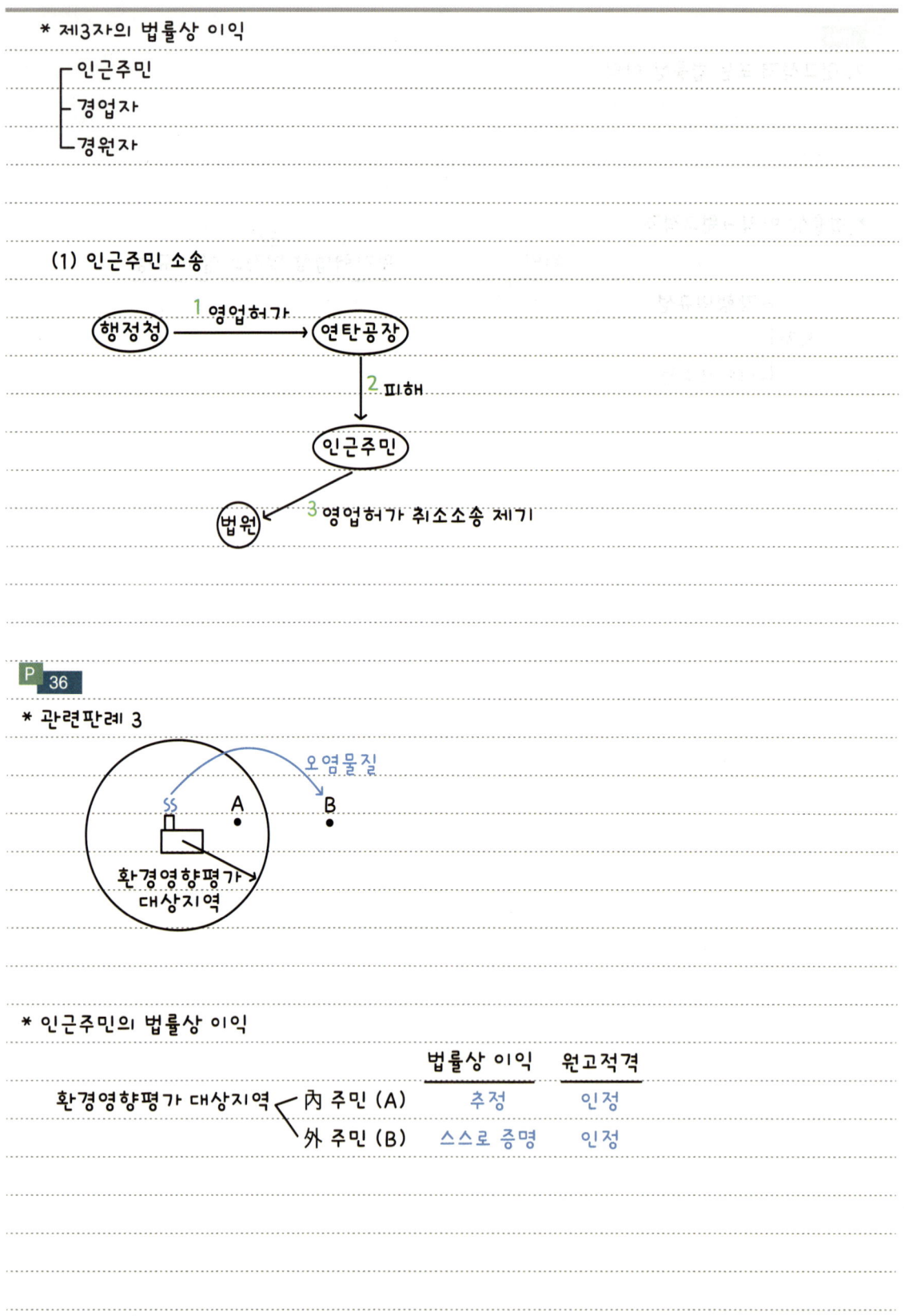

* 관련판례 3

* 인근주민의 법률상 이익

|  |  | 법률상 이익 | 원고적격 |
|---|---|---|---|
| 환경영향평가 대상지역 | 內 주민 (A) | 추정 | 인정 |
|  | 外 주민 (B) | 스스로 증명 | 인정 |

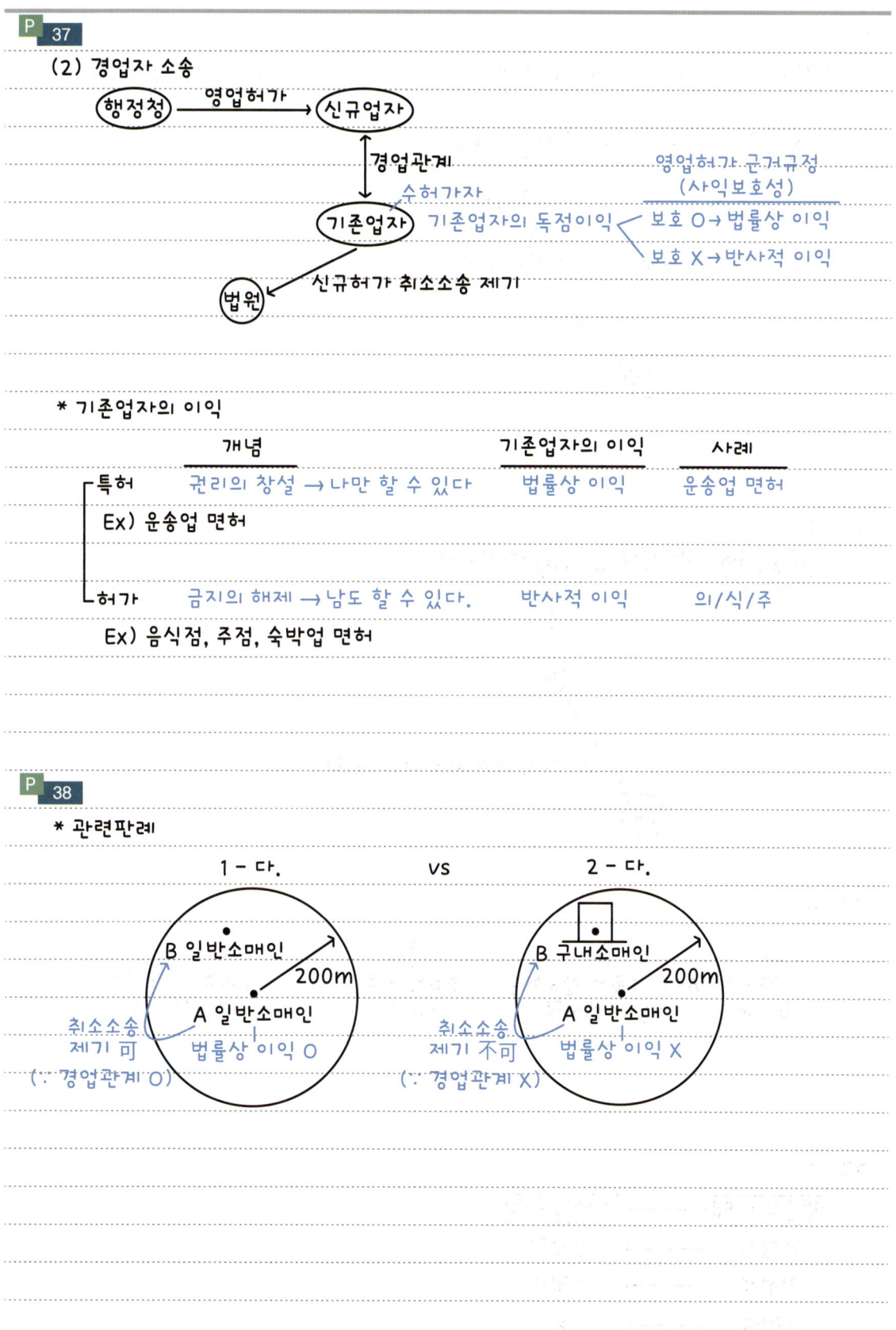

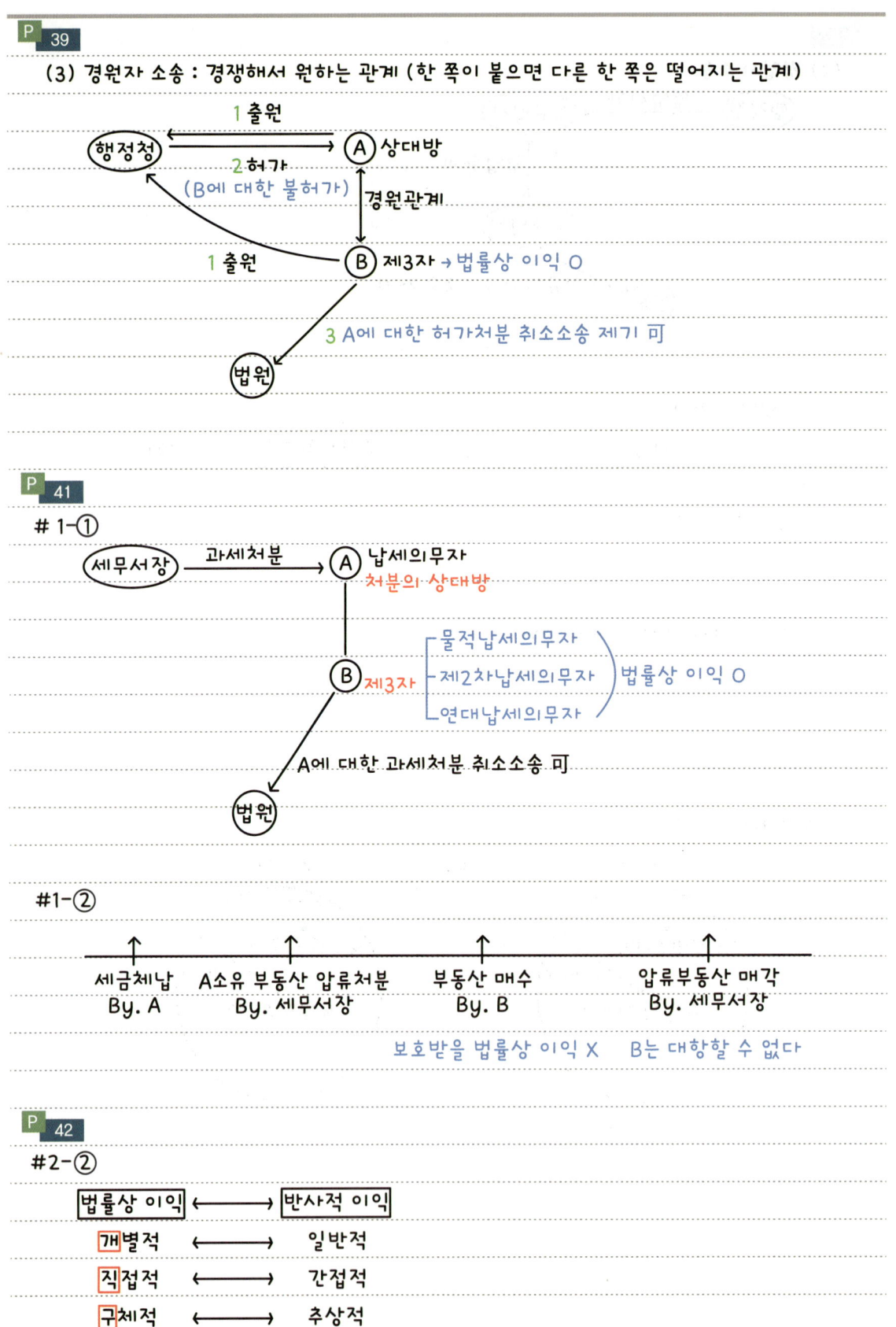

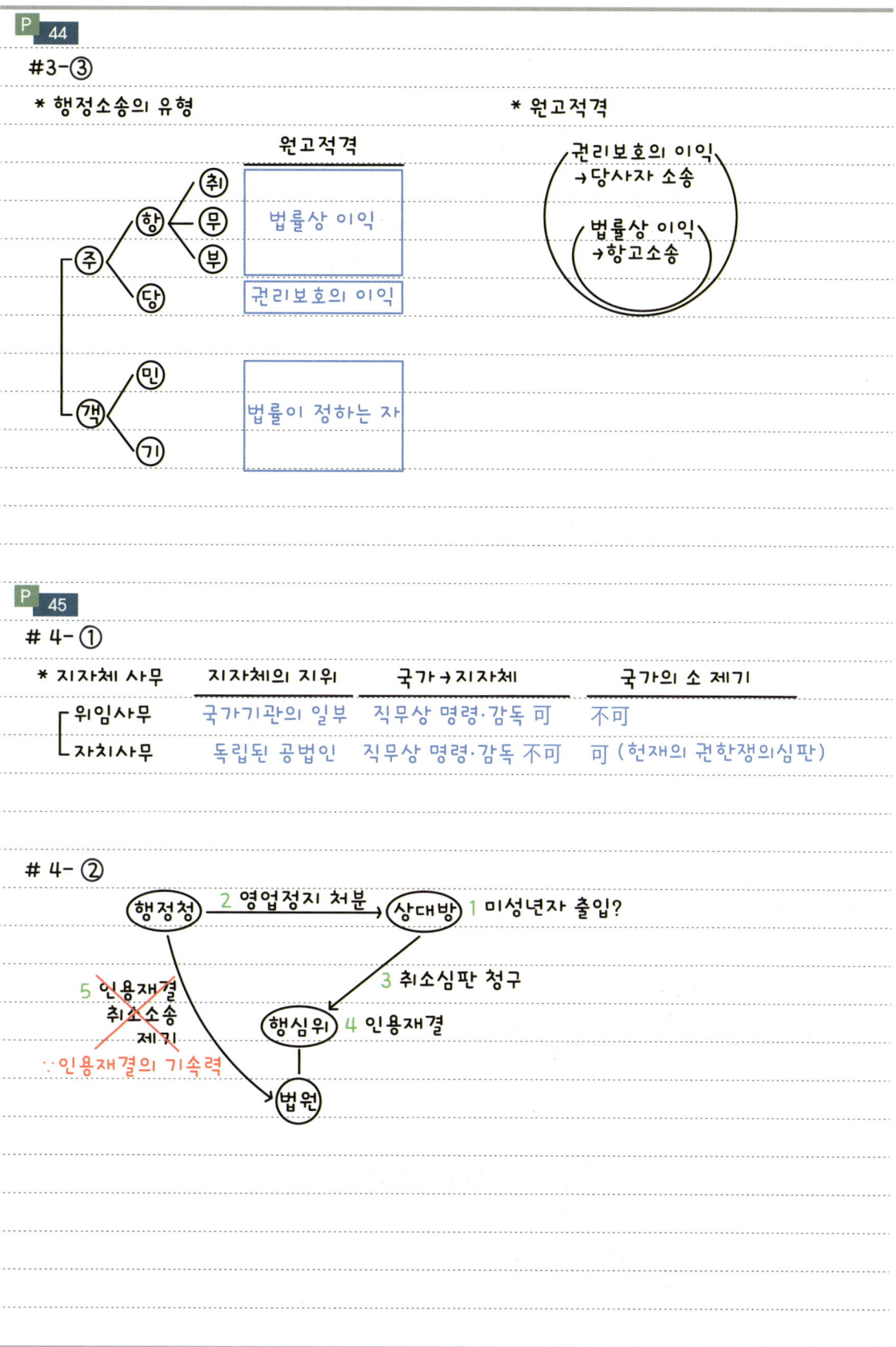

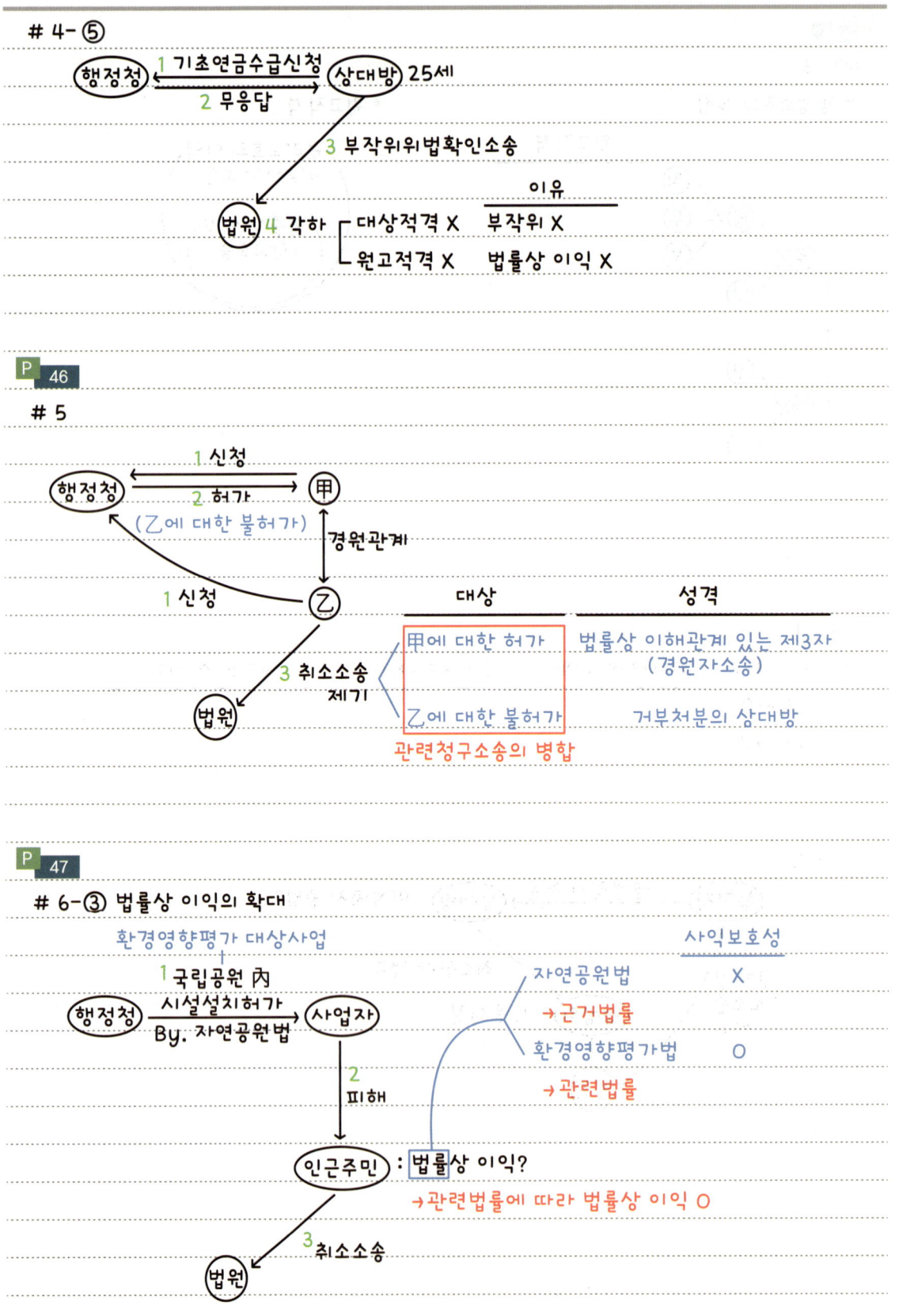

# 6-④

```
        乙 명의로
      1 난민인정신청            실질 : 甲(본명)
(법무부장관) ←——————— (밀입국자) <
            ———→                형식 : 乙(위명)      원고적격 인정
         2 거부
           To. 甲                                        甲
                  3 거부처분 취소소송 제기
                ↓
            (법원)
```

P. 48

# 7-①

```
(행정청) ——제재처분—→ (법인)
                      │
                    (주주)
                              법률상 이익       이유
         취소소송 제기    ┌ 원칙 : X      법인에 법률상 이익 O
              ↓         └ 예외 : O      법인이 해산하는 결과 초래
            (법원)                        (주주의 지위 상실)
```

# 7-②

법률상 이익이 있는지에 관한 당사자의 주장

소송요건 → 직권조사사항
→법원 판단 필요 O

법원 판단 필요 X

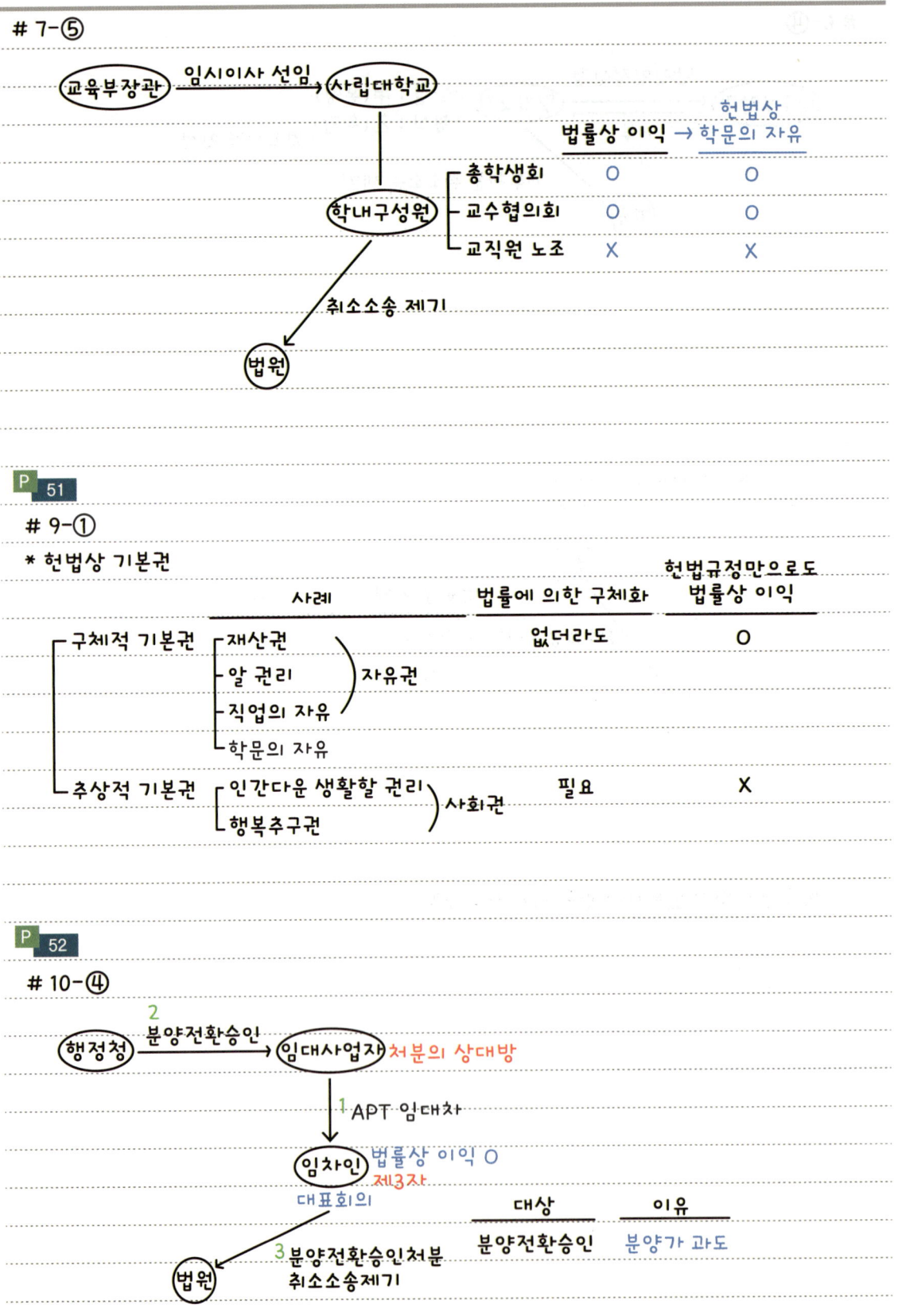

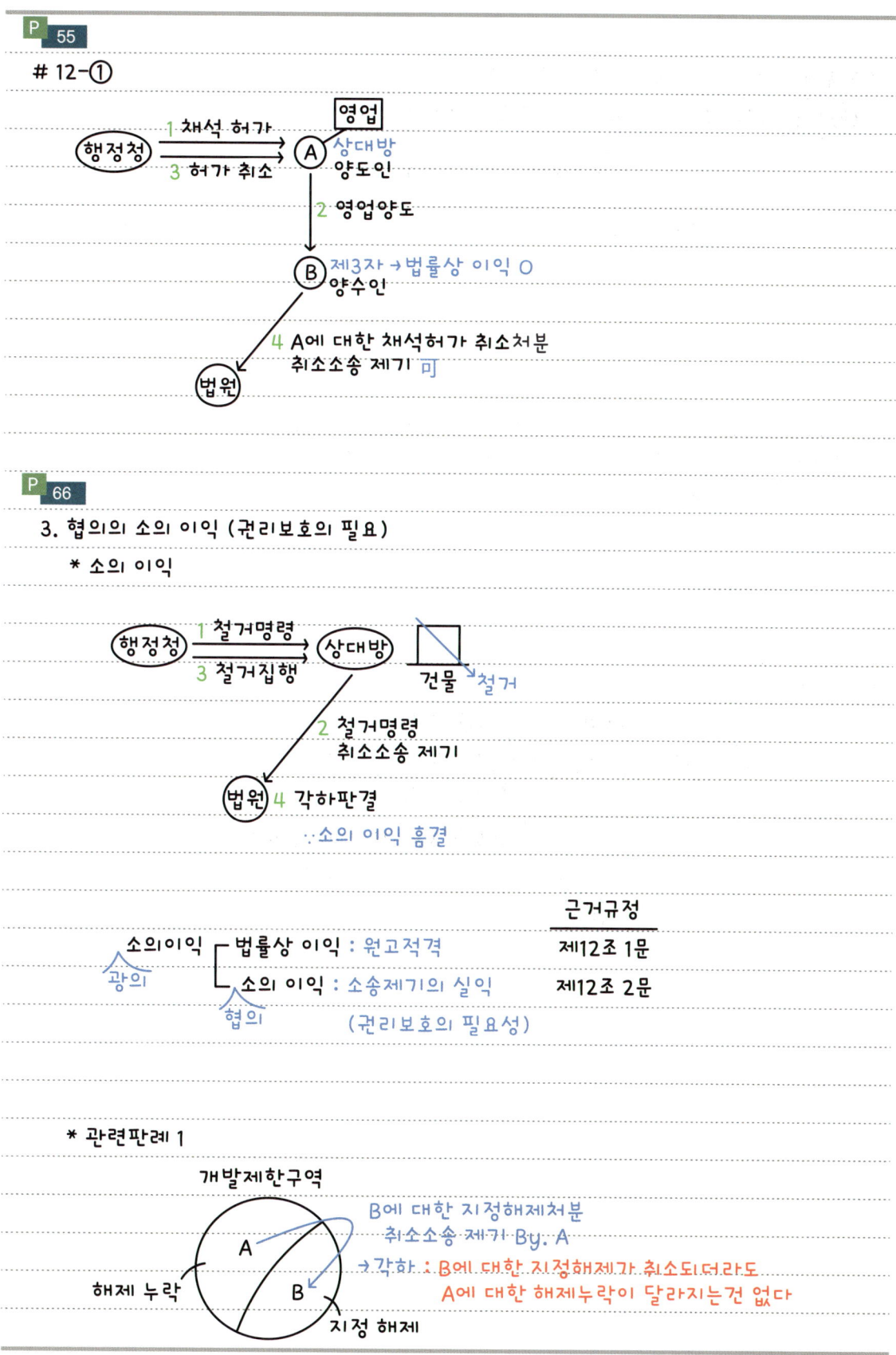

P. 67

* 처분이 기간 등의 경과로 인해 소멸된 경우

(행정청) 1 영업정지 1월 → (영업주) 2 영업정지기간 도과

3 영업정지처분 취소소송 제기

(법원) 4 판결 ─ 원칙 : 각하판결  기간 도과로 소의 이익 흠결 (이유)
              └ 예외 : 본안판결  후속처분의 [가중전제]시 소의 이익 인정

* 관련판례 2

금품수수의혹 → 직위해제처분 → 취소소송제기 → 성 추문 → 직위해제처분 → 각하판결 (∴소의 이익 X)

당초 직위해제처분 직권취소

* 관련판례 3

(공정위) ←2 과징금 부과→ Ⓐ 600억
         ←4 자진 신고→  Ⓑ 300억  } 1 담합
                        Ⓒ 100억

5 ┌ 당초 과징금(300억) 취소
  └ 감면부과(100억)

3 과징금(300억) 부과처분 취소소송

(법원) 6 각하판결 (∴소의 이익 X) ← 당초 과징금 취소

P. 69

* 관련판례 1-나 (원상회복이 불가능)

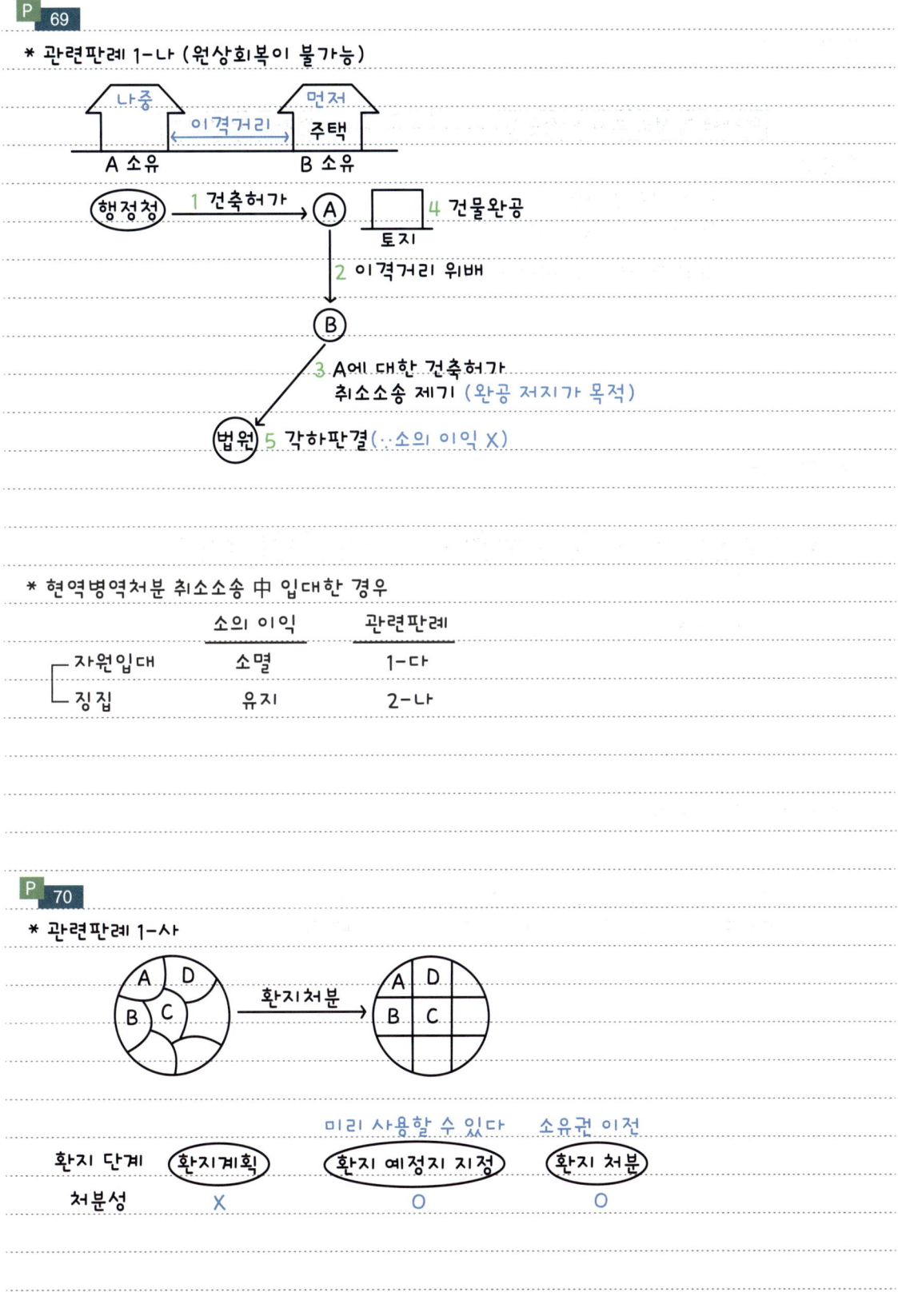

* 현역병역처분 취소소송 中 입대한 경우

|  | 소의 이익 | 관련판례 |
|---|---|---|
| 자원입대 | 소멸 | 1-다 |
| 징집 | 유지 | 2-나 |

P. 70

* 관련판례 1-사

| 환지 단계 | 환지계획 | 환지 예정지 지정 (미리 사용할 수 있다) | 환지 처분 (소유권 이전) |
|---|---|---|---|
| 처분성 | X | O | O |

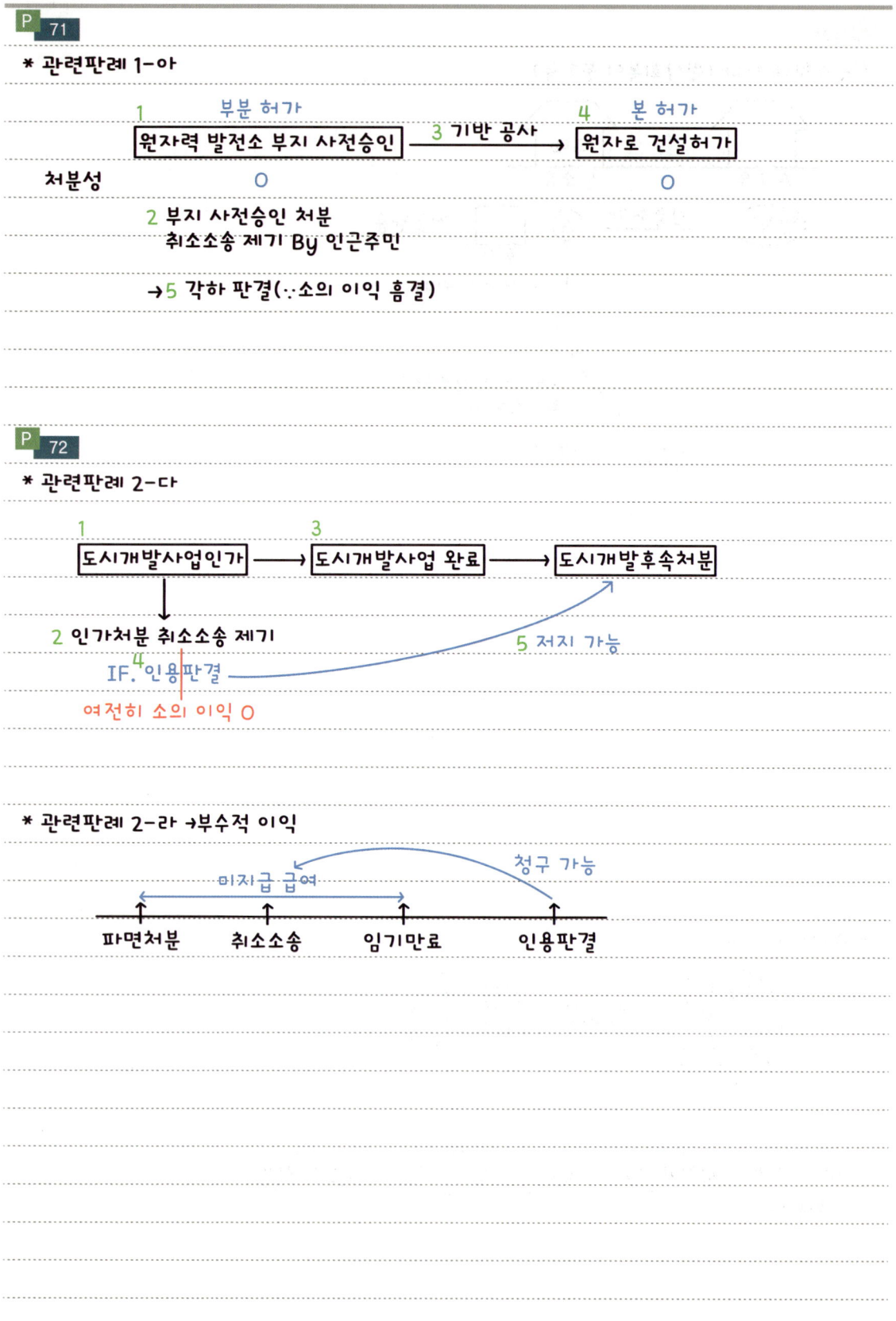

* 인허가
  - 허가 : 금지의 해제
  - 특허 : 권리의 창설
  - 인가 : 법률행위 효력 완성

* 기본행위와 인가의 관계

```
         인가                  기본행위
          |                     |
  행정청 ─2.토지거래허가→ Ⓐ양도인 ─1.토지매매계약→ Ⓑ양수인
                          └──3.효력완성──┘
                                          토지거래허가구역 內
```

|      |          |          | 소송의 대상 |
|------|----------|----------|-----------|
| 하자 | O        | X        | 인가      |
|      | X        | O        | 기본행위  |

* 관련판례 2

```
         인가              기본행위
          |                 |
  교육청 ─2.취임승인→ 사립학교 ─1.선임→ 임원
                      └──3.효력완성──┘
```

|      |   |   | 소송의 대상 |
|------|---|---|-----------|
| 하자 | X | O | 기본행위  |
|      | O | X | 인가      |

## 기출문제

**P 78**

#2-④

```
        미지급 급여              청구 가능
     ┌──────────┐       ┌──────────────────┐
     ↑          ↑          ↑               ↑
   감봉처분   자진퇴직    감봉처분         인용판결
                        취소소송 제기
```

**P 79**

#3-③

```
     ↑         ↑           ↑            ↑         ↑              ↑
   금품수수  당초 직위해제  직위해제처분  성추행   새로운 직위해제  당초 직위해제
    (?)                  취소소송 제기           당초 직위해제는   취소소송 각하
                                                    철회            │
                                                                 소의 이익 흠결
```

#3-④

```
                    영업
                 ┌──────┐
  ┌─────┐  1 영업허가  ⓐ    법률상 이해관계 있는 제3자
  │행정청│ ──────────→
  └─────┘      4 지위승계  2    3 영업양도
     ↑          신고      기망         ↓        6 무효
     │  5 신고수리 처분            ⓑ   처분의 상대방
     └──────────────────→              │  7 B에 대한 수리처분
                                        │    취소소송 제기 可
                    ┌────┐              │
                    │법원│←─────────────┘
                    └────┘
```

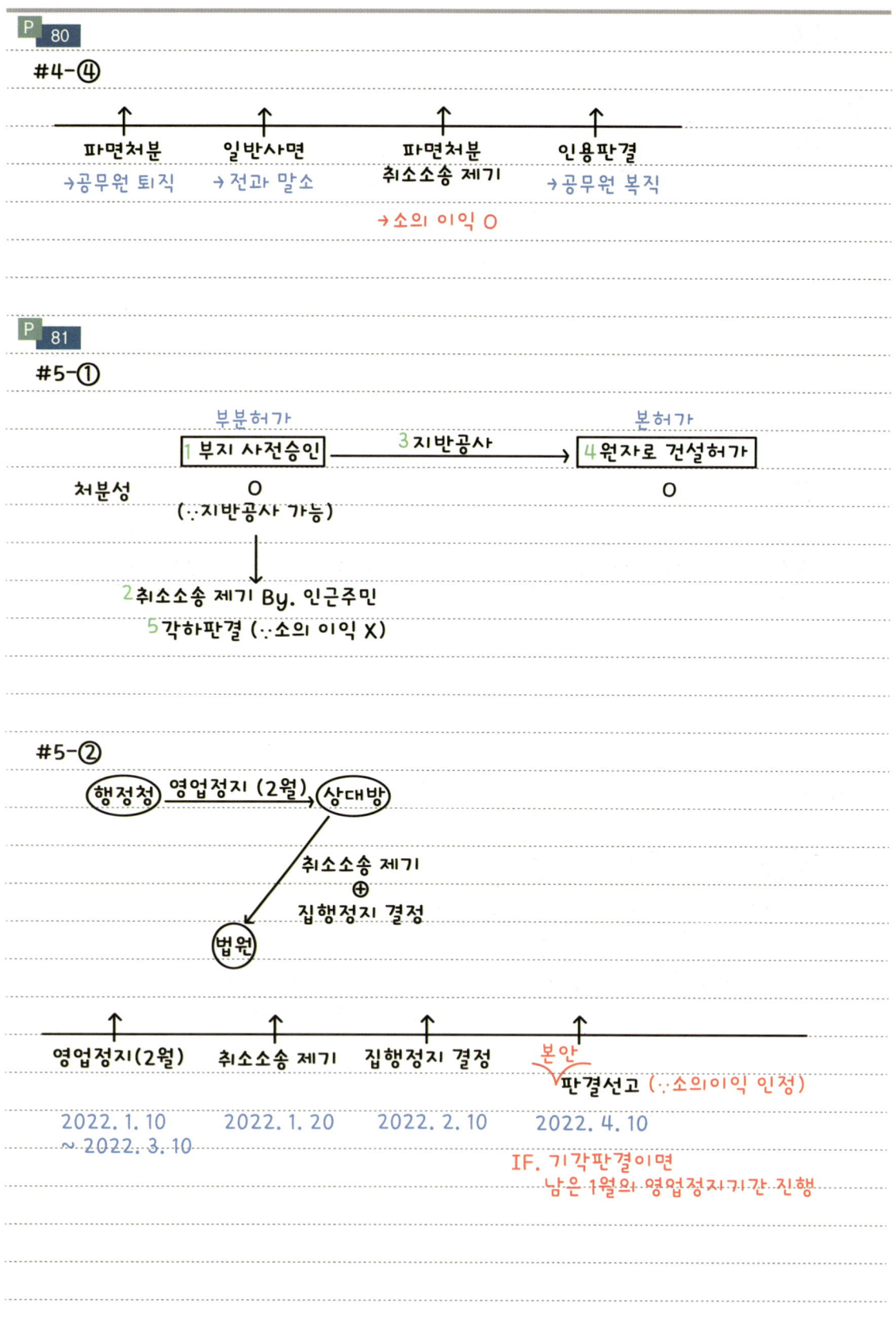

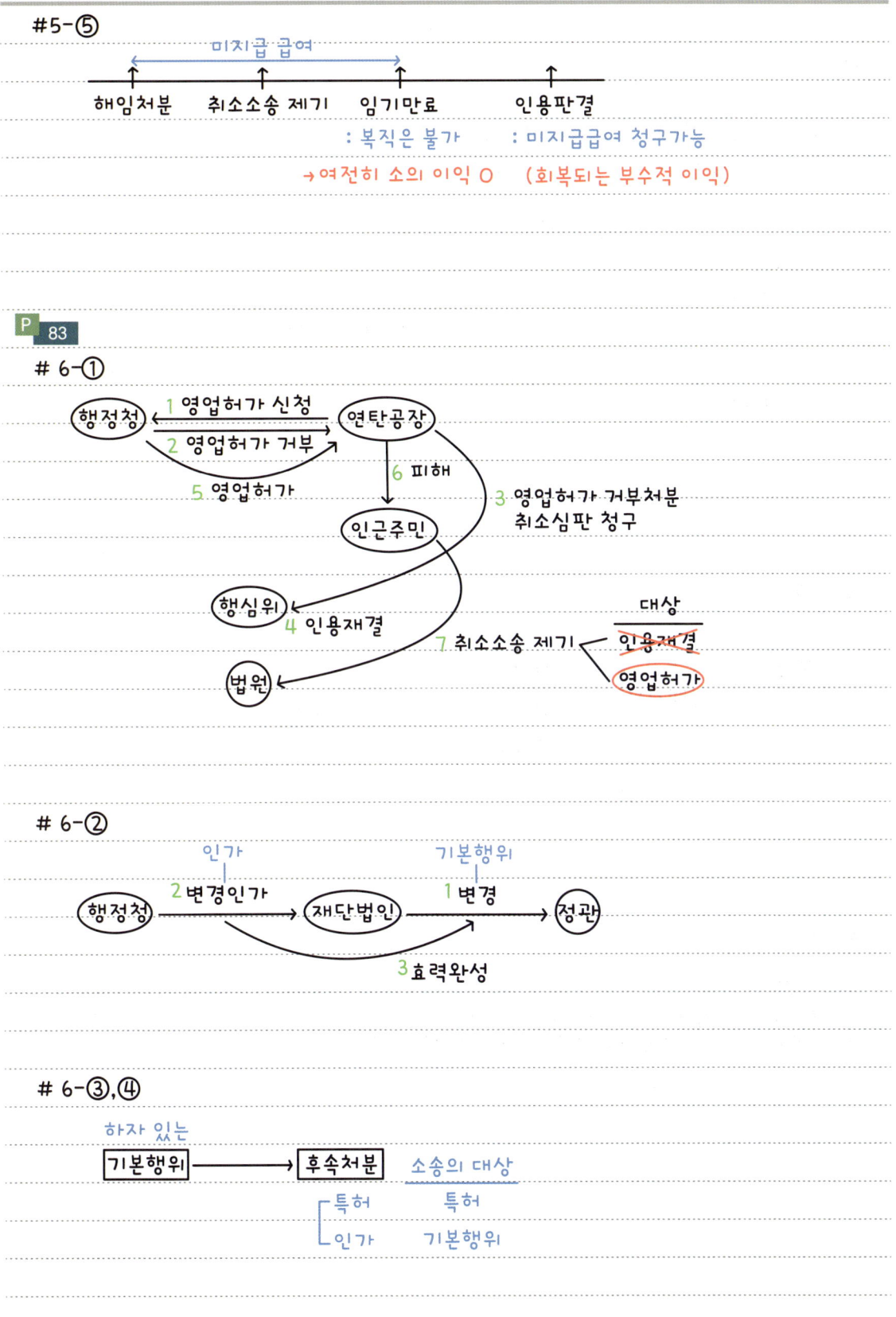

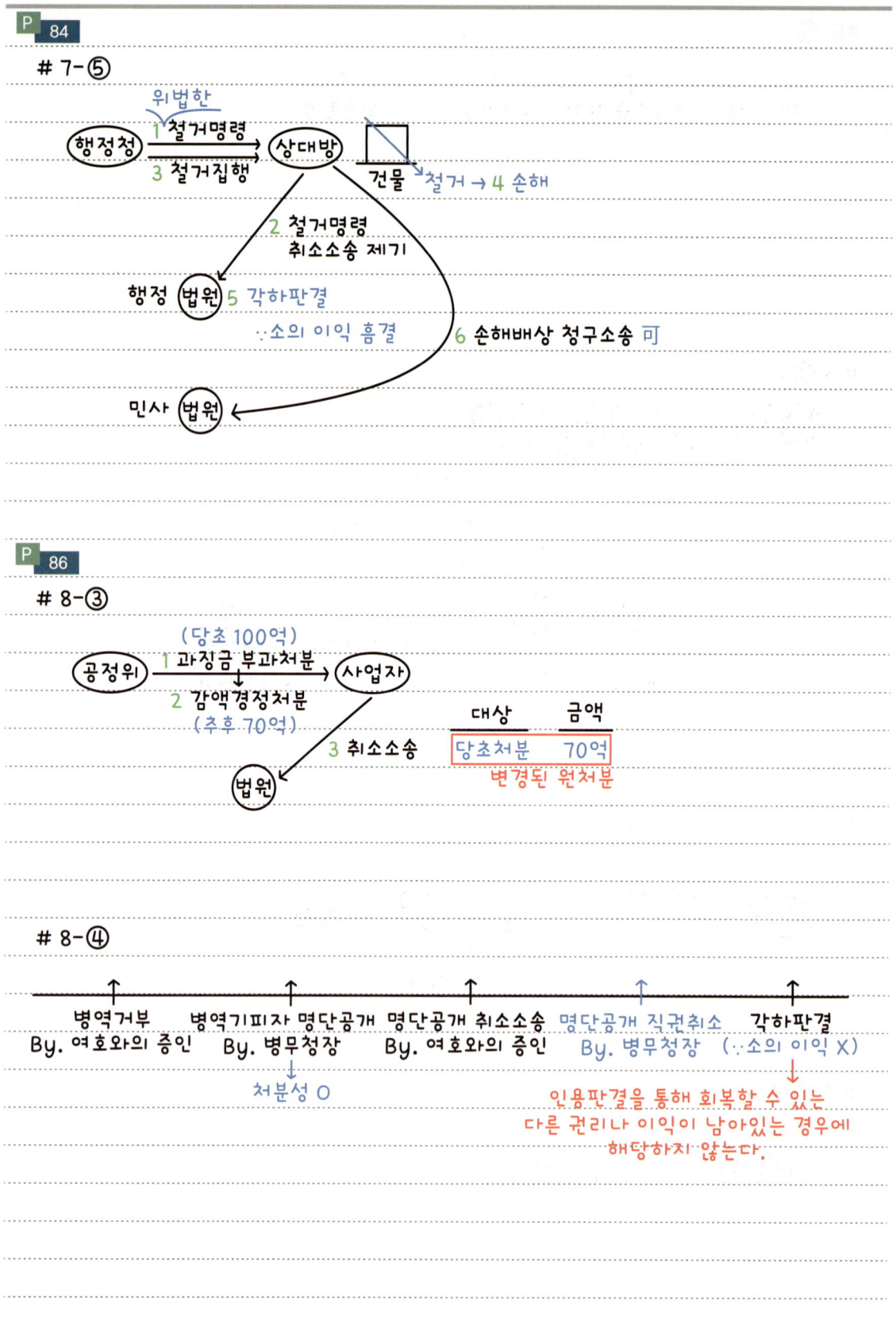

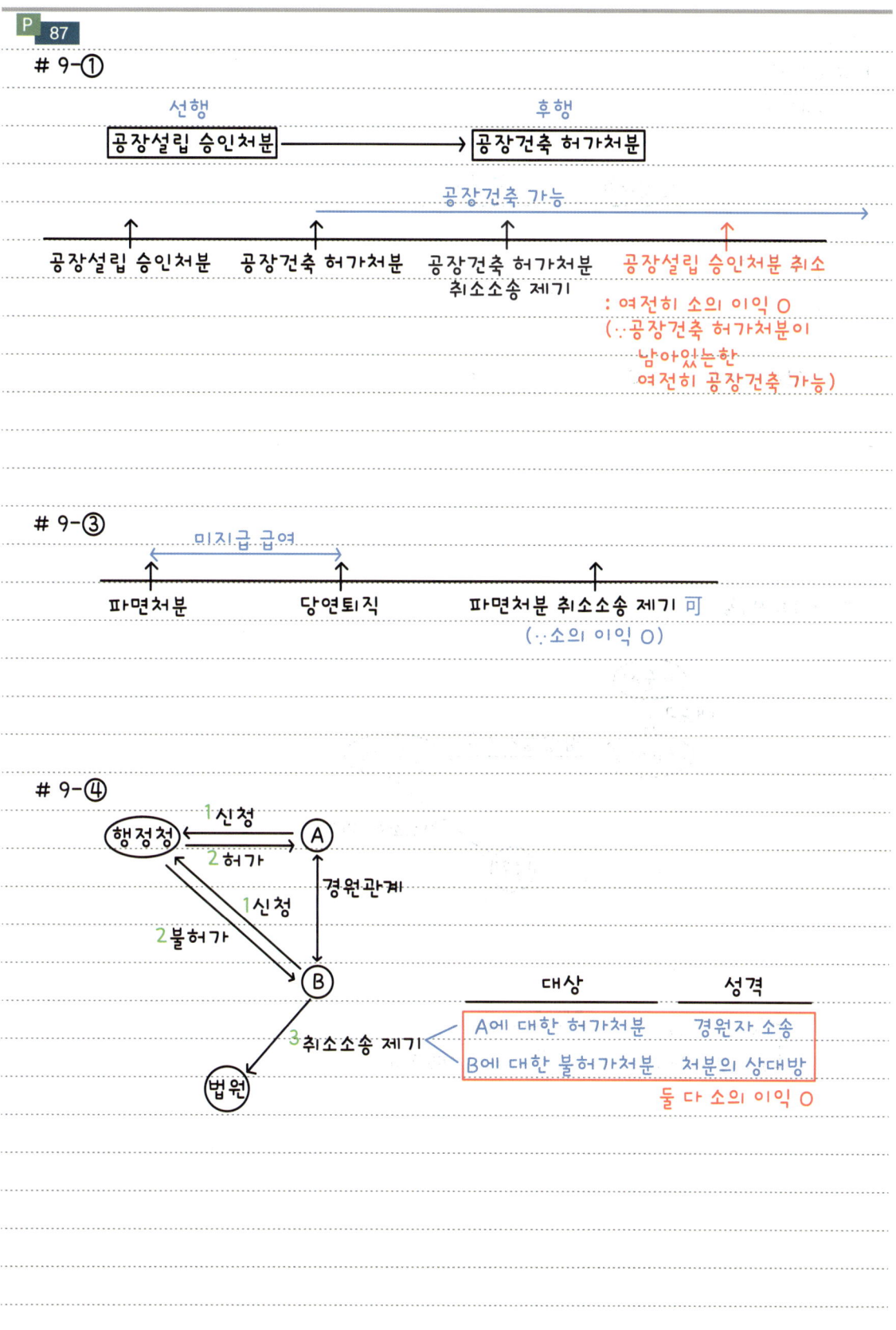

P 94

## 4. 피고적격

* **피고적격**

|  | 행정주체<br>(상 권리·의무의)<br>Ex) 서울시 | 행정청<br>(대표기관)<br>Ex) 서울시장 |
|---|---|---|
| 항고소송 | X | O |
| 당사자소송 | O | X |

○ : 처분 (항고소송)
○→○ : 공법상 계약 (당사자소송)

* **제13조 제1항**

(본문)

행정주체 (서울시)
　↓ 대표권
행정청 (서울시장) ──영업정지처분──→ 유흥업소
　　　　　　　　　　　　　　　　　　　↓ 취소소송 제기
　　　　　　　　　　　　　　(법원)　　　원고 : 유흥업소 영업주
　　　　　　　　　　　　　　　　　　　피고 : 서울시장

(단서)

창원/마산/진해 ──통폐합──→ 창원시
토지공사 ⊕ 주택공사 ──합병──→ 토지주택공사

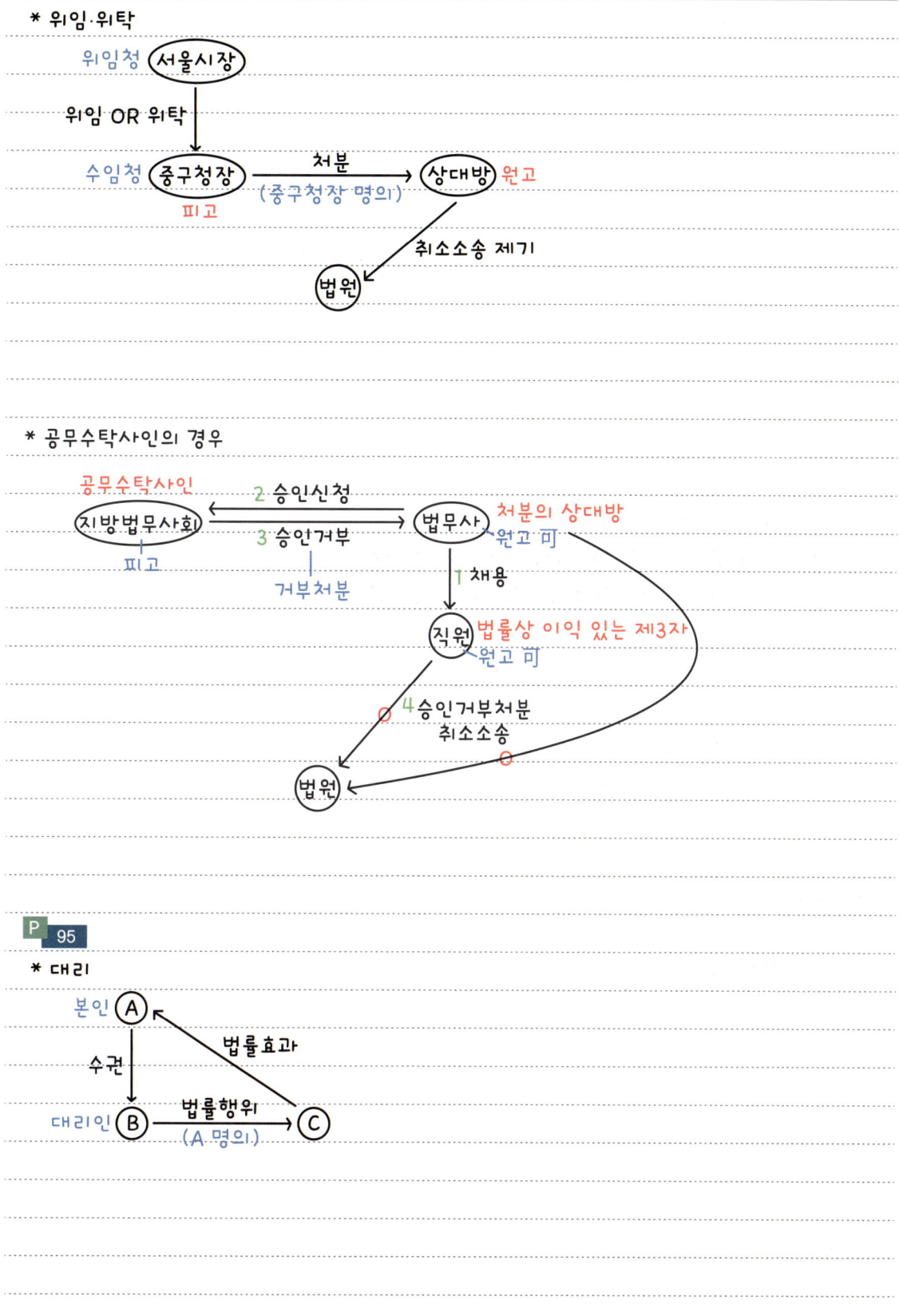

\* 대리·내부위임

```
위임청        서울시장
피대리기관
                  ↓ 내부위임 OR 대리
수임청        중구청장 ─── 처분 ──→ 상대방 원고
대리기관                (서울시장 명의라야 한다)
                                        │ 취소소송 제기
                      피고                ↓
                      서울시장             법원
   ┌ 서울시장 명의 (원칙)
IF ┤
   └ 중구청장 명의 (잘못)    중구청장
```

P 96

\* 합의제 행정청(위원회)의 처분
- 원칙 : 위원회가 피고  Ex) 공정위, 선관위, 감사원
- 위원장이 피고(∵해당 개별법)  Ex) 중앙노동위원회

|  | 성격 | 상대방 | 피고적격 |
|---|---|---|---|
| 위원회의 처분 | 대외적 | 국민 | 원칙 : 위원회<br>중노위 : 위원장 |
|  | 대내적 | 소속공무원 | 위원장(인사권자) |

\* 대통령의 처분

| To | 피고 | 사례 |
|---|---|---|
| 공무원(5급 이상) | 소속장관 | 임면처분 |
| 일반 국민 | 대통령 | 서훈취소 |

**P 97**

* 헌법기관의 처분

| 처분권자 | 피고적격 |
|---|---|
| 대통령 | → 각부 장관 (공무원의 신분 관련 처분) |
| 국회의장 | → 국회사무총장 |
| 대법원장 | → 법원행정처장 |
| 헌재소장 | → 헌재 사무처장 |
| 중앙선관위장 | → 선관위 사무총장 |

**P 98**

* 조례가 항고소송의 대상인 경우

┌ 제정 : 지방의회 / 교육위원회
│ ↓이송
└ 공포 : 단체장 / 교육감 ← 피고
  효력발생


* 지방의회의 의결

| 대상 | 피고 |
|---|---|
| 조례 | 단체장 |
| ┌ 의원제명 ┐ <br> └ 의장선임 ┘ | 지방의회 |

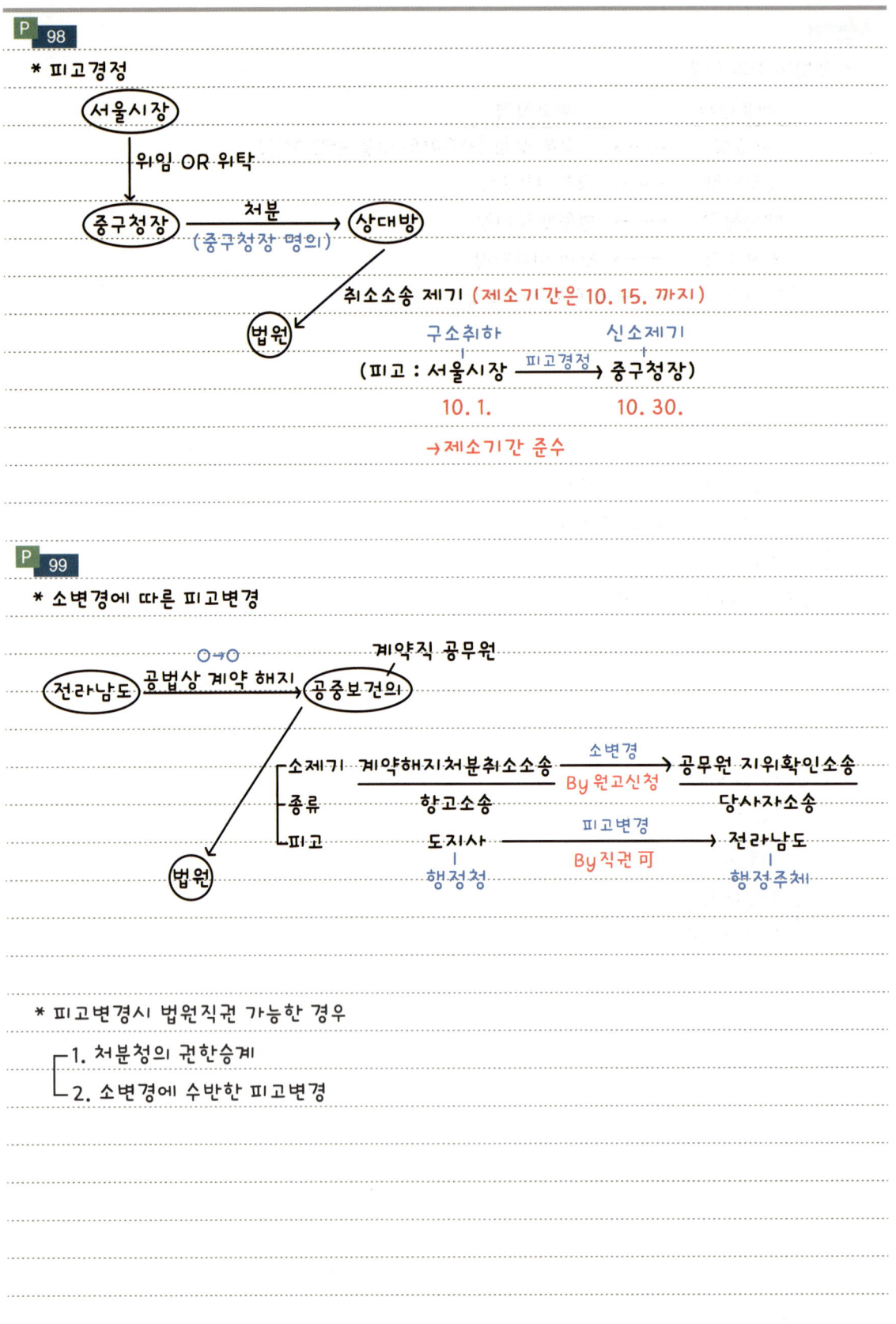

**P.100**

* 소송에 대한 불복

| 사건자체 | 소송절차 |
| 판결 | 결정, 명령 |

1심
항소       (즉시)항고
2심
상고       재항고
3심

## 기출문제

**P.101**

# 1    법원 직권
  ②     可
  ③     可      } 소 제기후에 사정이 변경된 경우

# 2-⑤

본인
피대리행정청 Ⓐ
         ↘ 법률효과
수권 ↓
대리행정청 Ⓑ → 법률행위 Ⓒ
대리인     (A 명의)

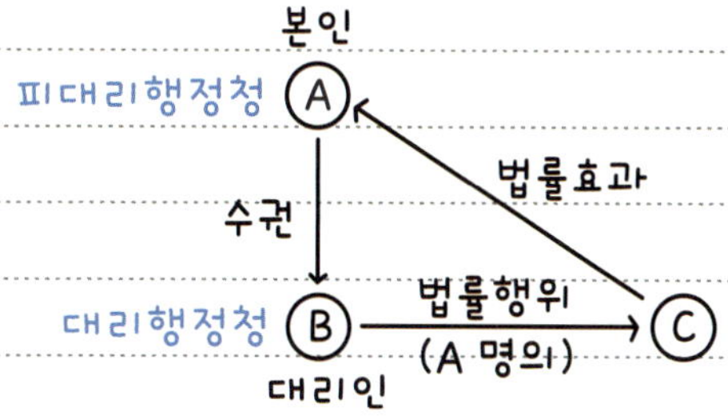

**P.111**

# 12-①

당사자 신청 → 법원 결정

법원 직권 → 법원 결정

## 5. 소송참가

* 제3자의 소송참가

```
                  4 소송참가
         ┌──────────────┐
         ↓              │
   피고 [행정청] ─1 영업허가→ [연탄공장] 제3자
   피참가인                    참가인
                  │
                  2 피해
                  ↓
               [인근주민] 원고
                  │
                  3 영업허가처분 취소소송 제기
                  ↓
               [법원]
```

* 국가 또는 공공단체가 제3자인 경우

```
          제3자 소송참가
       ┌─────────────────┐
       │                 ↓
   [산자부장관] ─용인시 화력발전소 건설허가→ [사업자]
     피고                                    │
                                       피해 │    민사소송법상 소송참가
                                            ↓         OR
                                       [용인시민] ← 제3자 소송참가 ─ [용인시]
                                         원고                        공법인
                                            │
                                       취소소송 제기
                                            ↓
                                         [법원]
```

P 117

\* 참가인에 대한 판결의 효력

```
        4 소송참가
    ┌─────────────┐
  피고 (행정청) ──1 영업허가──> (연탄공장) 제3자
                                    │
                                  2 피해
                                    ↓
                               (인근주민) 원고
                                    │                 6 재소금지
                              3 영업허가처분
                                취소소송 제기
                                    ↓
                                 (법원)
                              5 인용판결 확정
                              (연탄공장 영업허가 취소)
                                  기판력
                                    ↓
                                 재소금지
```

\* 다른 행정청의 소송참가

```
   다른 행정청    (서울시장)
      참가인         │
                1 권한 위임·위탁
    4 소송참가        ↓
   피고        (중구청장) ──2 처분──> (상대방) 원고
   피참가인                               │
                                    3 취소소송 제기
                                         ↓
                                      (법원)
```

### P.117

* 재결이 행해진 경우의 원처분청

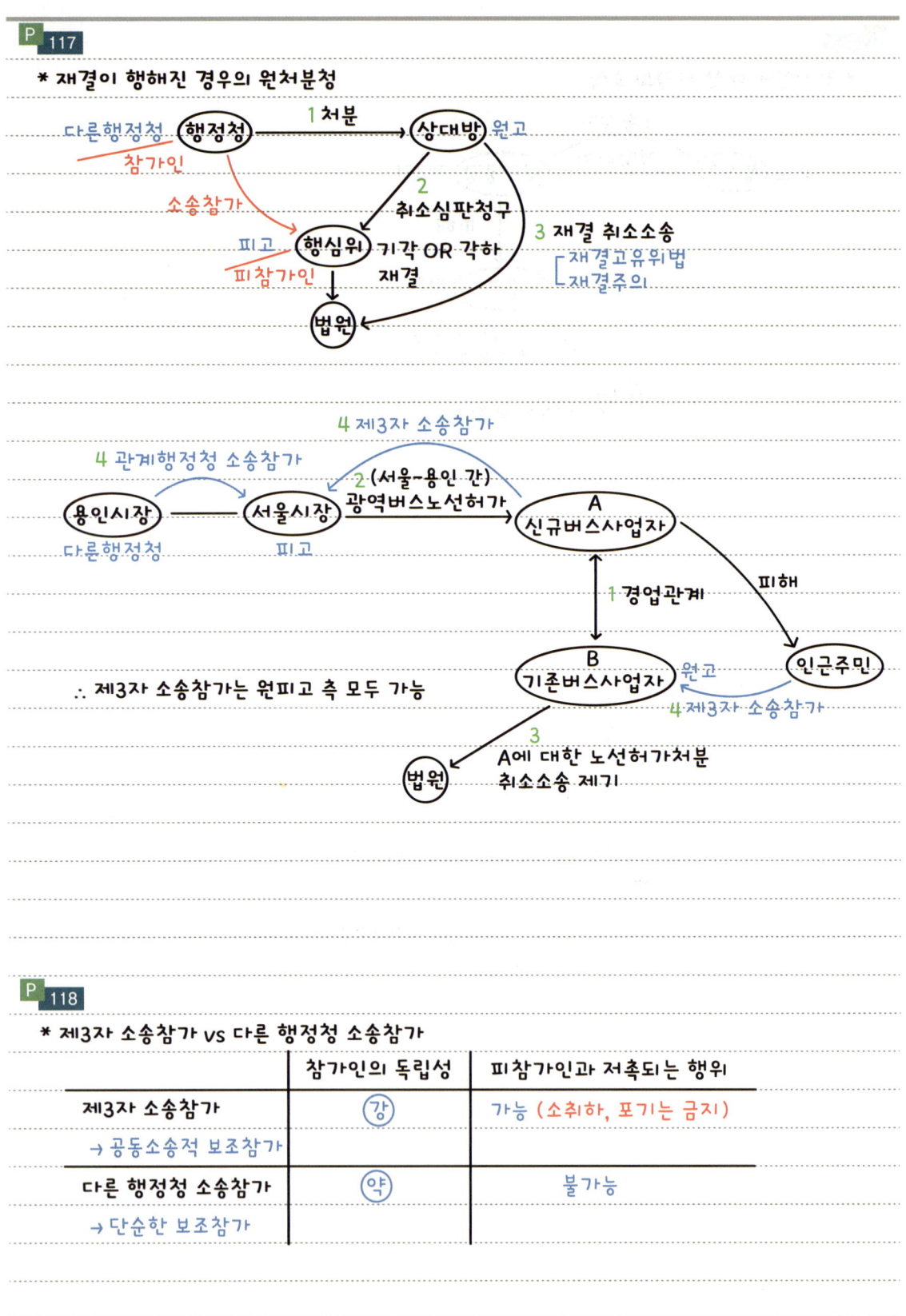

∴ 제3자 소송참가는 원피고 측 모두 가능

### P.118

* 제3자 소송참가 vs 다른 행정청 소송참가

|  | 참가인의 독립성 | 피참가인과 저촉되는 행위 |
|---|---|---|
| 제3자 소송참가<br>→ 공동소송적 보조참가 | 강 | 가능 (소취하, 포기는 금지) |
| 다른 행정청 소송참가<br>→ 단순한 보조참가 | 약 | 불가능 |

P 120

| 구분 | 제3자의 소송참가 | 관계행정청 소송참가 |
|---|---|---|
| 참가방법 | ┌ 제3자 신청<br>├ 당사자 신청<br>└ 법원 직권 | ┌ 관계행정청 신청<br>├ 당사자 신청<br>└ 법원 직권 |
| 참가인 지위 | 공동소송적<br>보조참가인 | (단순한)<br>보조참가인 |
| 소송행위 | 피참가인과<br>저촉 행위 가능<br>다만, [소취하 / 상소취하] 불가 | 피참가인과<br>저촉 행위 불가 |
| 민사소송법상<br>보조참가 | 可 | 不可 |
| 피참가인 | 원·피고 모두 가능 | 피고측만 가능 |
| 즉시항고 | 可 | 不可 |

## 기출문제

P 127

\# 8

```
          4 소송참가           4 소송참가
   ┌─────────────→  ┌─────────────→
(관계행정청) ──────── (행정청) ── 1 영업허가 → (연탄공장) 제3자
    B                  A                         乙
 관계행정청            피고                        │
                                                 │ 2 피해
                                                 ↓
                                             (인근주민) 원고
                                                 甲
                                                 │
                                                 │ 3 취소소송 제기
                                                 ↓
                                               (법원)
```

P 128

# 9

```
      3 소송참가
   B ──1 운송업 면허──▶ A  신규업자 / 제3자 / 참가인
 행정청/피고/피참가인      ▲
                        │ 경업관계
                        │
                        C  기존업자 / 원고
                        │
                        │ 2 A에 대한 운송업 면허처분
                        │   취소소송 제기
                        ▼
                       법원
```

## 제3관  취소소송의 대상

P 133

* 취소소송의 대상

처분 등 ┬ 처분 : 국민의 권리·의무에 직접 영향을 미치는 행위
        └ 등 : 행정심판의 재결


* 처분의 의미
  (≒ 행정행위)
  ┬ 행정청의 행위 : 국가 OR 지자체의 기관 / 수임청 / 공무수탁사인
  ├ 구체적 법집행 But 처분적 법규
  ├ 사인의 권리·의무에 직접 관련 (판례)
  ├ 공권력의 행사 ⇅
  └ 거부 : 법규상 OR 조리상 신청권

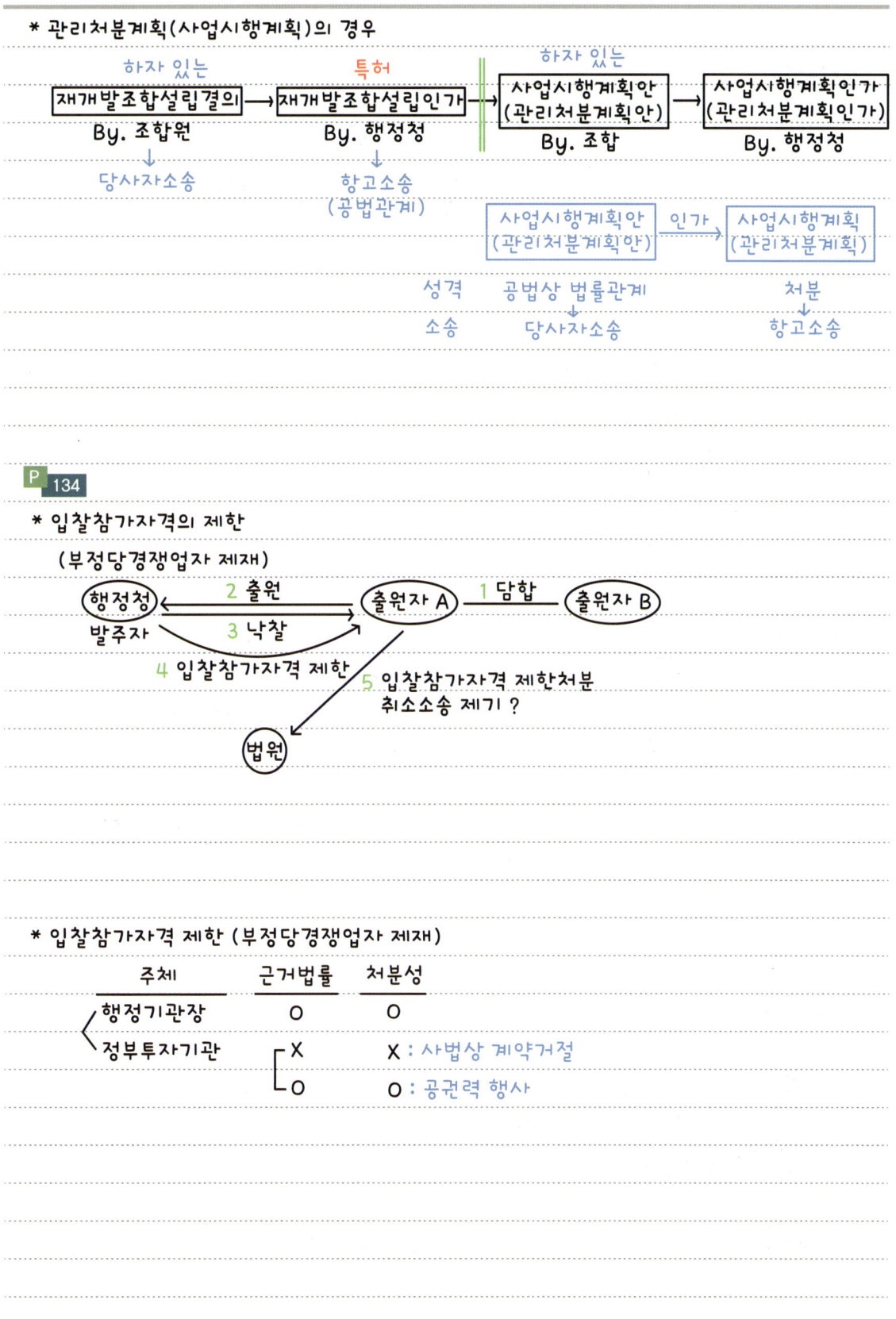

* 일반처분

| | 상대방 | 내용 | 사례 |
|---|---|---|---|
| 처분 | 개별적 | 구체적 | 병역처분 / 과세처분 |
| 법규 | 일반적 | 추상적 | 병역법 시행령 / 소득세법 시행령 |
| 일반처분 | 일반적(불특정다수인) | 구체적 | 횡단보도 설치<br>속도제한 |

- 공물로서의 도로의 공용개시 행위

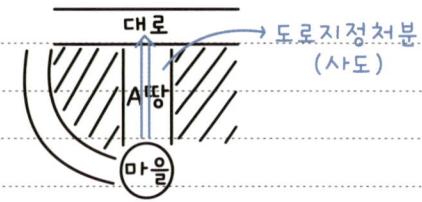

* 관련판례

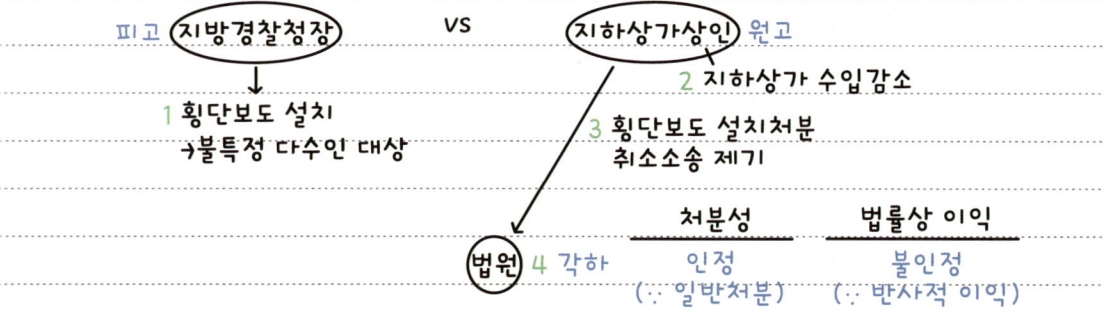

P.137

* 처분적 법규

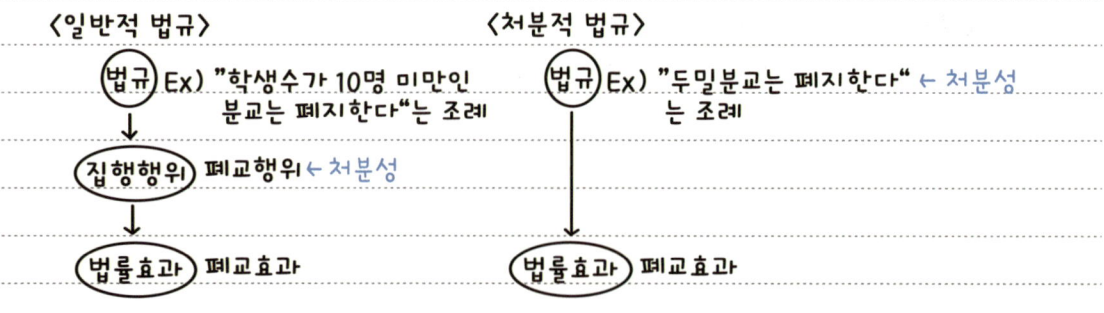

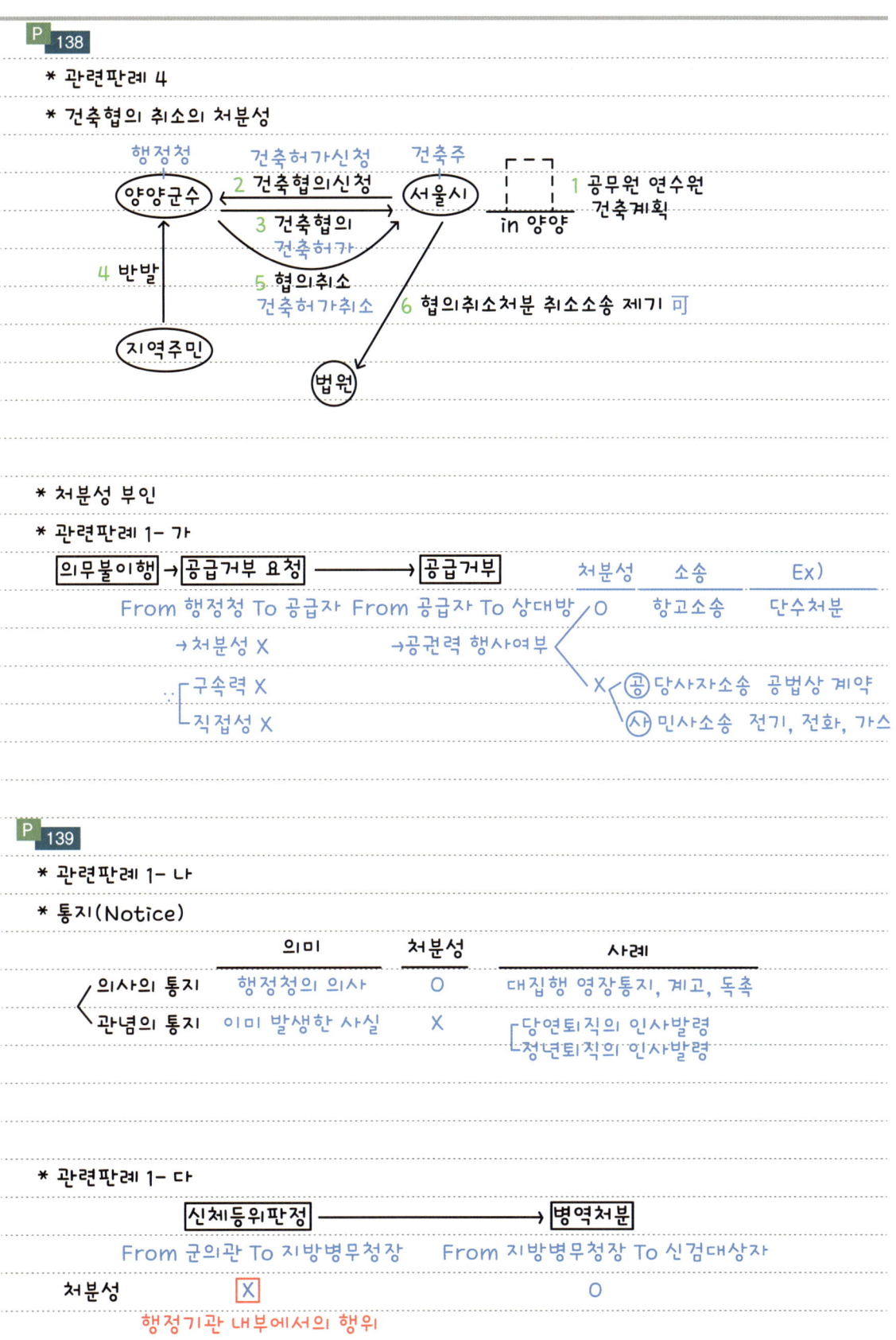

\* 처분 : 국민의 권리·의무에 ⬚직접⬚ 영향
From 행정청 To 상대방

비교) 장해등급결정 ──→ 장해보상금결정
      처분성    O                      O
                   보상금 이외에도
              다른 여러 법적 효과 관련

\* 관련판례 1-라.
        벌점 배점 ──→ 면허정지·취소
  처분성    X            O
    (∵직접성 X)

\* 관련판례 1-마.
    승진후보자 명부 등재 ──→ 승진대상자 결정 OR 탈락
  처분성        X                         O

\* 관련판례 1-바

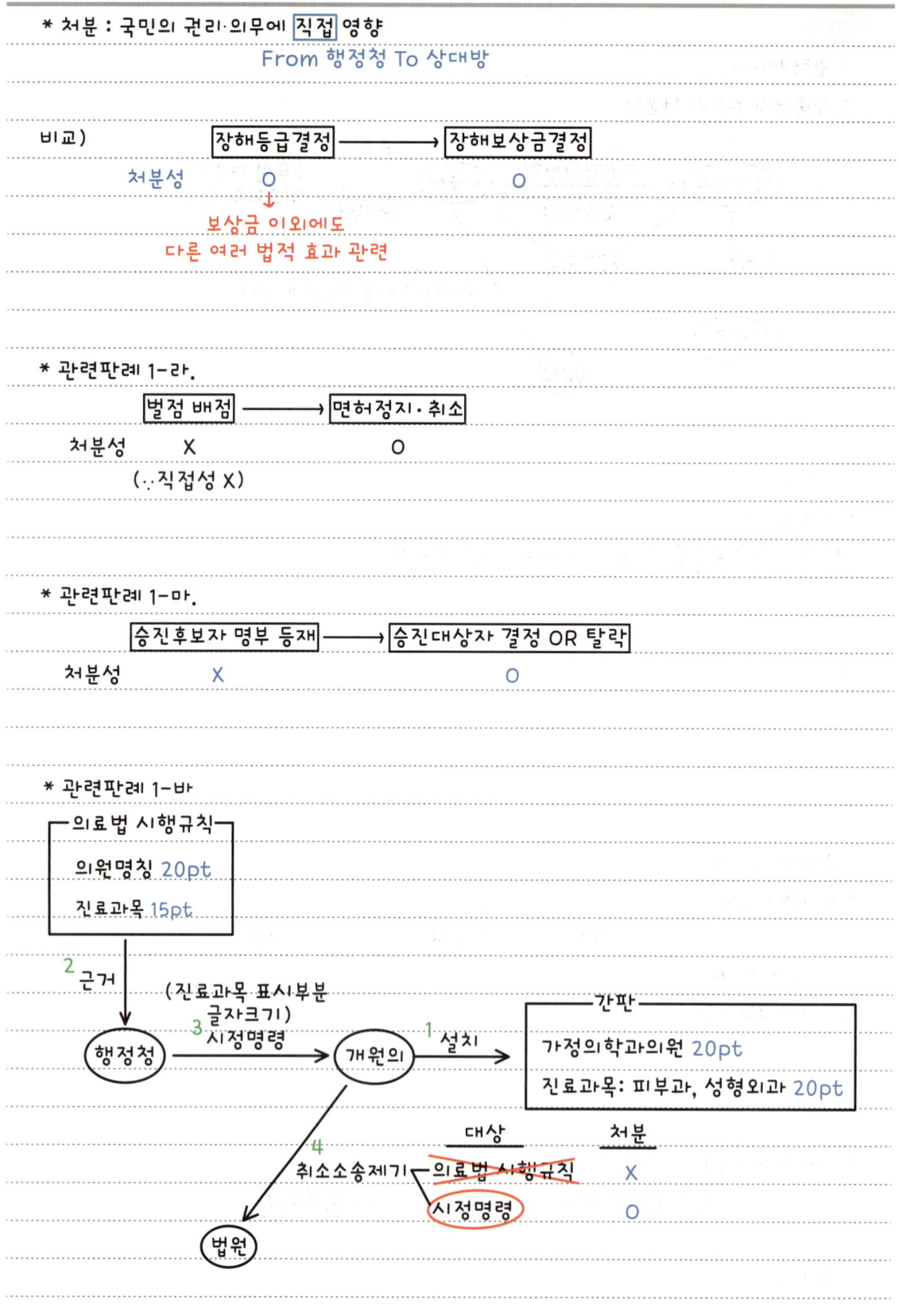

**P 140**

* 관련판례 1-자

```
강원도지사 ──혁신도시 입지 선정──▶ 원주시
                                    │
                                    ▼
                                  춘천시민
                                    │ 취소소송 제기
                                    ▼
                                   법원   각하(..입지에 불과하여 처분성 X)
```

* 처분성 인정
* 관련판례 2-가

| | 사업계획 적정통보 ──준비작업──▶ 폐기물처리업 허가 |
|---|---|
| | 예비 결정　　　　　　　　　　본 결정 |
| 처분성 | O　　　　　　　　　　　　　　O |

　　　　　　↑
　　적정통보를 받아야
　　준비작업을 할 수 있다

**P 141**

* 관련판례 2-나

| | 개별공시지가 결정 ──▶ 과세처분 OR 부담금 부과처분 |
|---|---|
| 처분성 | O　　　　　　　　　　　O |

　　　　↑
　각종 세금 및 부담금의
　　　산정기준

**P 142**

* 확인 OR 공증

| 사실관계 OR 법률관계 | 사례 | 처분성 |
|---|---|---|
| 의문 OR 다툼 O → 판단 → 확인 | 행정심판 재결 | O |
| | 합격자 결정 | |
| | 당선자 결정 | |
| 의문 OR 다툼 X → 인식 → 공증 | 증명서 발급 | X(원칙) |
| | 장부에 등재 | |

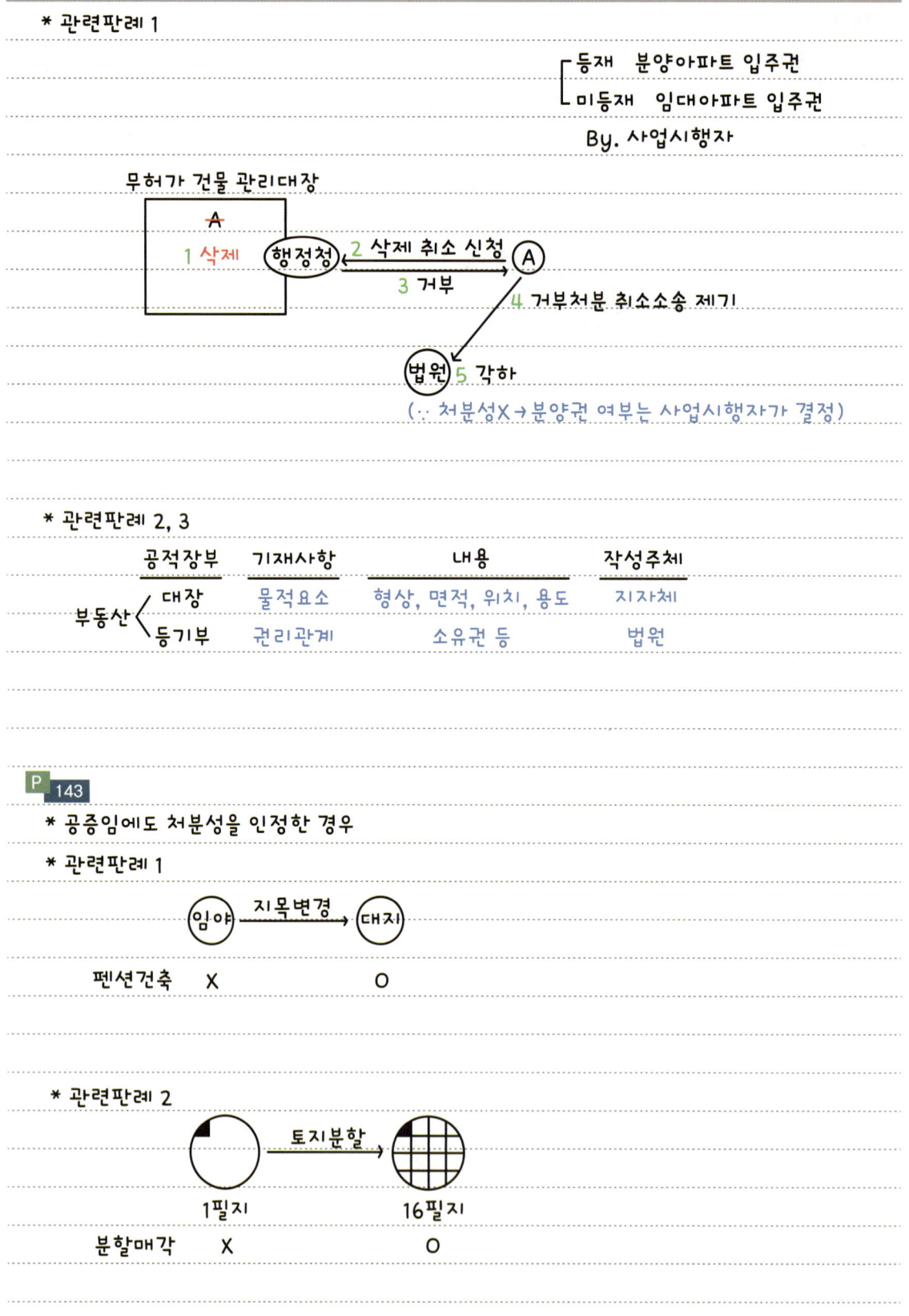

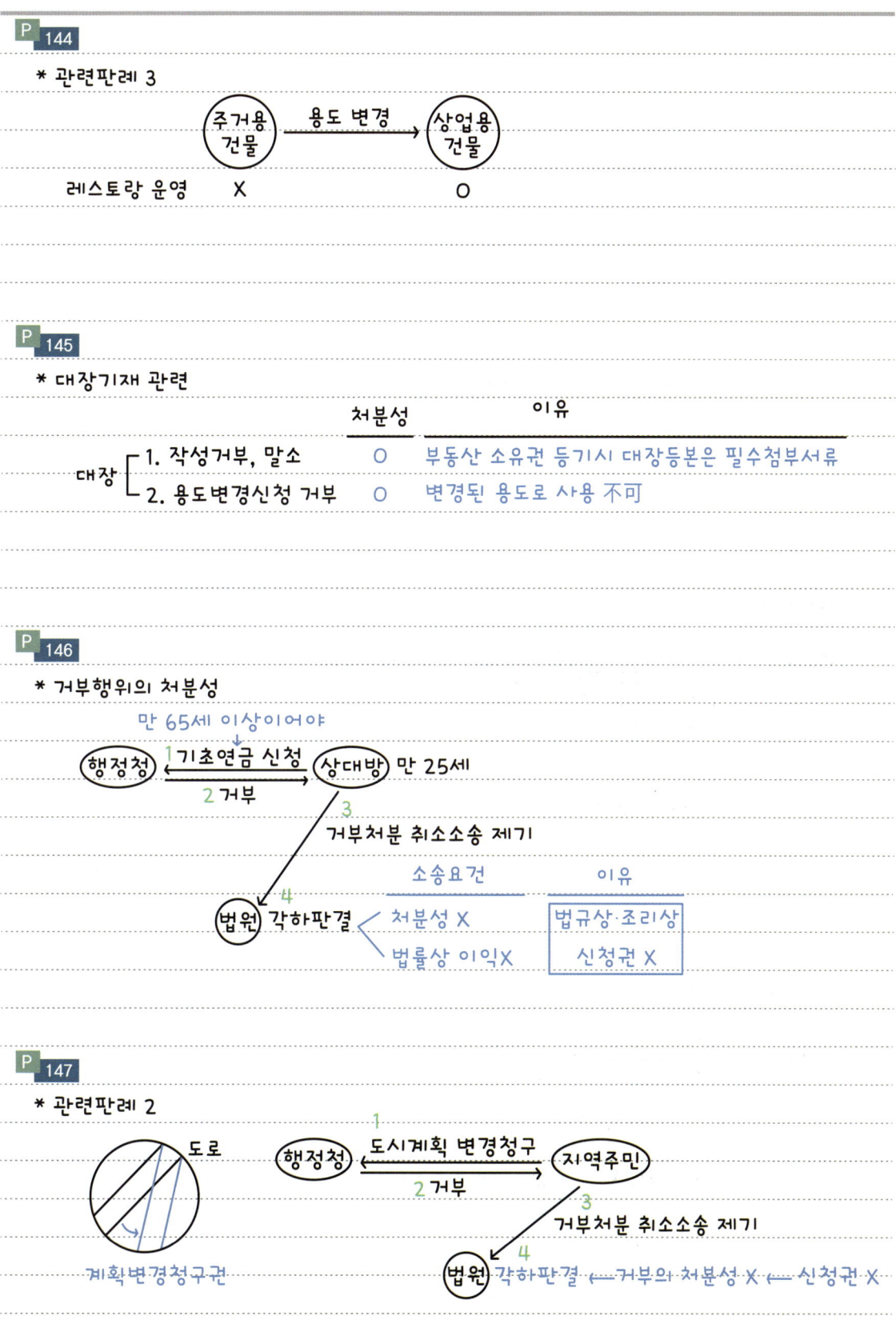

* 계획변경 신청권
  - 원칙 : 인정 X (∵ 지역주민에게 일일이 인정 X)
  - 예외 : 인정 O
    - 도시계획구역 내 토지소유자
    - 문화재보호구역 내 토지소유자
    - 국토이용계획변경신청 거부가 특정처분의 거부로 귀결

* 관련판례 3-다
  (보전녹지 → 자연녹지)
  [국토이용계획변경] ⟶ [폐기물처리업허가]
  → 국토이용계획변경신청의 거부는 곧 폐기물처리업허가의 거부로 귀결

P.148

* 관련판례 4, 5
  (행정청) ⇄¹ 위법한 처분 (상대방) 제소기간 90일 도과
       ³직권취소신청
       ⁴거부
  (법원) ⁶각하판결 ← 거부의 처분성 X ← 직권취소 신청권 X
       ⁵ 거부처분 취소소송 제기
  IF Not, 제소기간이 무의미

P.150

* 반복된 거부의 경우
  (행정청) ¹영업허가 신청 (상대방)
       ²거부(1차)
       ³보완 후 재신청
       ⁴재차거부(2차)   ⁵거부처분 취소소송 제기   대상 [1차/2차] 거부처분 모두 가능
  (법원)

\* 대집행의 절차

```
(철거명령) 하명▼        ▼: 처분성
    │ 불이행
    ▼
  (계고) 의사의 통지▼
    │
    ▼
 (대집행
  영장 통지) 의사의 통지▼
    │
    ▼
 (대집행
   실행) 권력적 사실행위▼
    │
    ▼
 (비용징수) 하명▼
```

\* 강제징수 절차

```
(과세처분) 하명▼        ▼: 처분성
    │ 불이행
    ▼
  (독촉) 의사의 통지▼
    │
    ▼
 (체납처분) ─ 압류  권력적 사실행위▼
           │
           │       ┌ 수의계약
           ├ 매각 ─┤                      ┌ 공매결정
           │       └ 공매처분 → 공법상 대리 ─┼ 공매통지  } 처분성 X
           │                              └ 공매공고   (∵ 공매처분의 구성요소)
           └ 청산▼
```

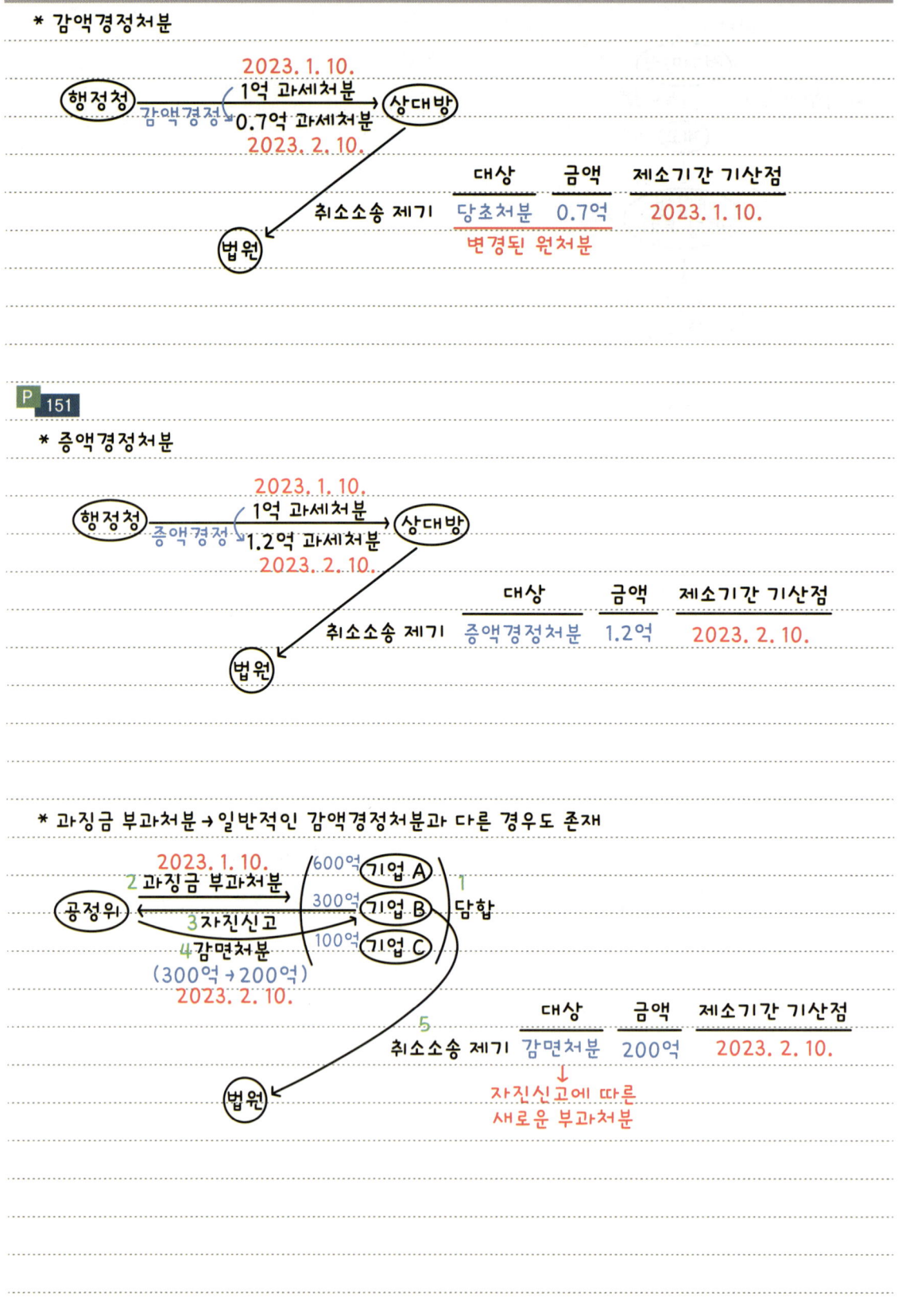

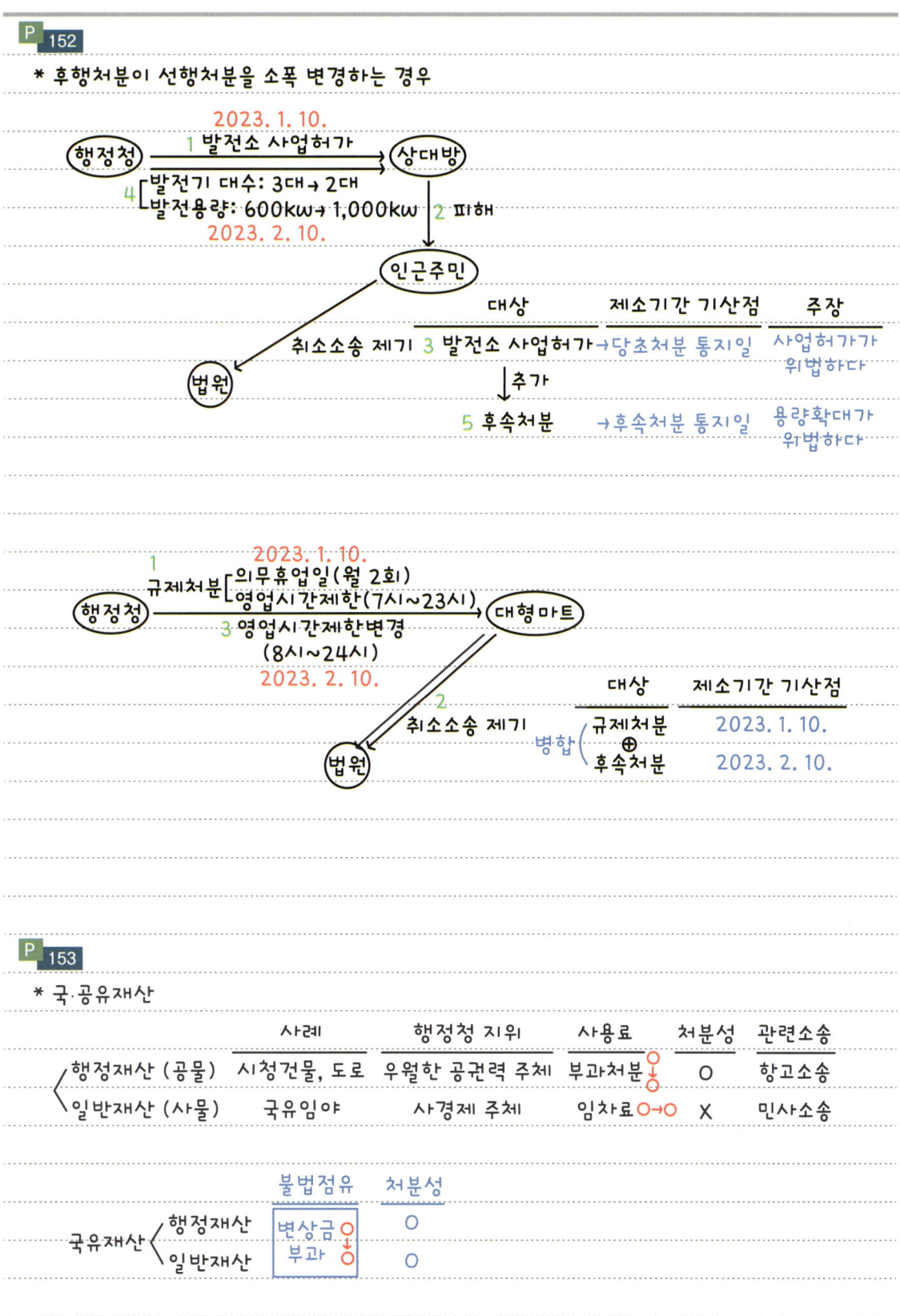

## 기출문제

**P 155**

**# 1-⑤**

|  |  |  | 처분성 |
|---|---|---|---|
| 공정위 | 과징금 부과처분 | : From 공정위 To 사업자 | O |
|  | 고발조치 | : From 공정위 To 검찰 | X (직접성 X) |

**P 156**

**# 2-④**

```
          ↑              ↑            ↑
  공익근무요원 소집통지   기일연기    재차 소집통지
                      최초 소집통지의 연기에 불과

처분성        O           X            X
```

**# 2-⑤**

|  | 상대방 | 효과 |  |
|---|---|---|---|
| 성희롱 결정 | 행위자 | 관련교육 이수 | 의무부과 |
| 시정조치 권고 | 소속기관 | 재발방지대책 수립 | → 처분성 O |

**P 157**

**# 3-④**

```
                (양도소득세 부과 취소)        1 사유발생 (토지매매계약 해제)
      ┌─────── 3 경정청구 ────────┐
   세무서장                    납세의무자   2 3개월 도과
      └─────── 4 경정거부 ───────┘
                                    │
                                    5 거부처분 취소소송 제기
                                    ↓
                                   법원  6 각하판결 ← 거부의 처분성 X ← 3개월 도과하여 신청권 X
                                         IF Not, 제소기간 무의미
```

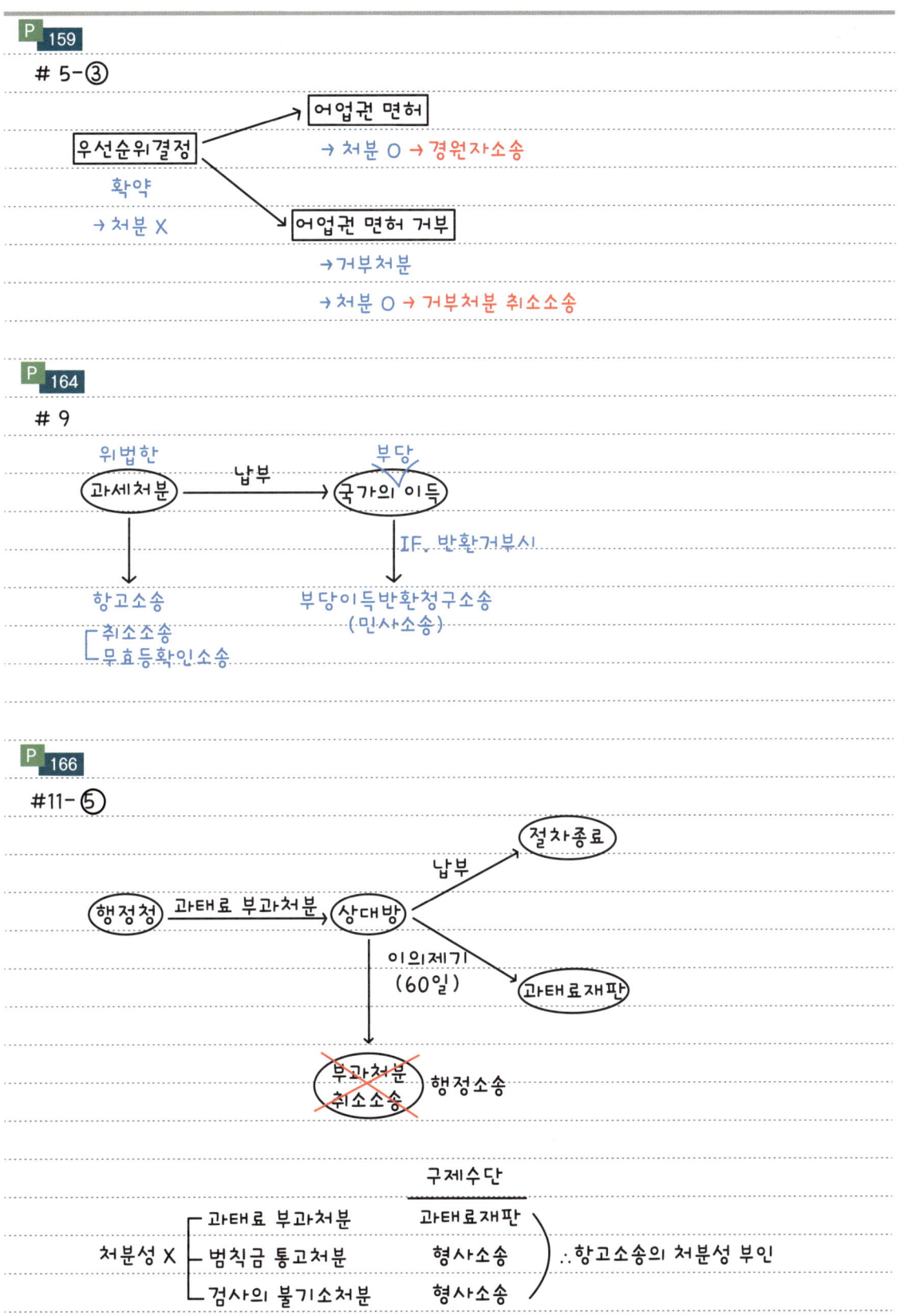

**P 167**

## # 12

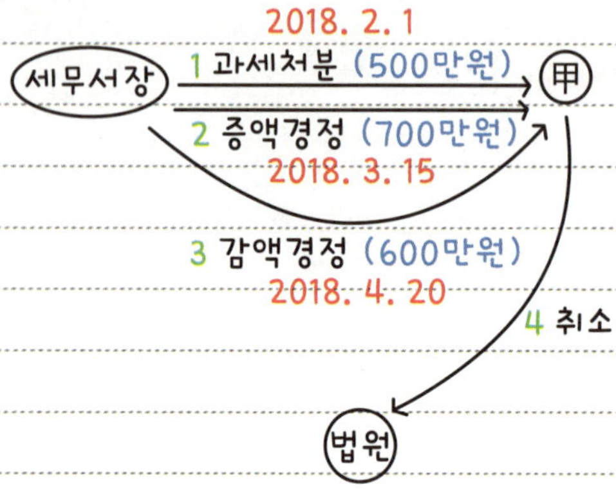

세무서장 →① 과세처분 (500만원) → 甲
2018. 2. 1

→② 증액경정 (700만원)
2018. 3. 15

→③ 감액경정 (600만원)
2018. 4. 20

④ 취소소송 제기 → 법원

당초처분 → 증액경정 → 감액경정
증액경정
증액경정

| 대상 | 금액 | 제소기간 기산점 |
|------|------|------|
| 증액경정처분 | 600만원 | 2018. 3. 15 |

---

**P 168**

## # 14-②

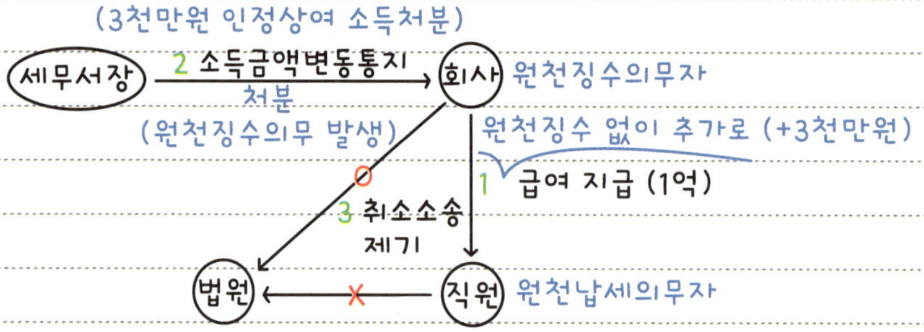

(3천만원 인정상여 소득처분)

세무서장 →② 소득금액변동통지 처분 → 회사 (원천징수의무자)
(원천징수의무 발생)

회사 →① 급여 지급 (1억) → 직원 (원천납세의무자)
원천징수 없이 추가로 (+3천만원)

③ 취소소송 제기
○ 회사 → 법원
× 직원 → 법원

## # 14-④

공시지가 결정 { 개별 / 표준 }
처분성 ○

| | 의미 |
|---|---|
| 개별 | 세금, 부담금 산정기준 |
| 표준 | 보상금 산정기준 |

→ 국민의 권리와 의무에 직접 영향

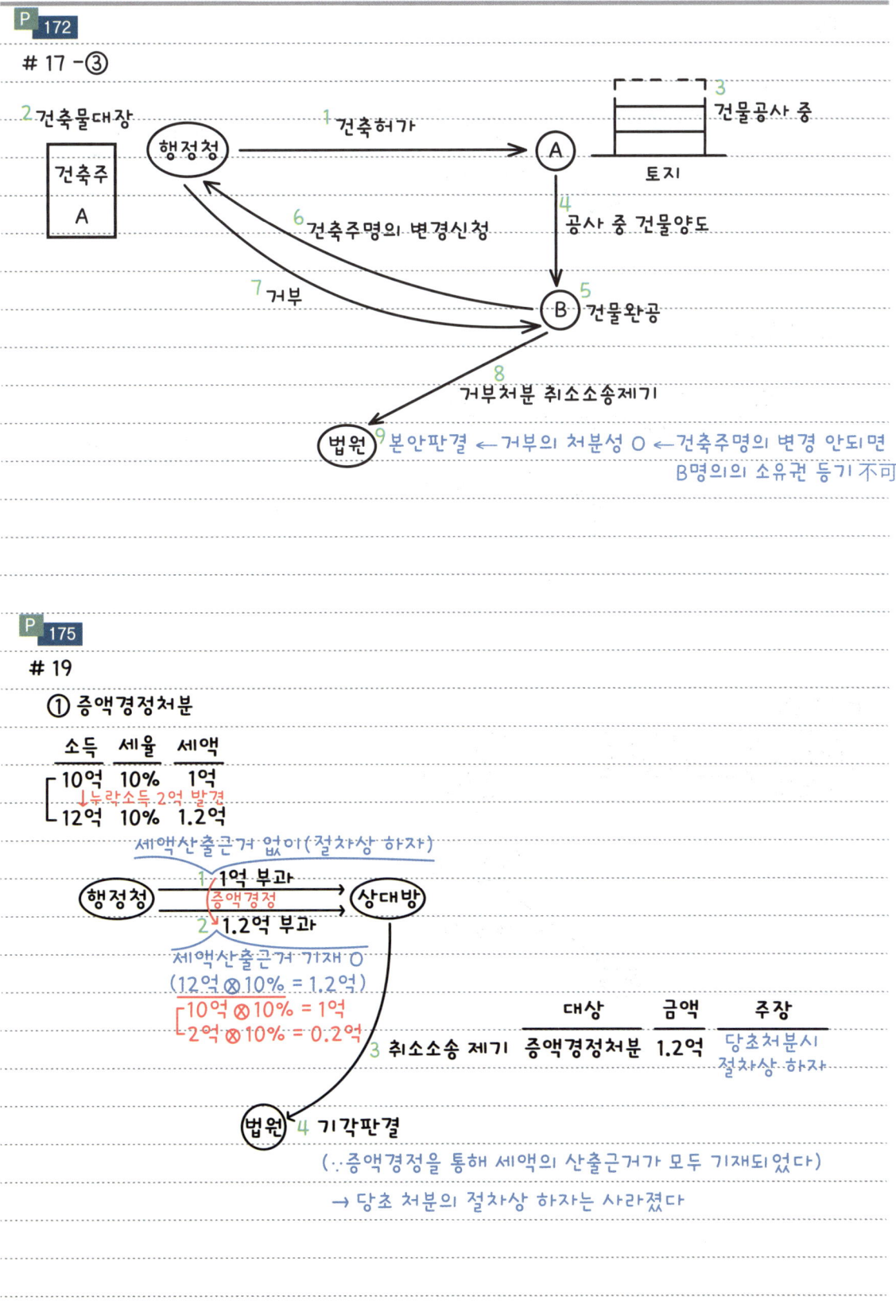

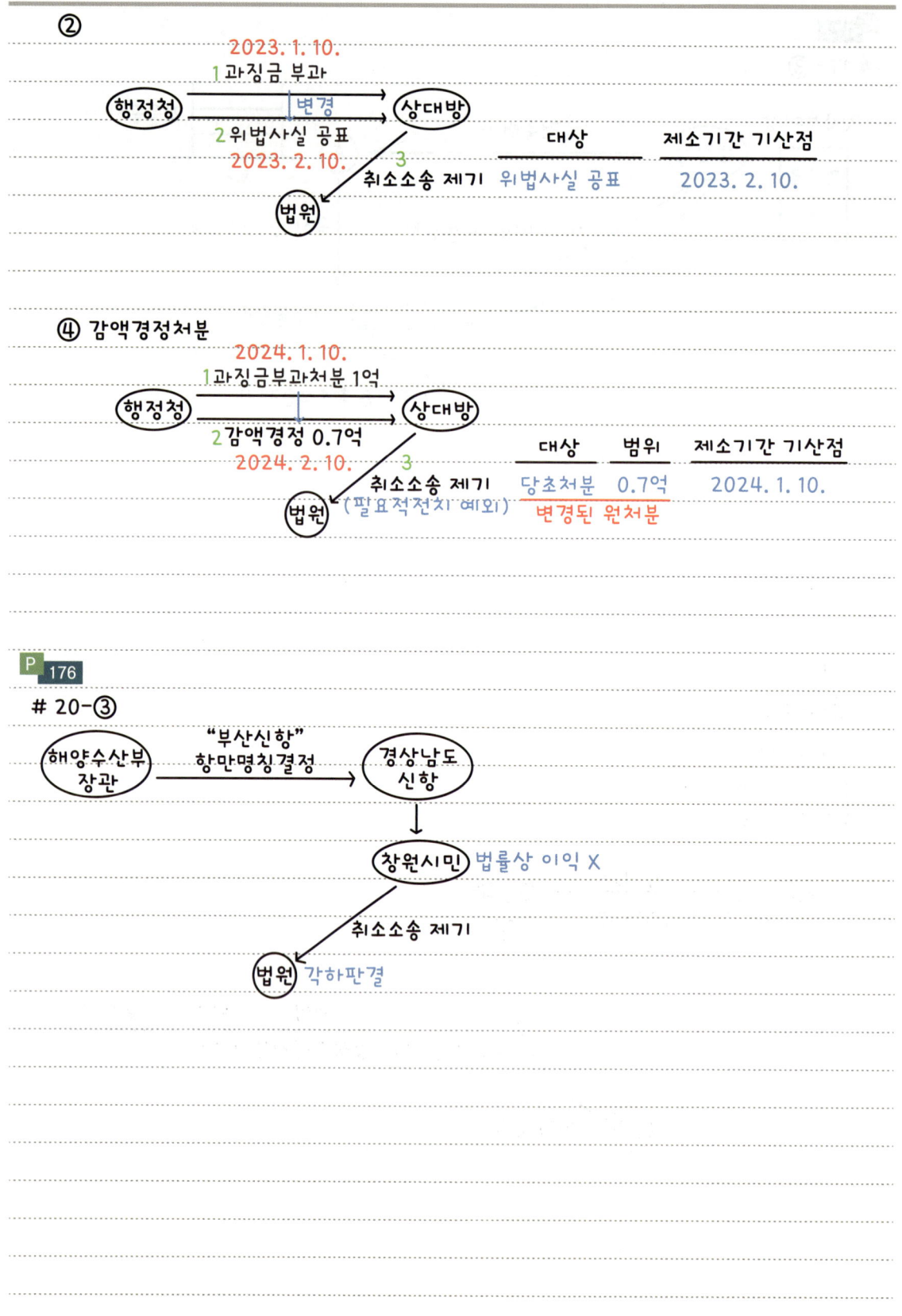

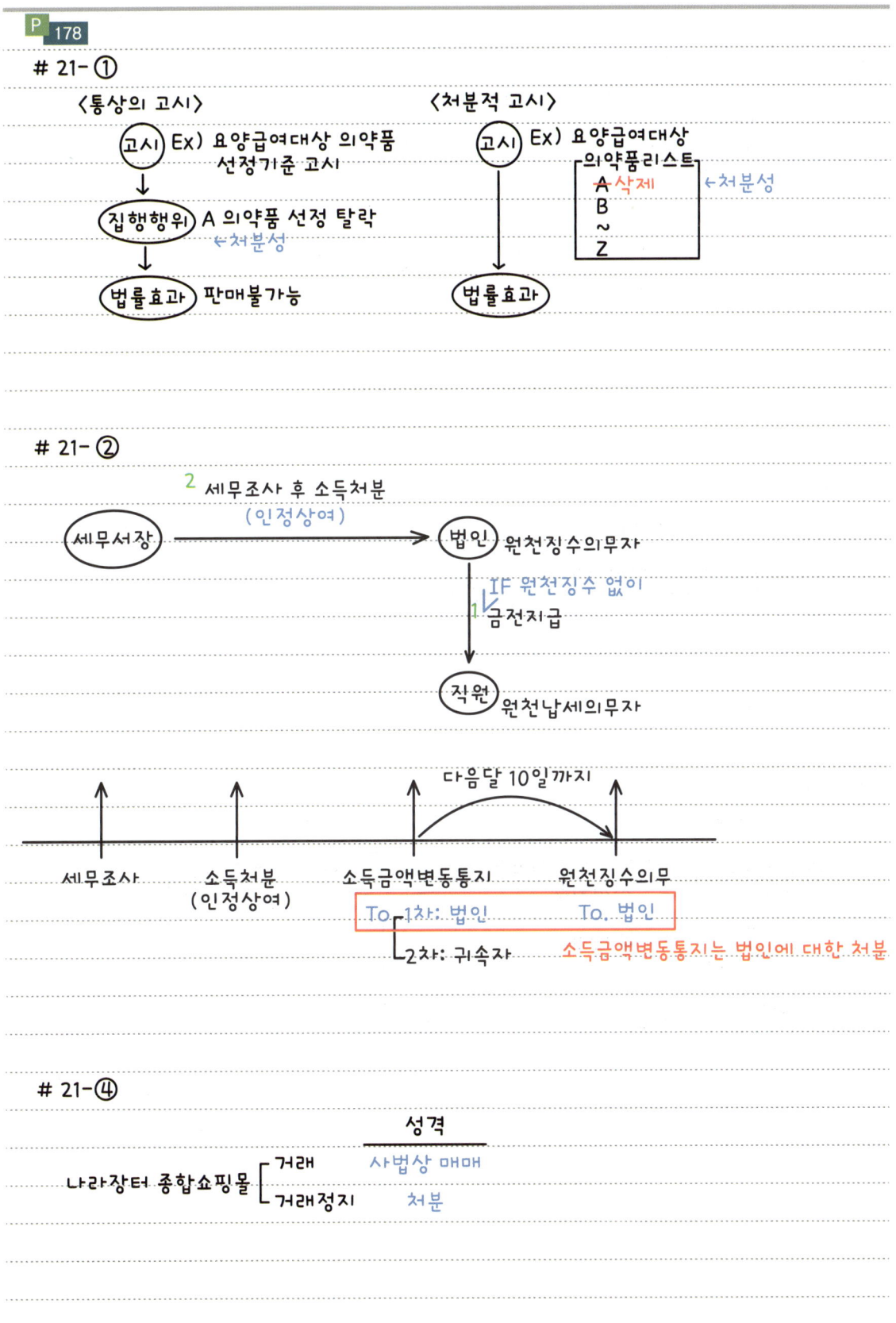

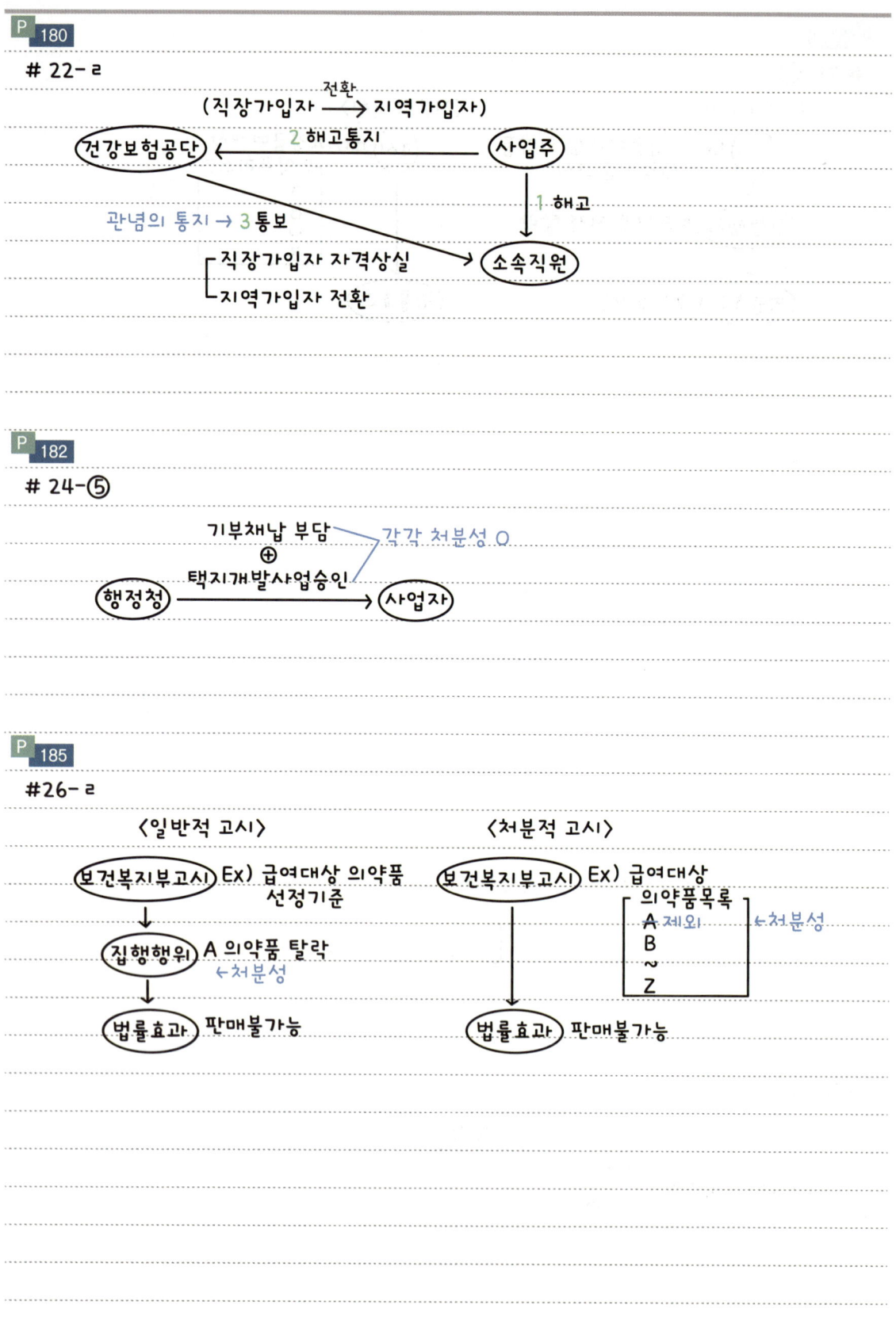

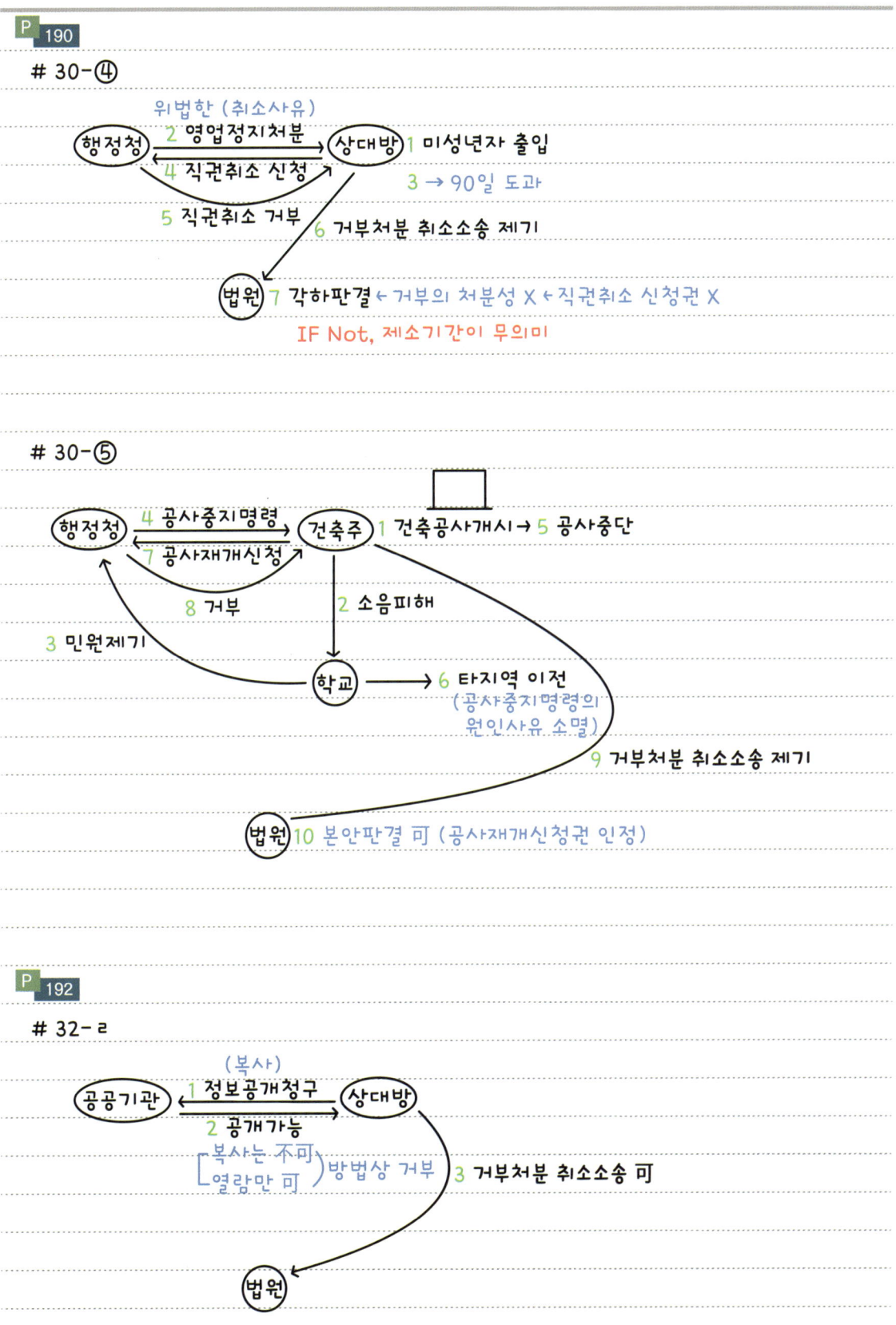

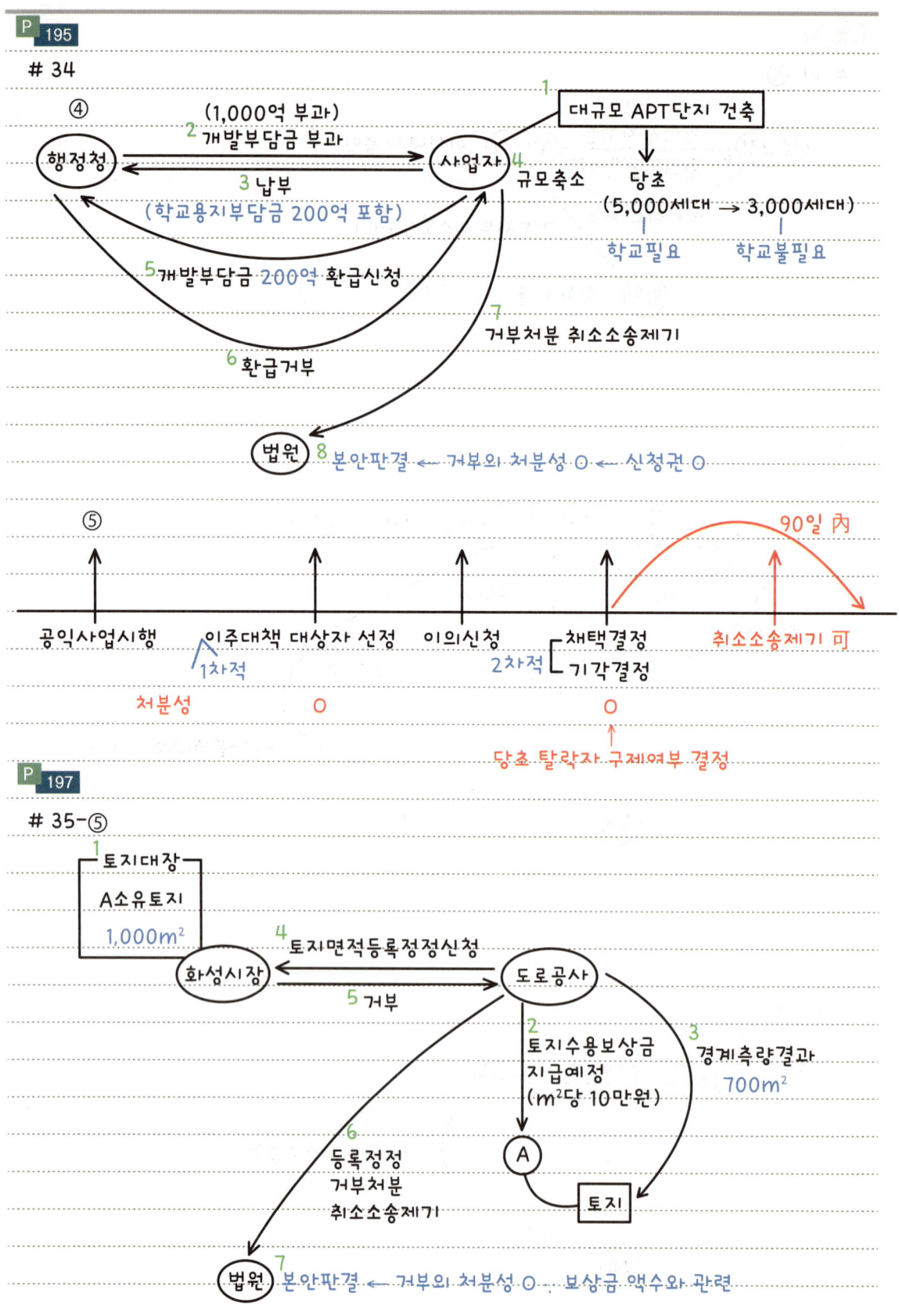

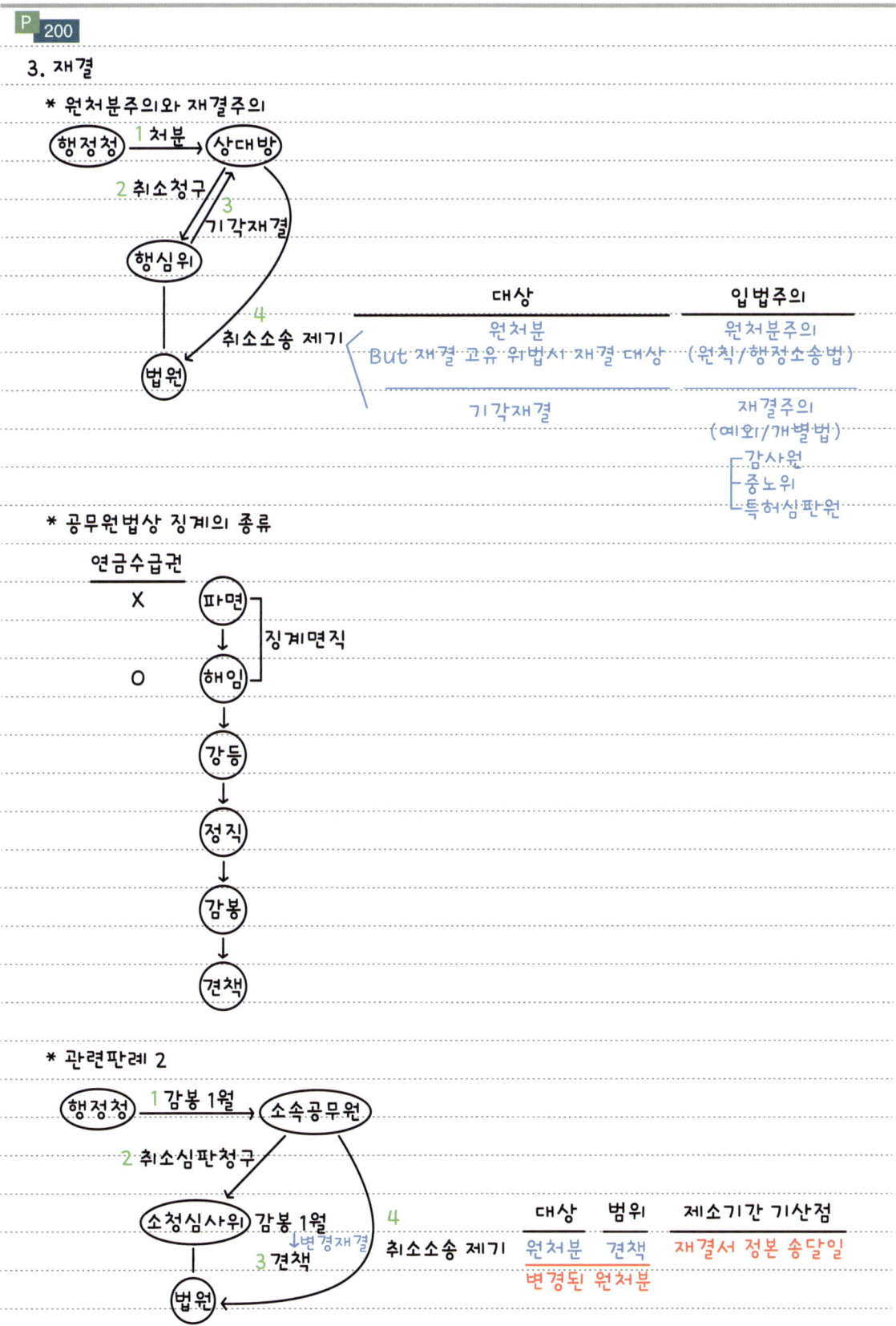

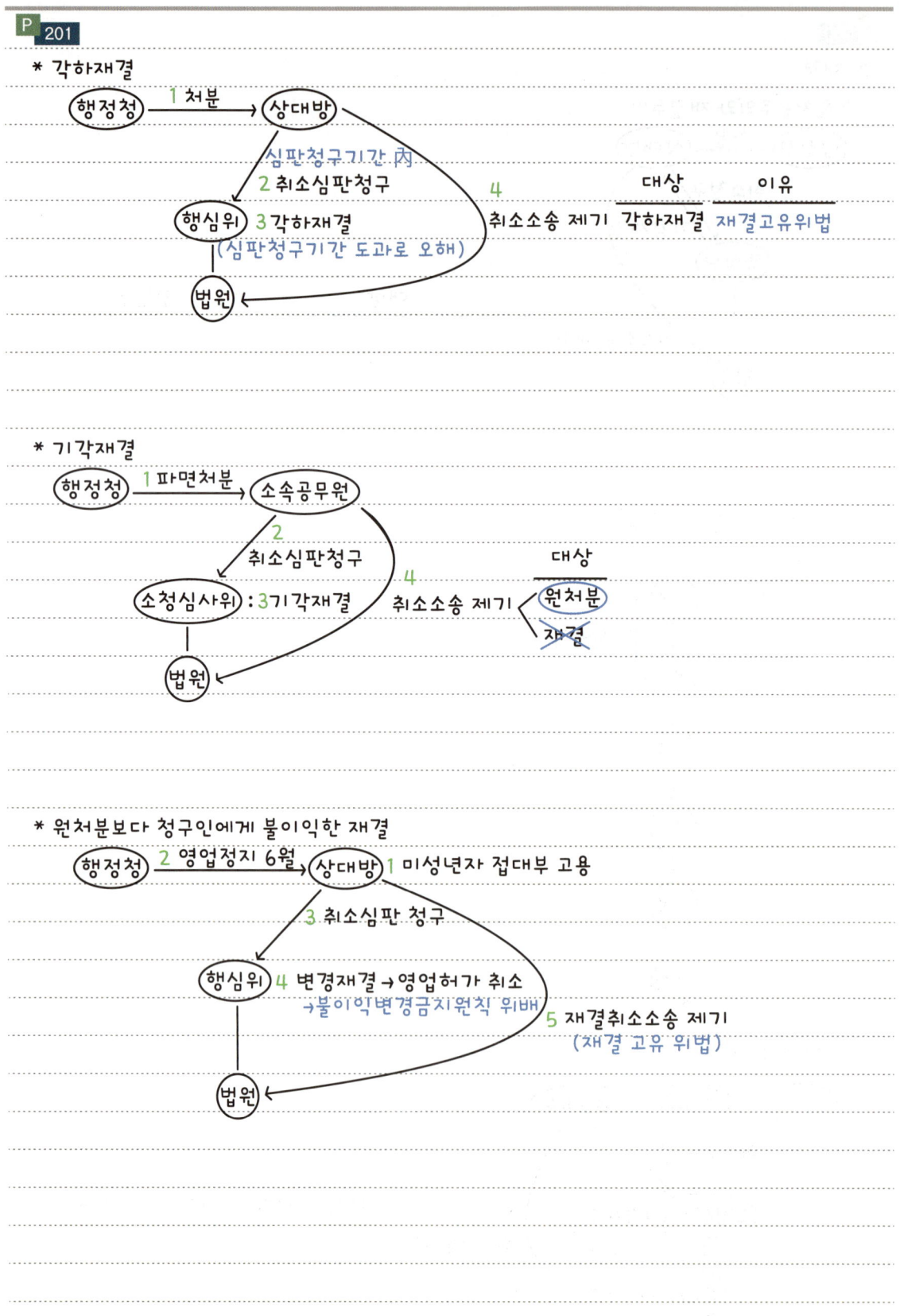

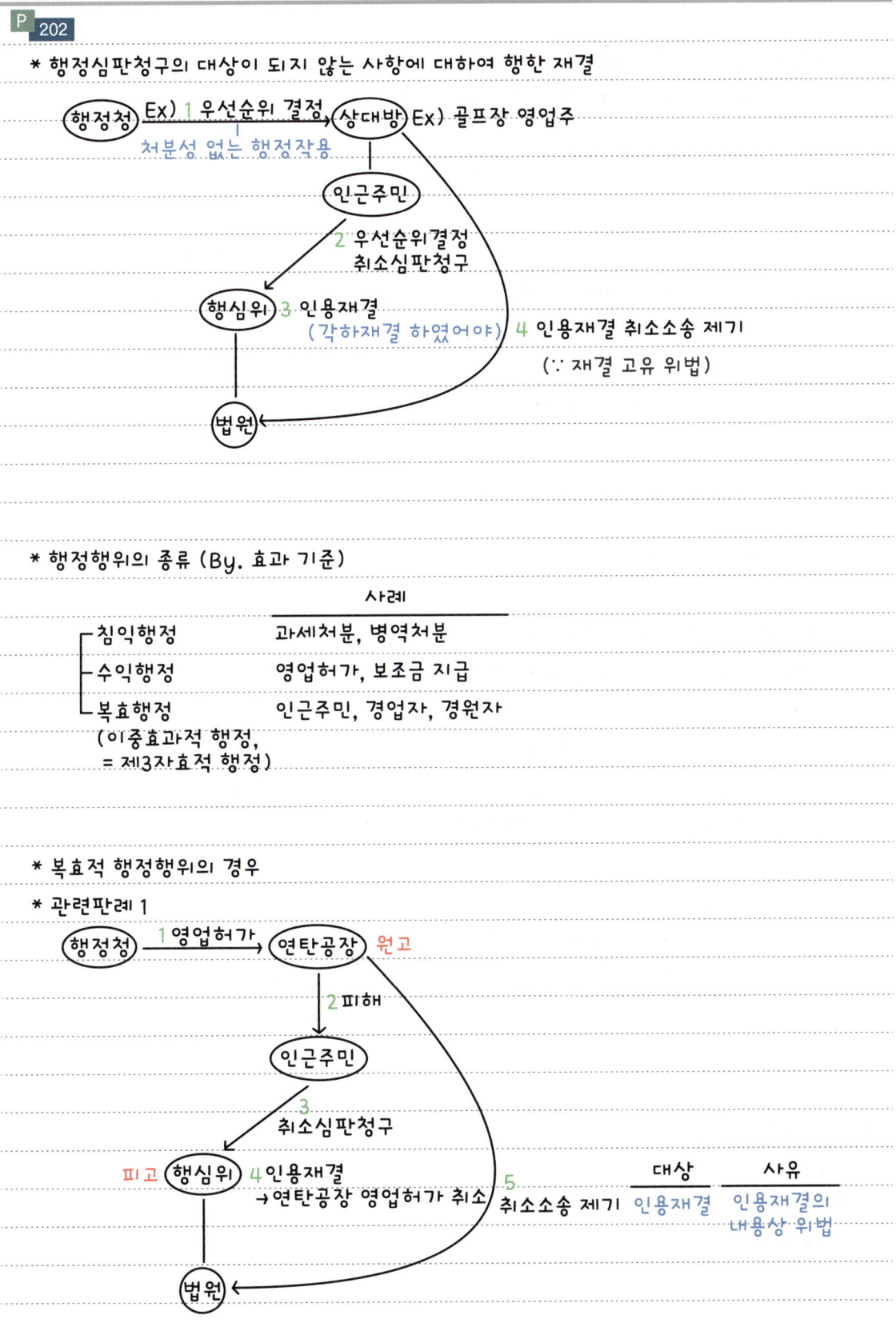

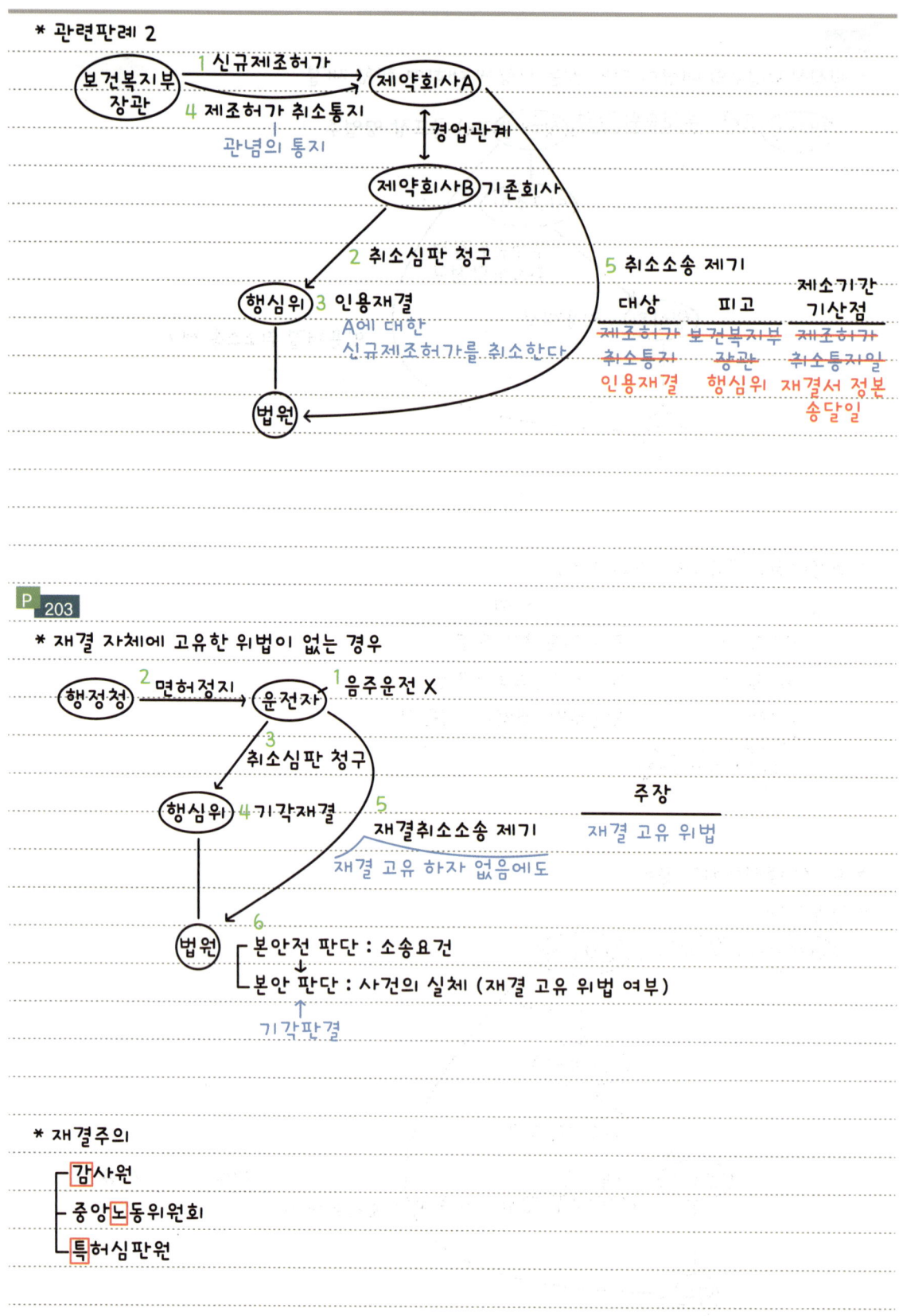

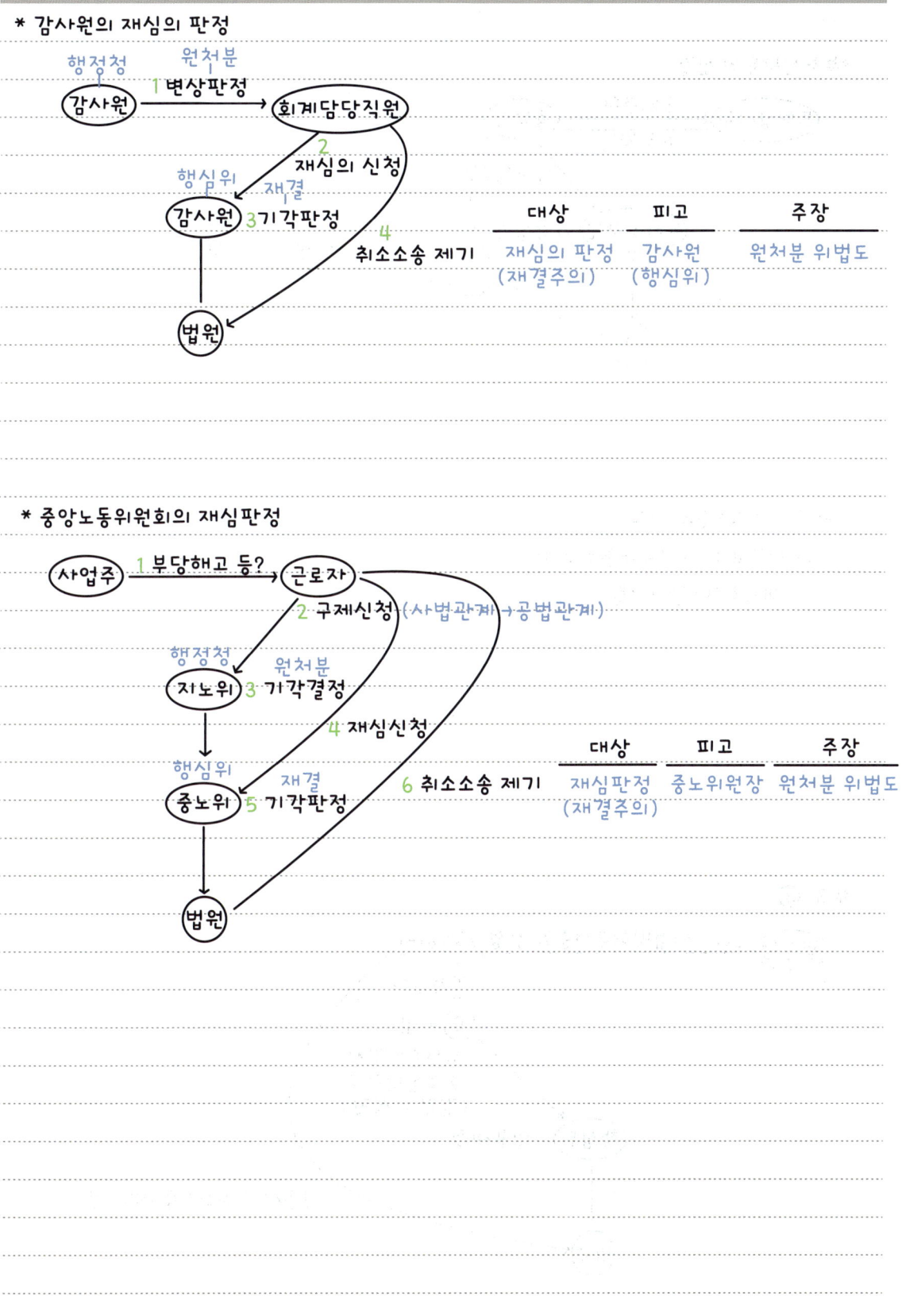

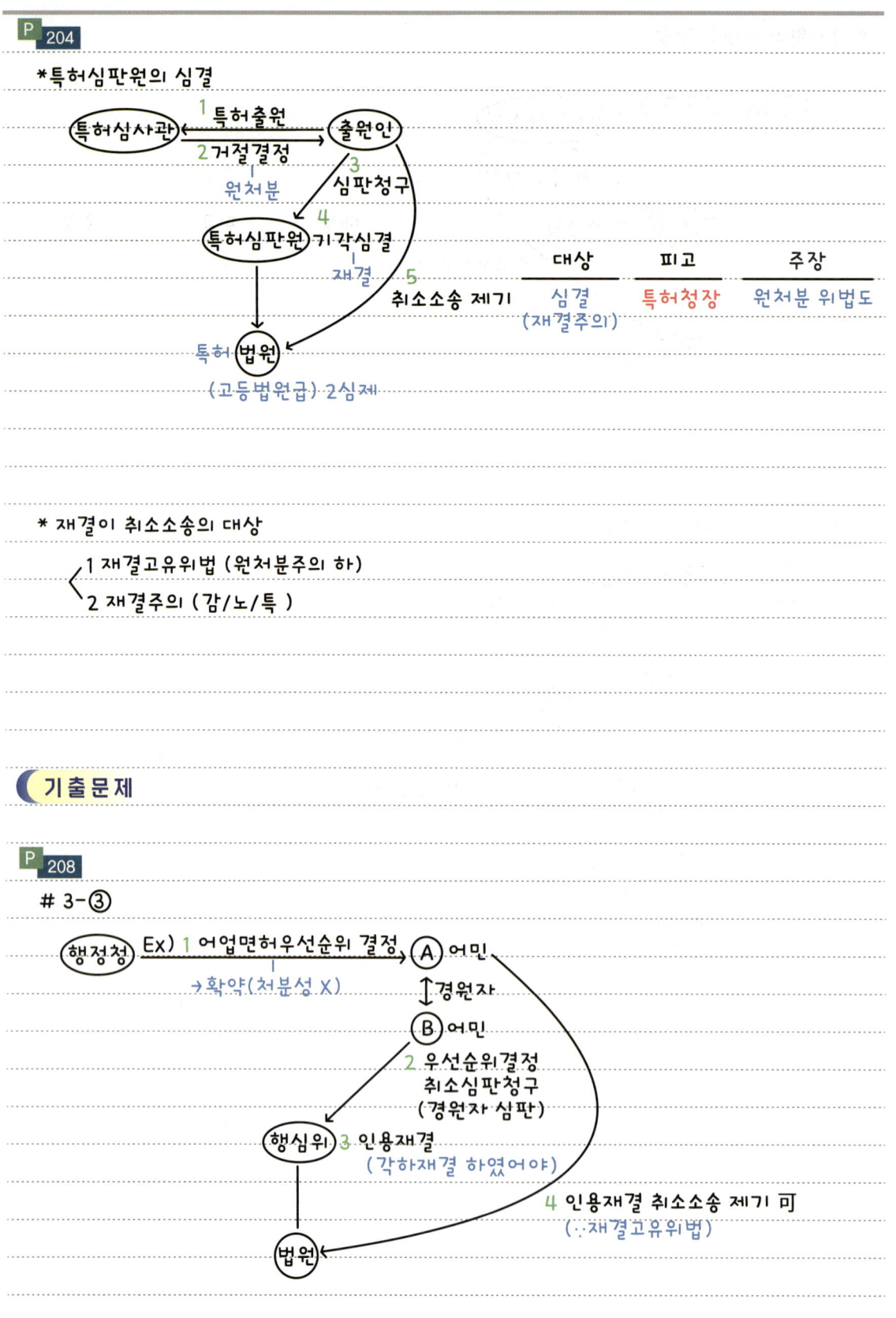

# 3-⑤

심판재결

주문 : 청구인의 병역처분 취소심판청구를 기각한다. ┐ 모순
이유 : 청구인은 여자이므로 병역의무가 있다. ┘

P.209

# 4-⑤

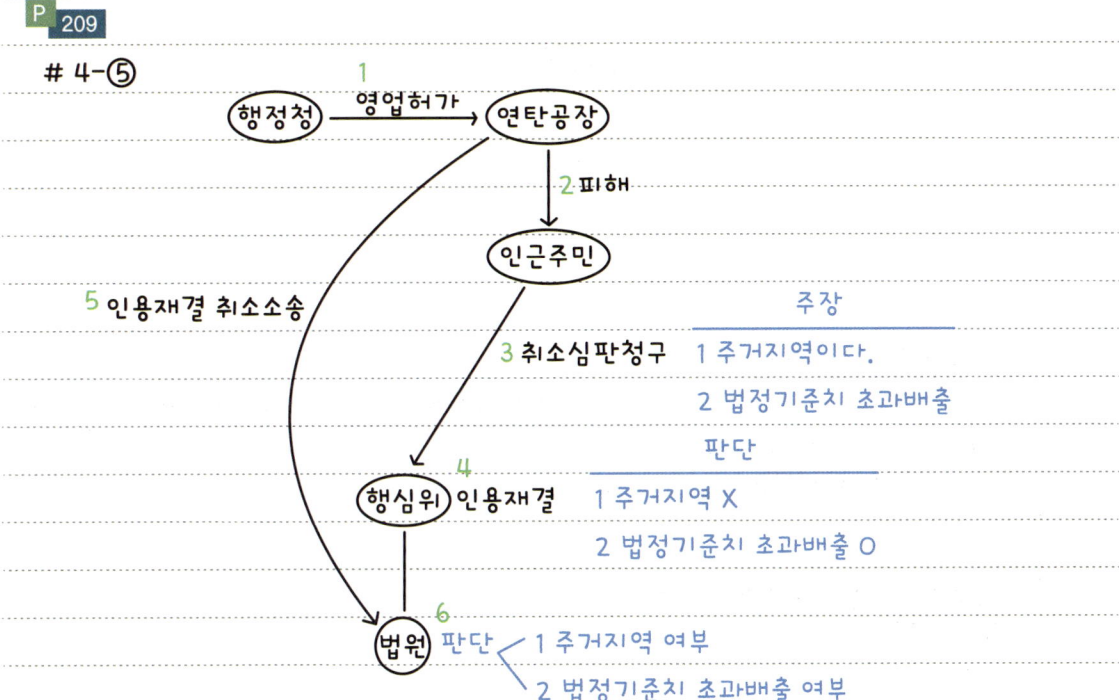

P.210

# 5-ㄱ

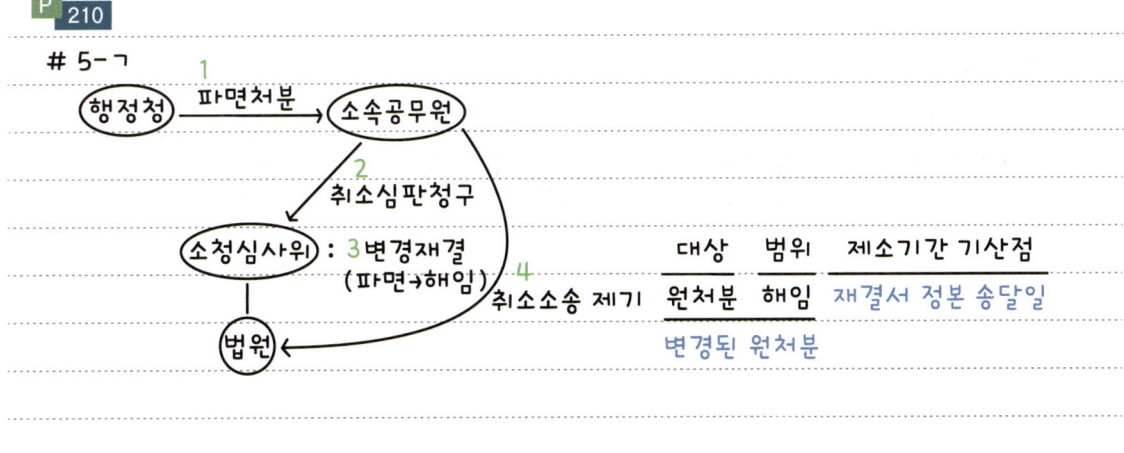

## 제4관 제소기간

**P.214**

* 제소기간

```
행정청 ──처분──→ 상대방
          │
   행정심판 거친 경우    행정심판 거치지 않는 경우
   재결         Ex)          처분         Ex)
  ┌ 안 날 : 90일  재결서 정본 송달일   ┌ 안 날 : 90일  처분통지서 수령일
  └ 있은 날 : 1년 재결서 정본 송달일   └ 있은 날 : 1년  처분통지서 수령일
          → 행심위 → 법원
```

* 처분이 있음을 안 날로부터 90일

|  | 처분의 효력발생시기 | 제소기간 기산점(90일) |
|---|---|---|
| 특정 상대방 있는 처분 ─ 원칙<br>Ex) 병역처분, 과세처분 | 송달 | 현실적으로 안 날 |
|  ─ 송달불능시 | 공고의 효력 발생일 | 현실적으로 안 날<br>중국에서 귀국한 날 |
| 불특정 다수인을 상대방으로 하는 처분<br>(일반처분) | 고시OR공고의<br>효력발생일 | 고시OR공고의<br>효력발생일<br>현실적으로 알았는지 불문 |

**P.215**

* 관련판례 2

```
         ↑          ↑        ↑    90일   ↑     90일 內
  대학입학 후 사춘기  입영지원  입영통지서 수령  입영통지서 전달 ─→ 제소가능
                   By. 엄마   By. 엄마      From 엄마 To 아들
                              ┌ 처분 있은 날
                              └ 처분 안 날 추정 ──→ 번복가능
```

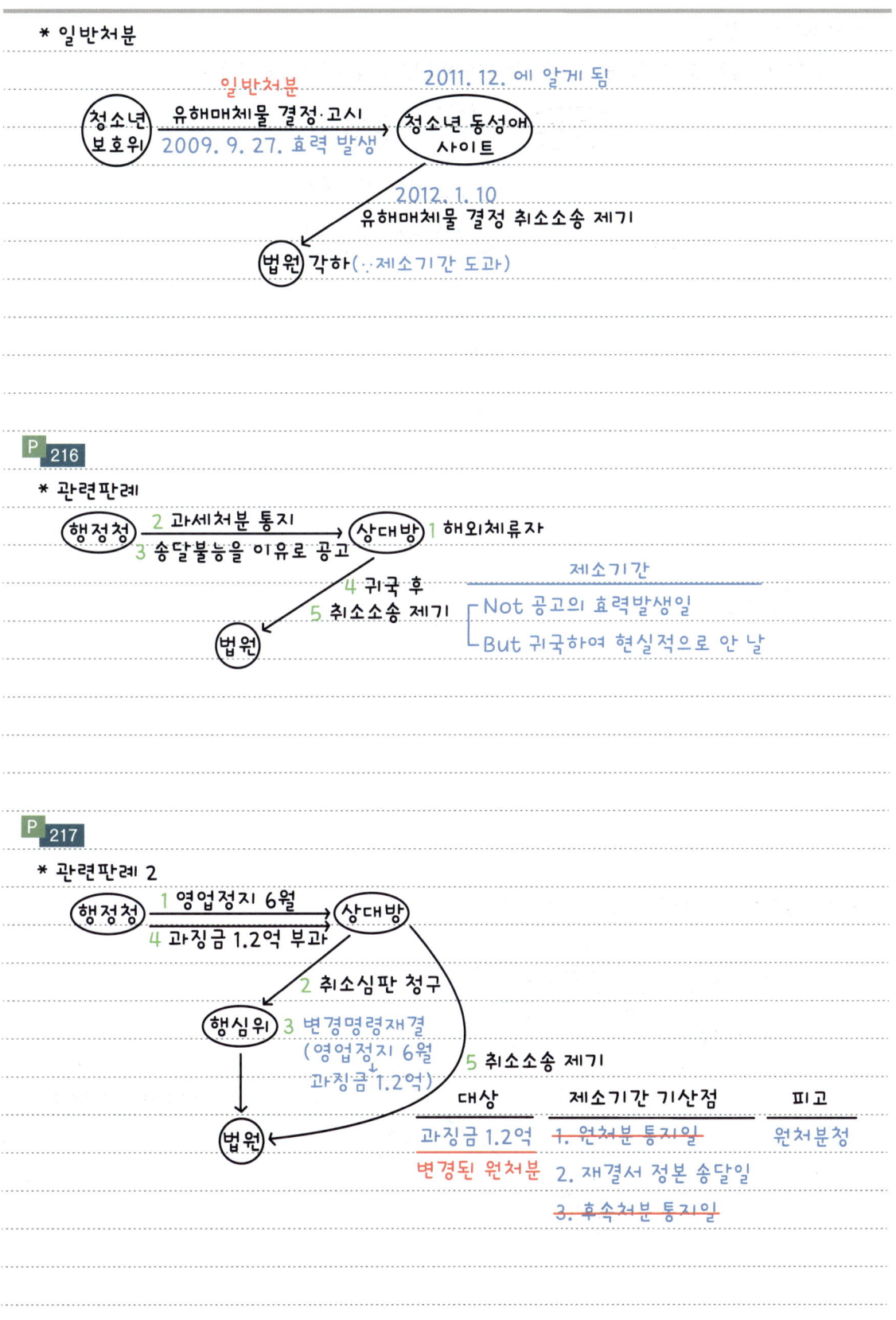

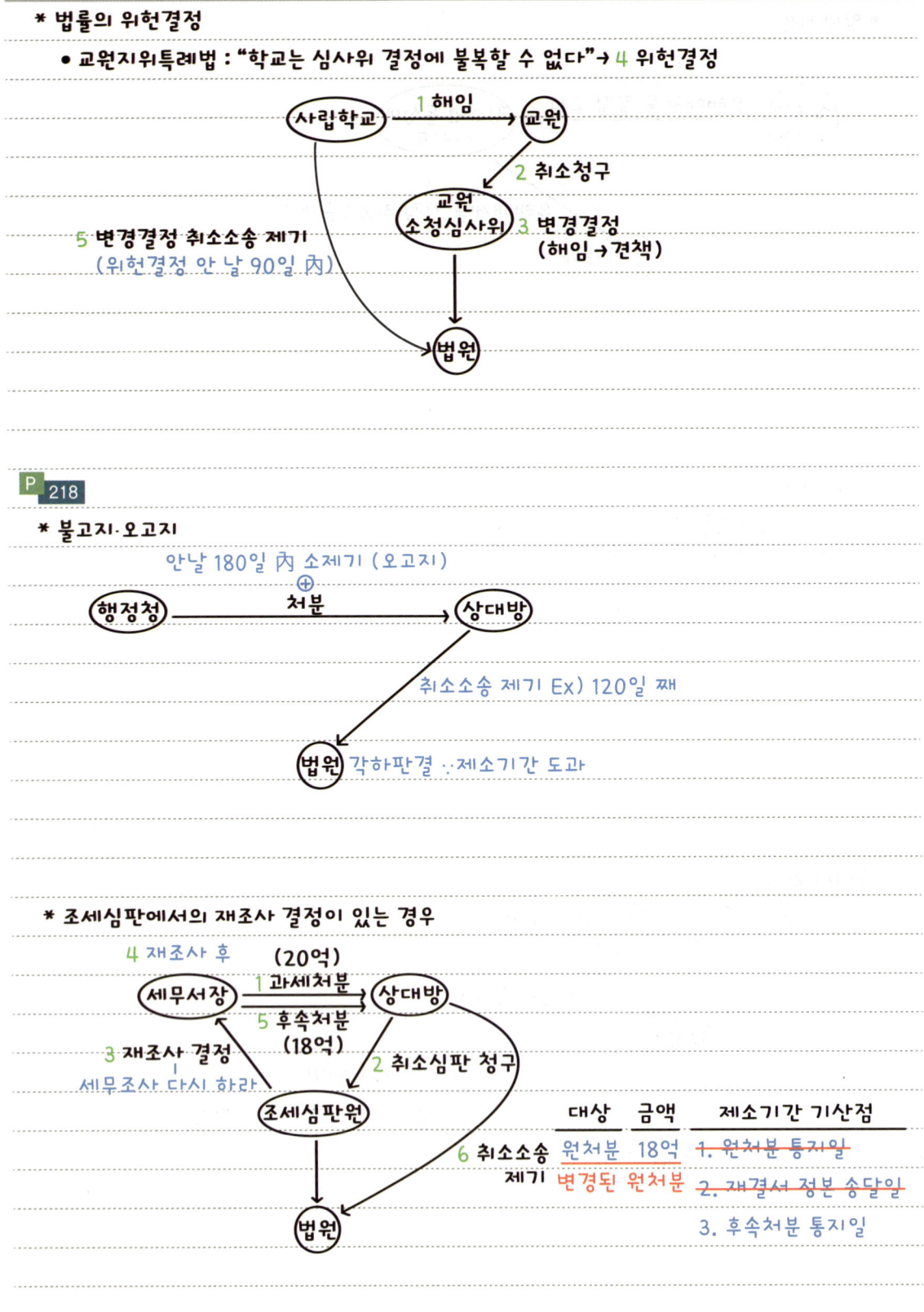

📘 219

* **복효적 처분에서 처분의 상대방이 아닌 제3자의 경우**

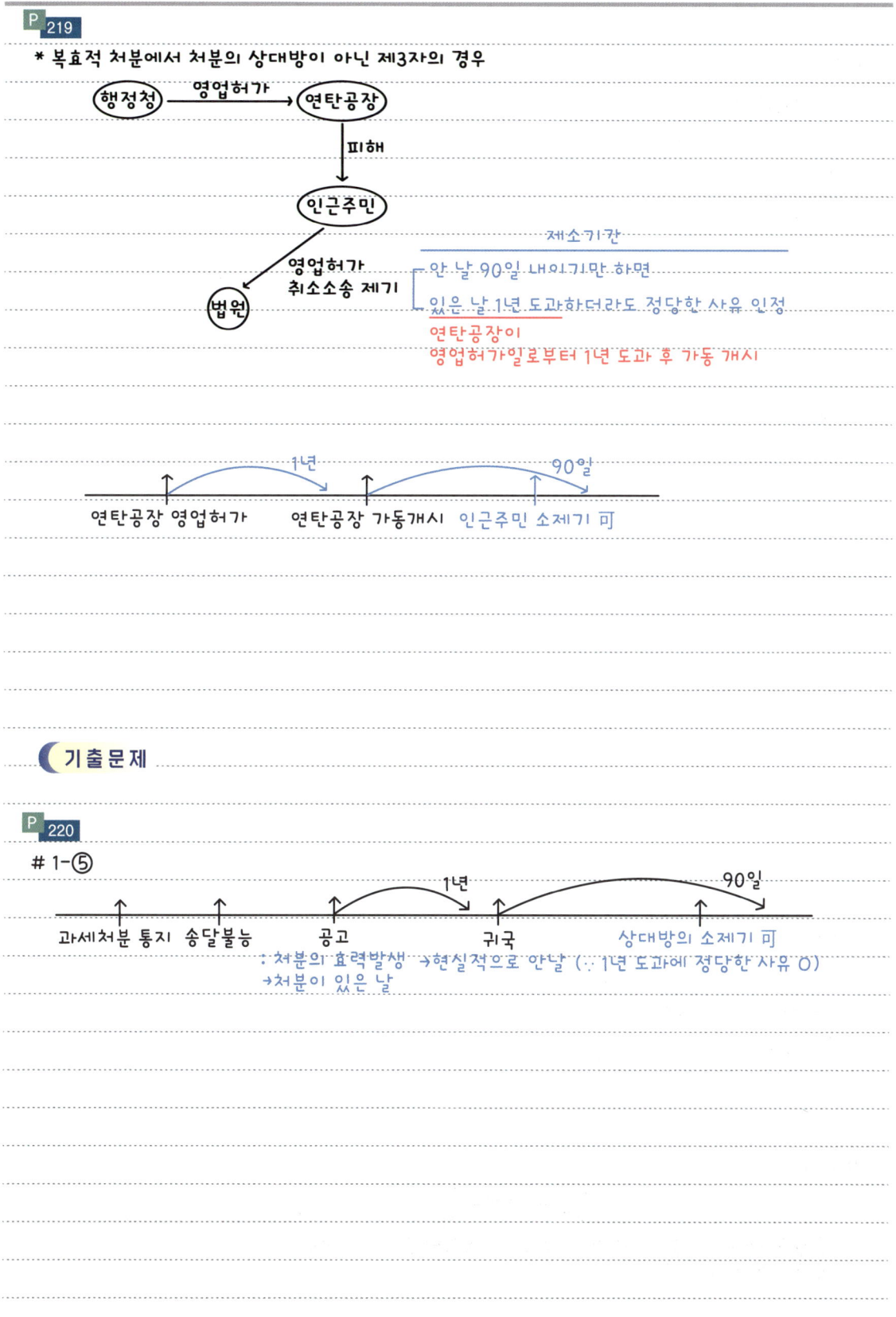

### 🌙 기출문제

📘 220

# 1-⑤

P 221

# 2-①

- 직권조사사항 ← 소송요건
- 직권결정 ← 당사자 신청이 없더라도
  (피/변/록/집 을 제외하고)
- 직권심리 ← 변론주의에 대응
  (주장·입증이 없더라도)

P 224

# 5-③

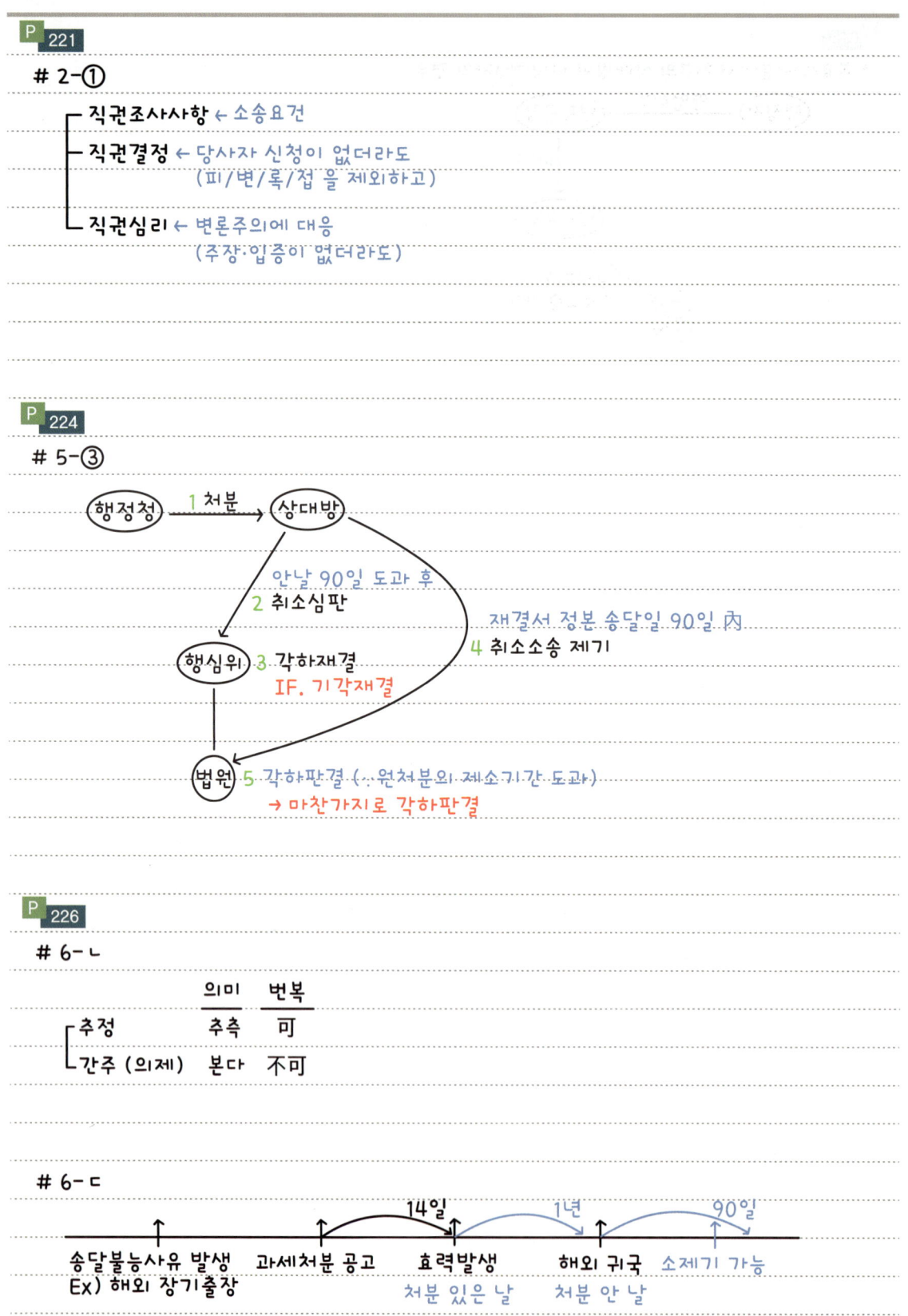

P 226

# 6-ㄴ

|  | 의미 | 번복 |
|---|---|---|
| 추정 | 추측 | 可 |
| 간주 (의제) | 본다 | 不可 |

# 6-ㄷ

P.228

# 8
* 기간의 계산

행정청 ——처분——→ 상대방

취소소송 제소기간

처분 { 안 날 : 90일
       있은 날 : 1년

IF. 4. 1 통지받은 경우
   Q. 제소기간 만료일은?

초일불산입
[29일] + 31 + 30 → 6. 30. 이 만료일

IF. 6. 30이 토요일인 경우 → 7. 2. 이 만료일
                                  (말일이 공휴일이면 다음날로 연장)

                     90일
━━━━━━━━━━━━━━━━━━━━━━━━━━
2021. 5. 24    2021. 8. 15    제소기간 만료일
처분 안 날    처분 위법성 안 날

5월  6월  7월  8월
[7] + 30 + 31 + [22] + 1
초일불산입    말일이 공휴일이면 다음날로 연장

## 제5관 전심절차 - 행정심판과 취소소송과의 관계

P 236

**\* 행정심판전치**

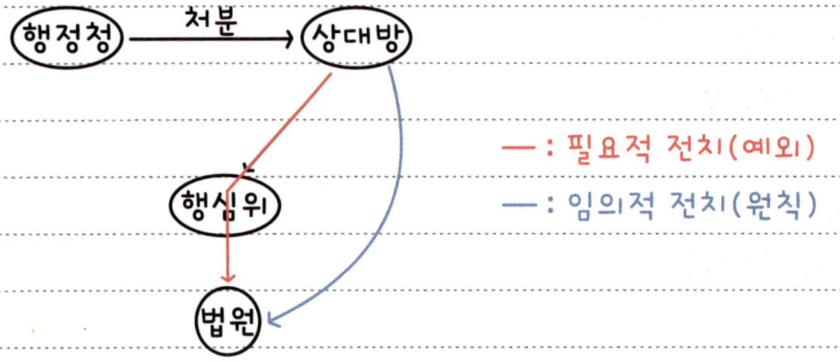

행정청 —처분→ 상대방
↓ ↓
행심위
↓
법원

―― : 필요적 전치(예외)
―― : 임의적 전치(원칙)

**\* 필요적 전치**

| | | 이유 |
|---|---|---|
| 과세처분(국세, 지방세, 관세) → 심사청구 OR 심판청구(특별행정심판) | | 전문성 |
| 도로교통법상 처분(운전면허 정지, 취소) → 중앙행심위(일반행정심판) | | 사건 수 과다 |
| 공무원의 신분관련처분(특별권력관계) → 소청심사위(특별행정심판) | | 특별권력관계 내부 |

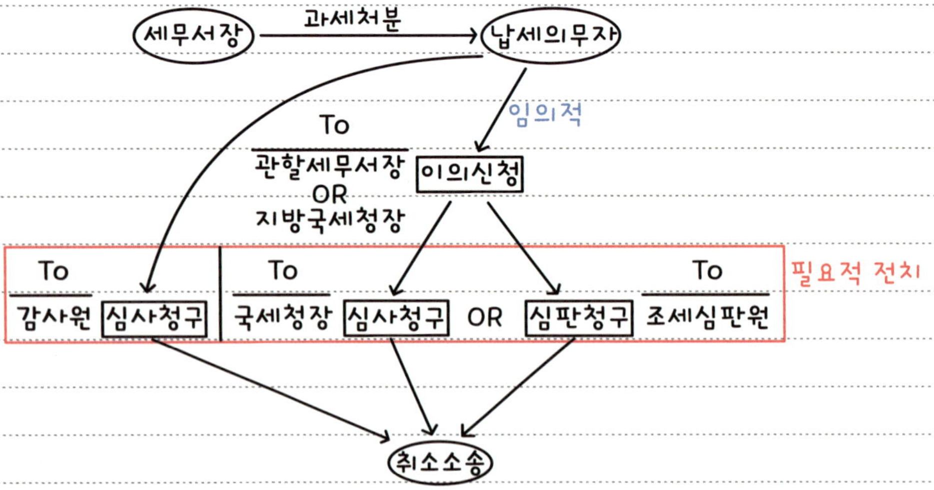

세무서장 —과세처분→ 납세의무자

To 관할세무서장 OR 지방국세청장

임의적
이의신청

To 감사원 심사청구 | To 국세청장 심사청구 OR 심판청구 조세심판원 | 필요적 전치

↓
취소소송

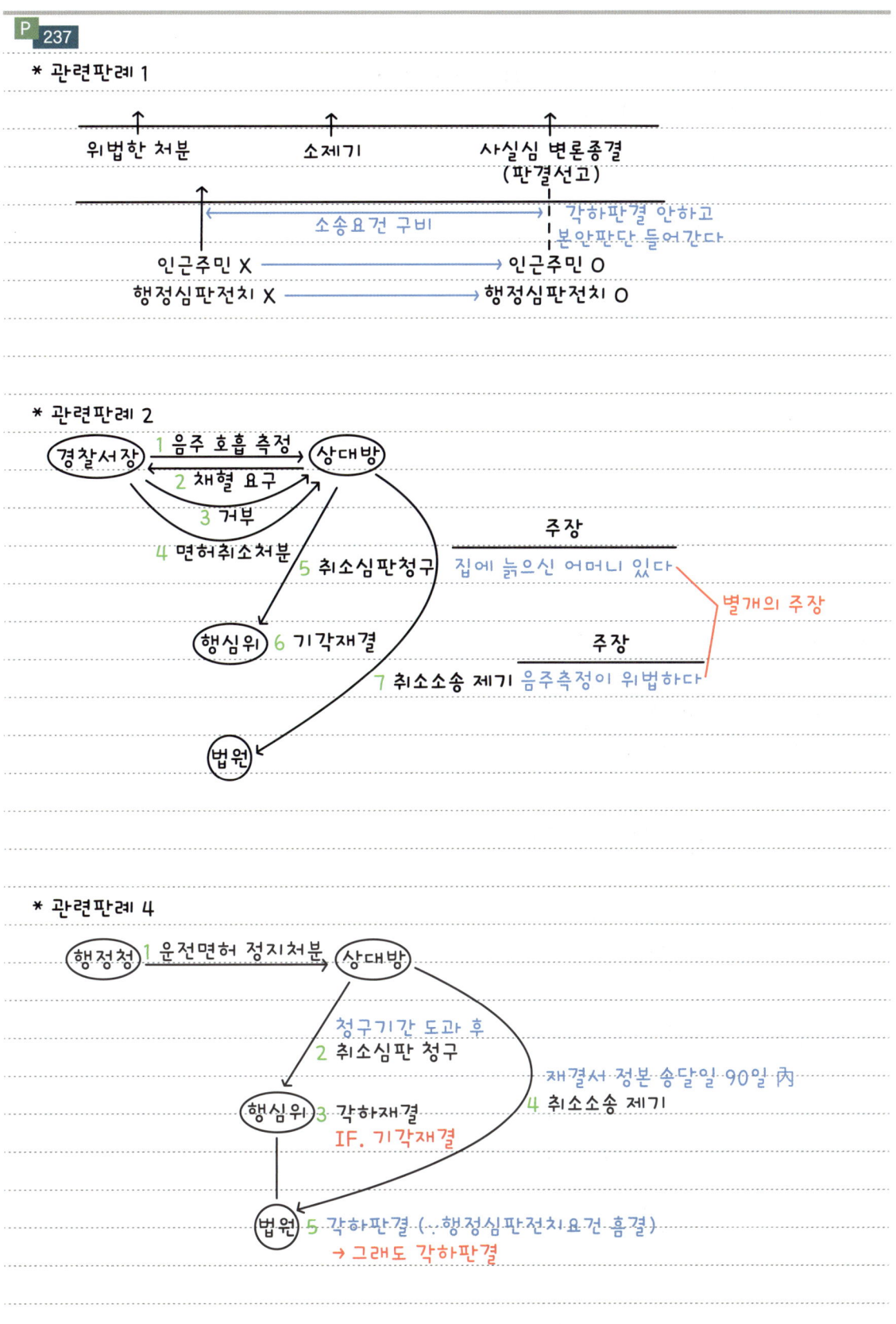

P 238

\* 제18조 제1항. 임의적 전치(원칙) / 필요적 전치(예외)

§18 ┬ ① ┬ 원칙 : 임의적 전치
    │    └ 예외 : 필요적 전치
    │
    ├ ② : 심판청구 O / 재결 X ┬ 육십일(60일)
    │                          ├ 중대한 손해         ┐ 재결/육손못정
    │                          ├ 못할                │
    │                          └ 정당한 사유         ┘
    │
    └ ③ : 심판청구 X ┬ 동종사건      ┐
       필요적 전치를 전제 ├ 관련처분   │ 심판/동관변필
                         ├ 변경처분    │
                         └ 필요없다    ┘

\* 관련처분이 행정심판을 거친 경우

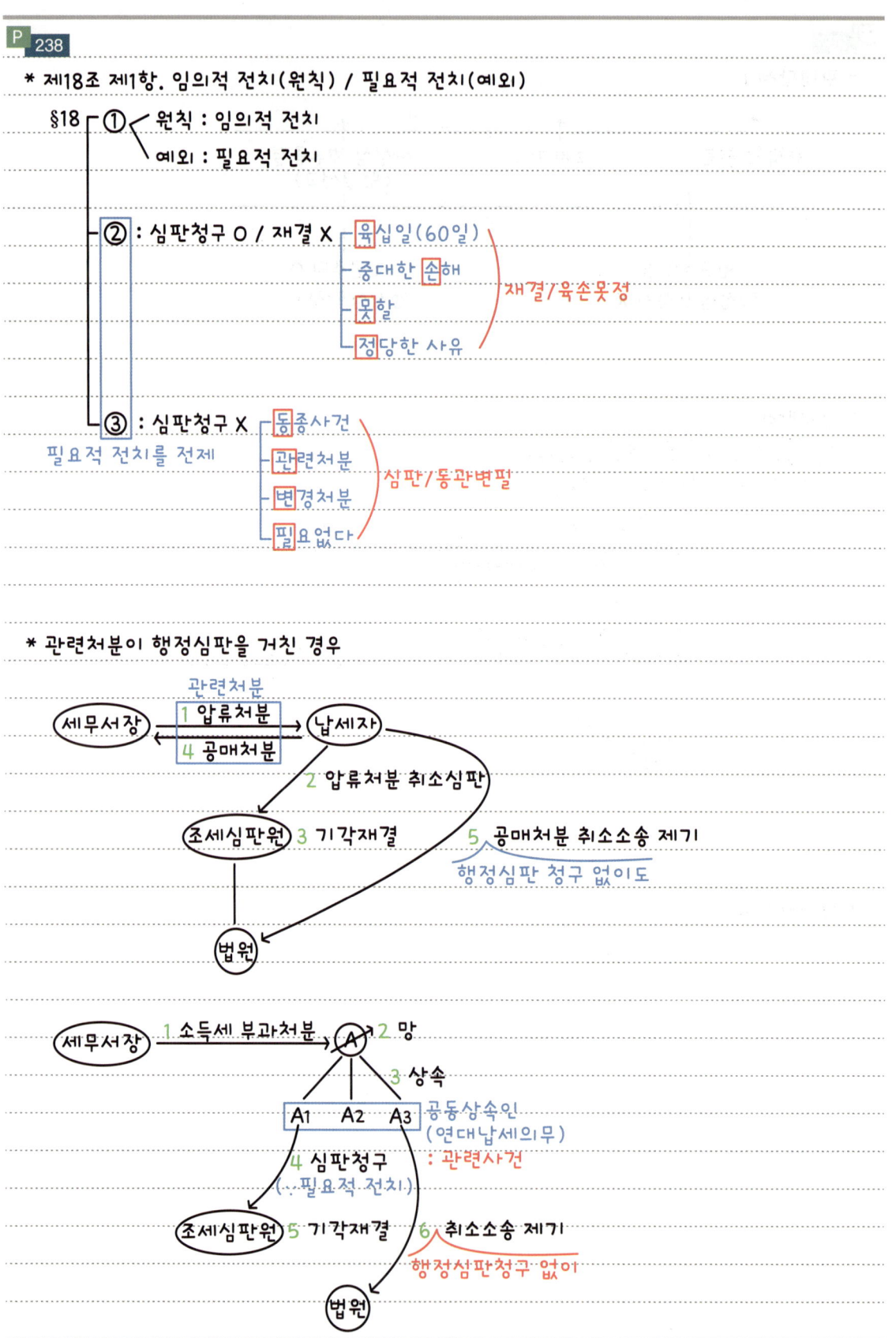

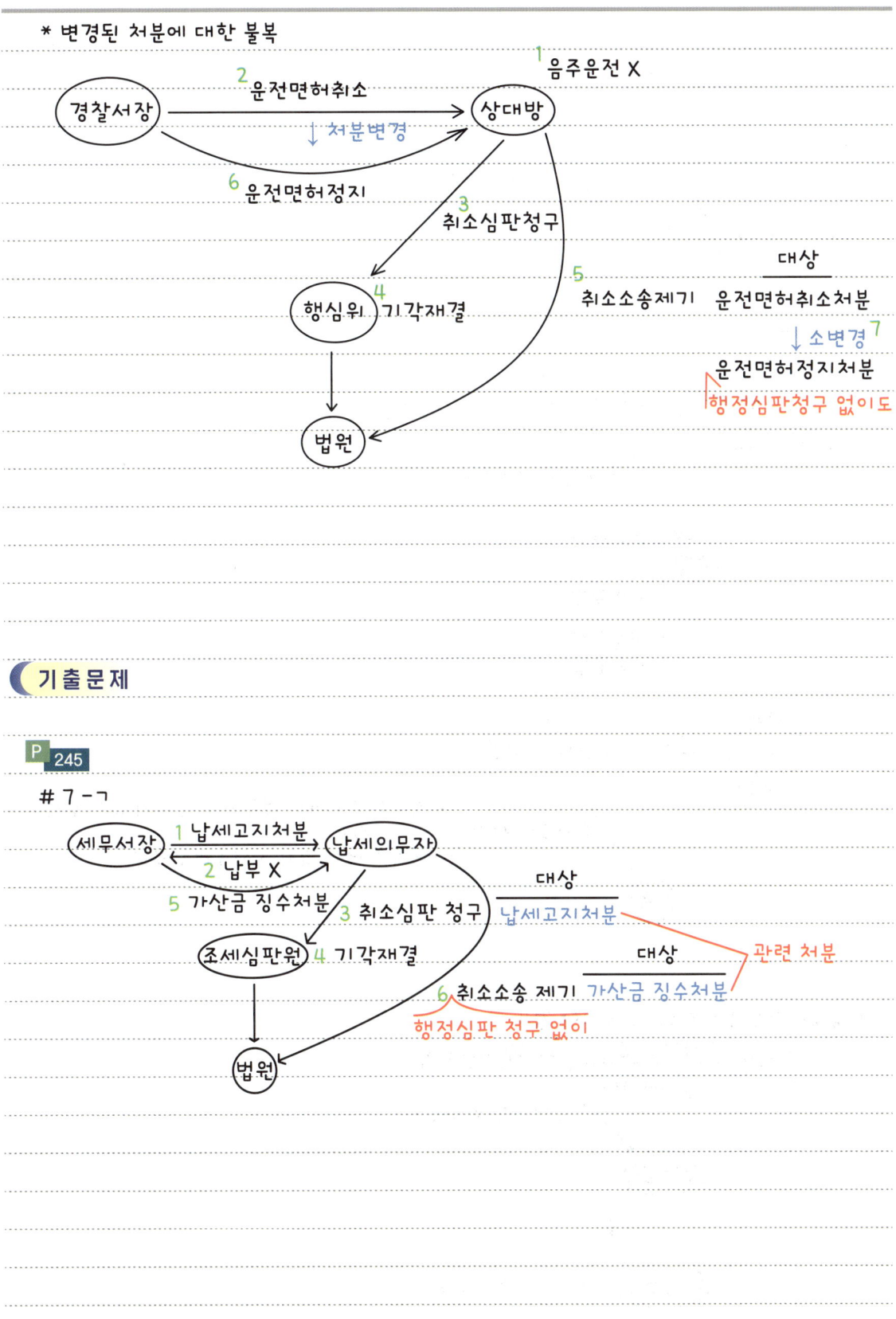

# 제6관 재판의 관할

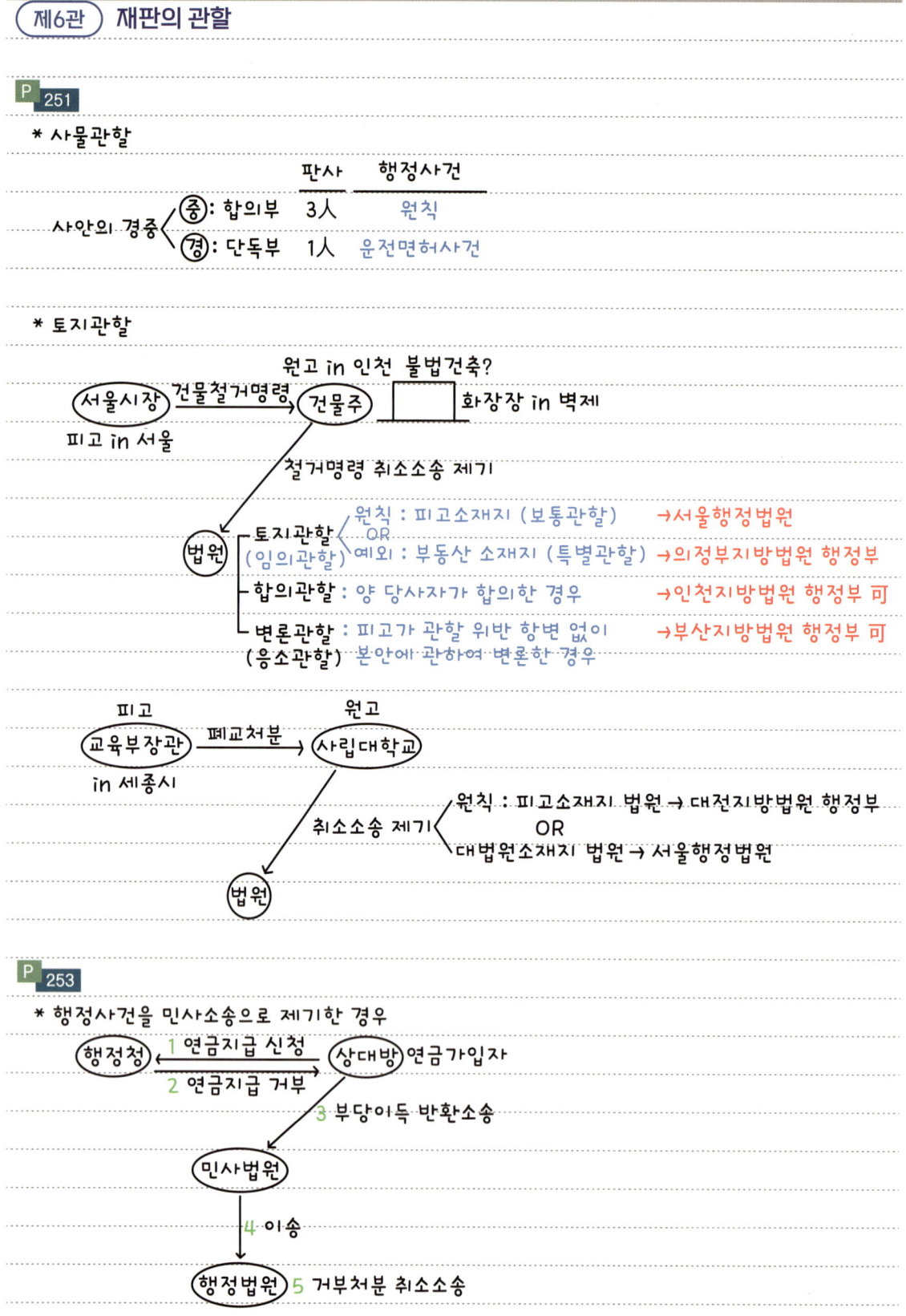

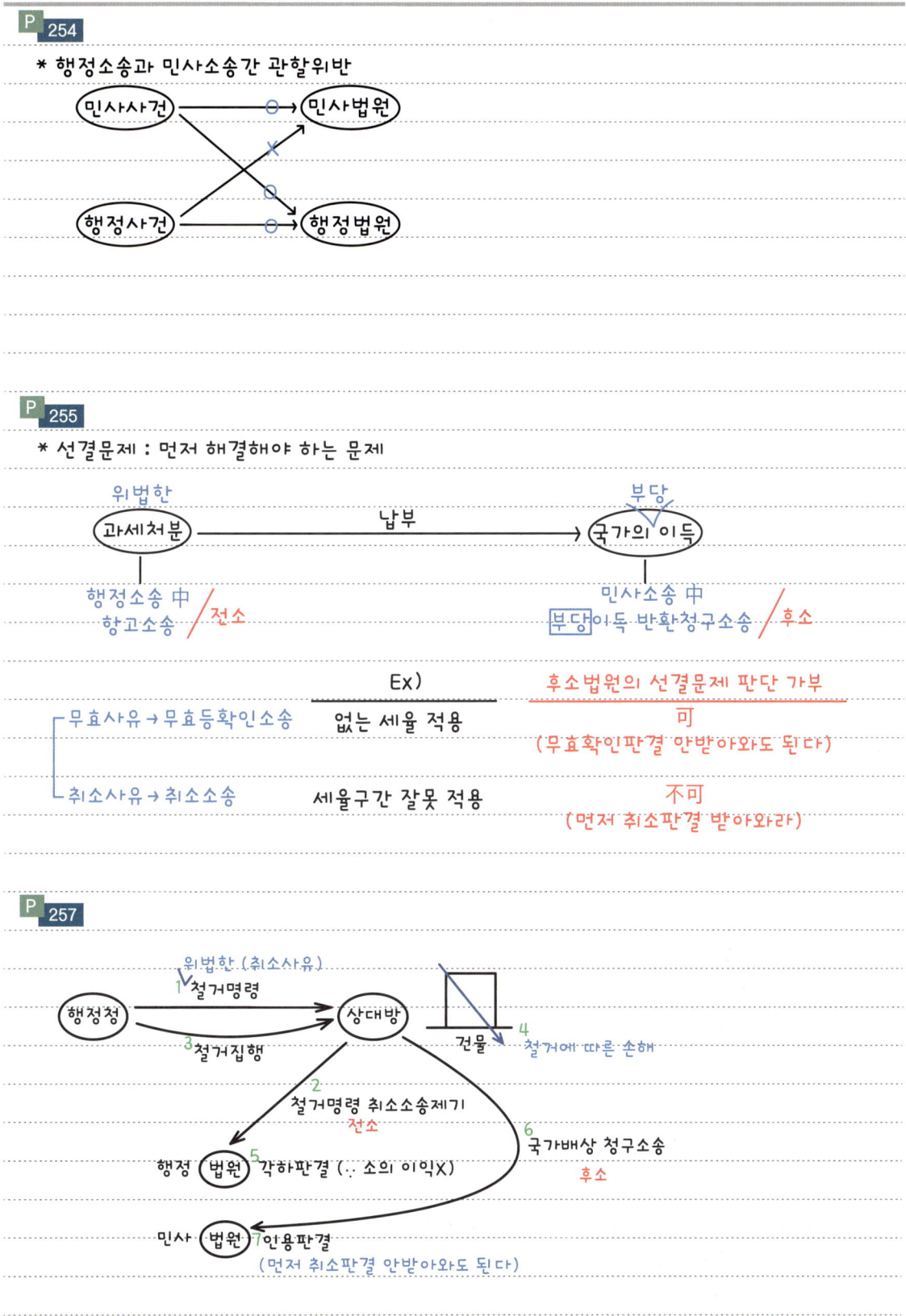

## 기출문제

**P.258**

**# 1-②**

```
    전속관할 ←——→ 임의관할
    심급관할         토지관할
```

**# 1-③**

```
                        구제수단
          ┌ 과태료 부과처분   과태료재판  ┐
처분성 X  ┤ 범칙금 통고처분    형사소송   ├ ∴ 항고소송의 처분성 부인
          └ 검사의 불기소처분  형사소송   ┘
```

**P.259**

**# 3-④**

\* 부가가치세 환급청구소송
- 종류 : 당사자소송
- 피고 : 국가 (행정주체)
- 관할법원 : 관할세무서장 소재지 법원

**P.262**

**# 7-①**

\* 행정소송의 심급

```
행정소송 ┌ 원칙 : 3심제
         └ 예외 ┌ 2심제 : 특허소송, 민중소송 中 일부
                └ 단심제 : 기관소송, 민중소송 中 대부분
```

**P.267**

**# 12-③**

Ex) 행정사건을 민사법원에 제기 → 관할위반
　　IF. 광주지방법원 민사 2부(월)이면서 행정 1부(수)
　　　　→ 행정사건으로 재판 가능

# 제7관 관련청구소송의 이송과 병합

P 271

* 관련청구소송의 이송·병합
* 가. 손해배상청구소송

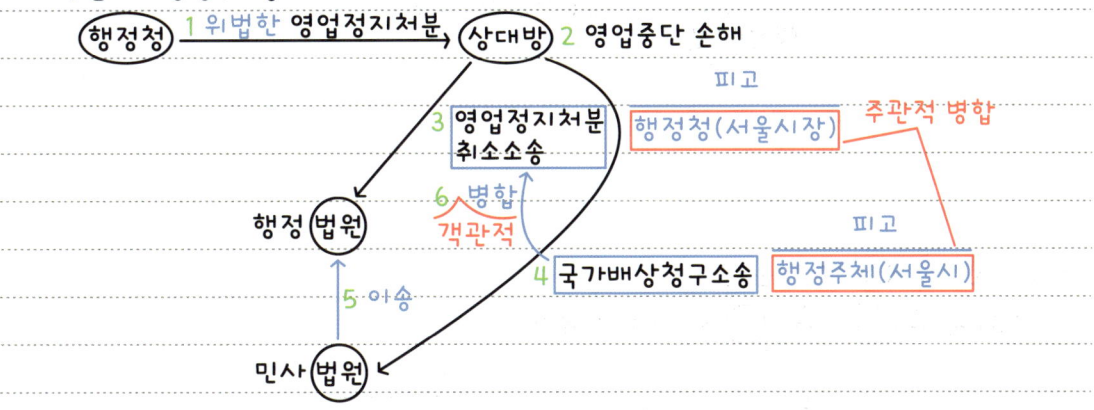

* 가. 부당이득반환청구소송

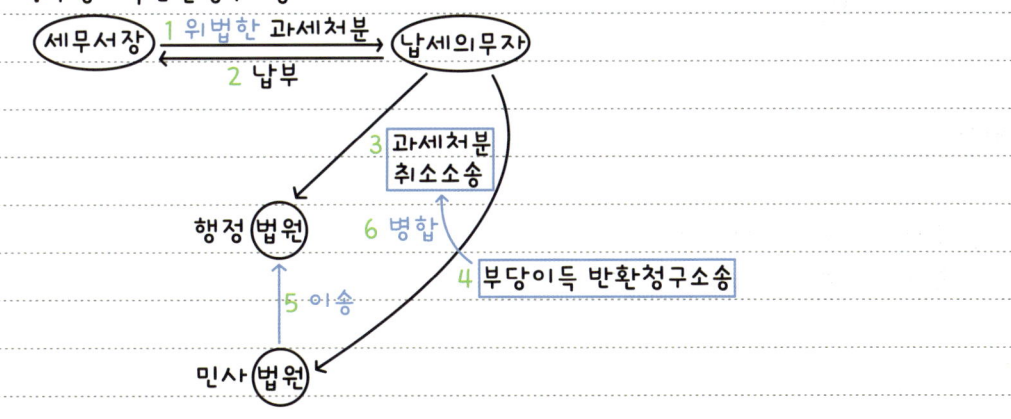

* 가. 원상회복청구소송

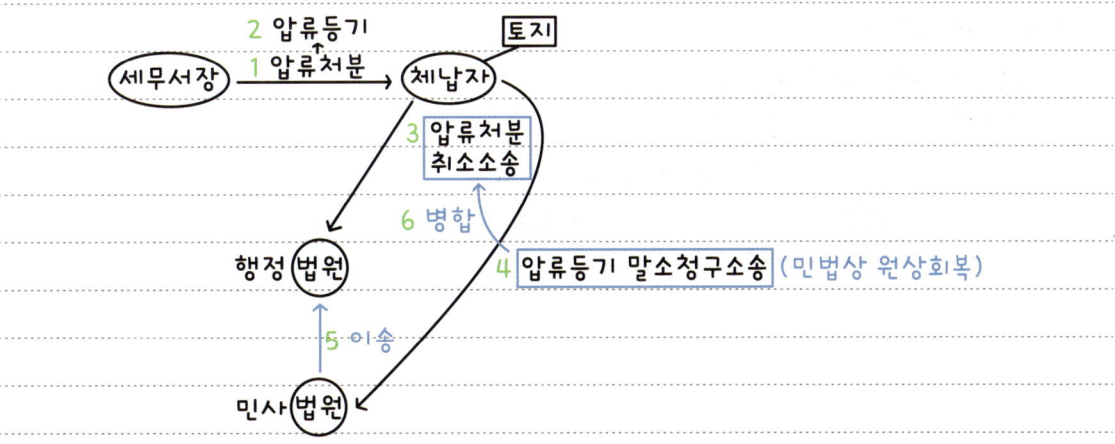

* 나-① 당해 처분이나 재결과 관련되는 취소소송

```
(세무서장) ──과세처분──→ (납세의무자)
          ←──납부 X──
   └─관련처분─[압류처분]           과세처분 취소소송  ┐
                                 +                  ├─ 관련된 취소소송의 병합
                          압류처분 취소소송  ┘         원시적
                    ↓
                (행정법원)
```

P 272

* 소의 선택적 병합 OR 단순 병합 → 양립가능한 경우

```
(S)──드라이기 구입──→(J) 사용하다가 폭발
  전자
         손해배상청구 소송제기     원인
                           ┌─ 계약상 의무 불이행 ┐ 선택적 병합
         ↓                 └─ 불법행위          ┘ → 둘 다 청구 가능
       (법원)
```

* 하자

Serious
```
        ┌ 중대   O    O    X
        └ 명백   O    X    O
Evident        무효사유 취소사유
                   └──┬──┘
                   양립불가
```

* 주위적·예비적 병합 → 양립불가능한 경우(무효사유이면서 동시에 취소사유일 수는 없다)

```
(행정청) ──위법한처분──→ (상대방)
                          │ 항고소송 제기  ┌─ 무효확인소송(주위적) 1차적
                          ↓               └─ 취소소송(예비적) 2차적
                        (법원)
```

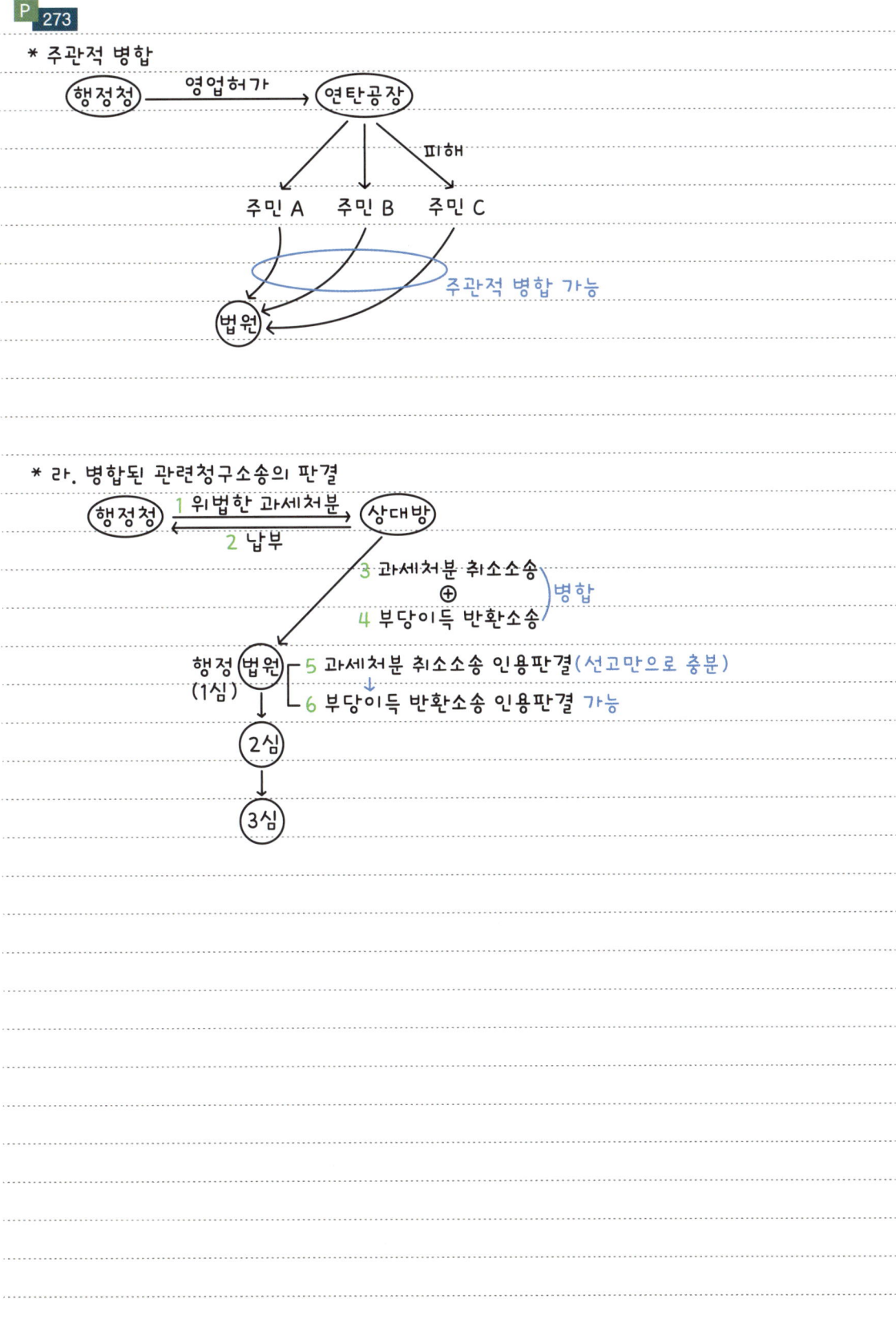

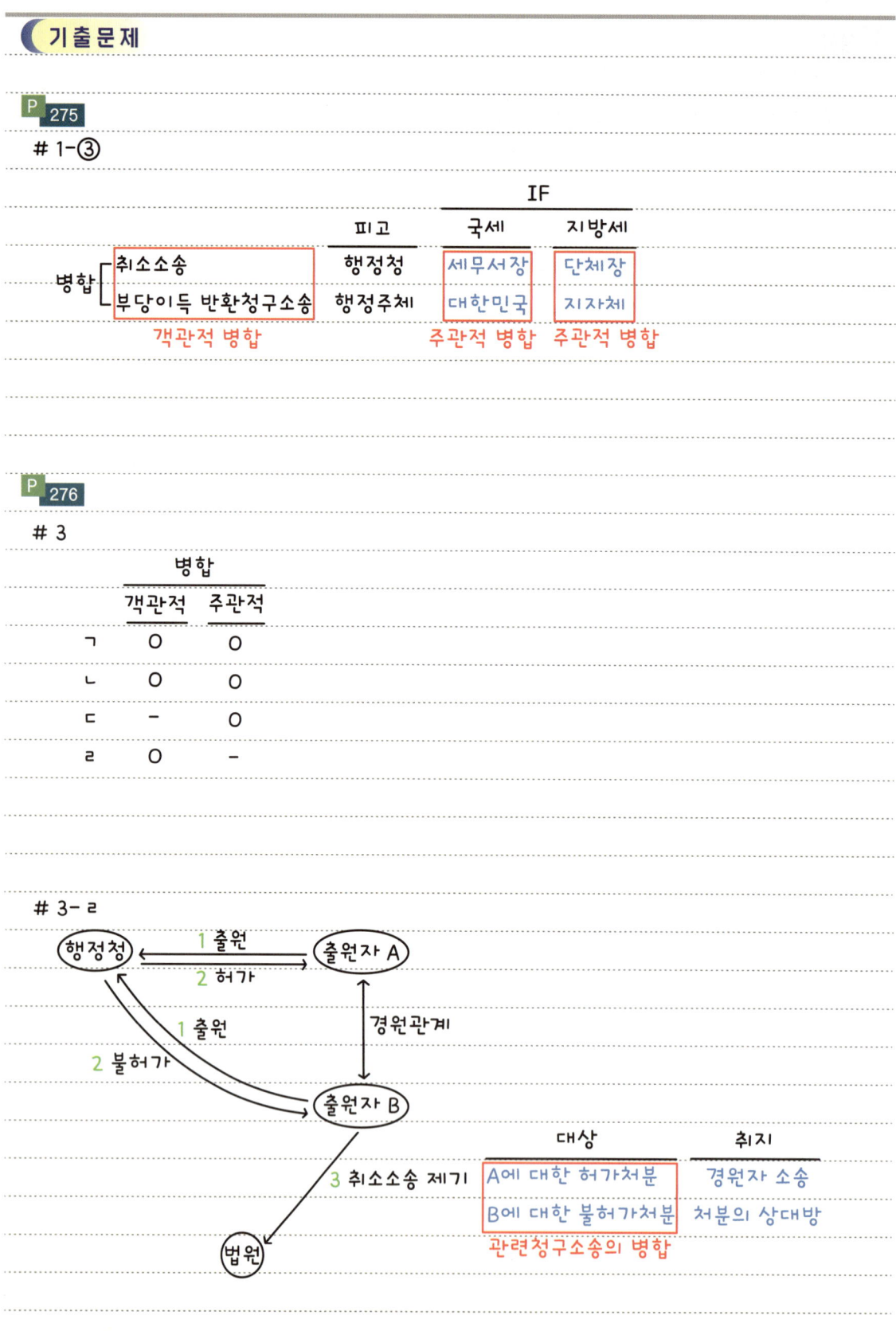

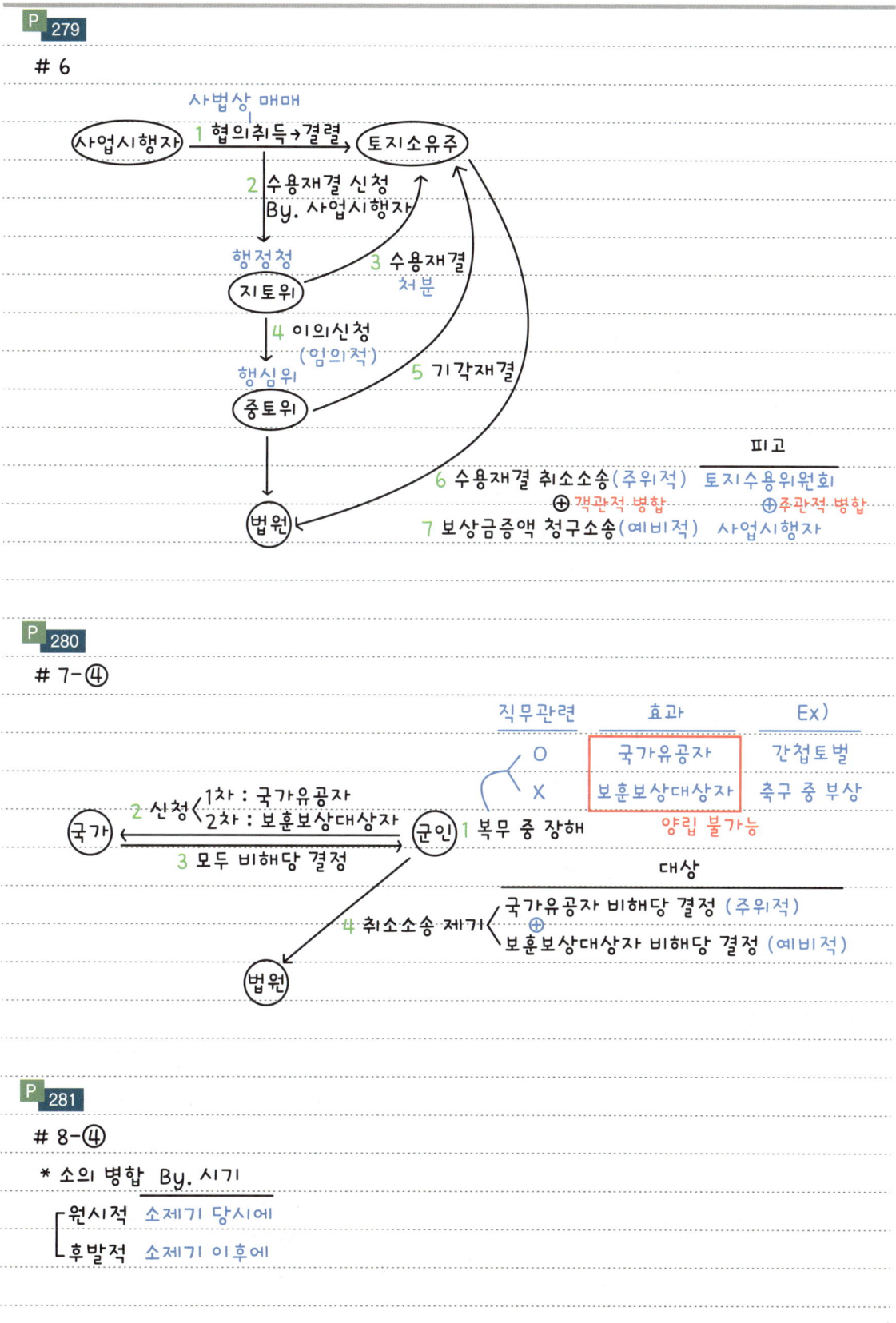

## 제3절 • 취소소송과 가구제(假救濟)

### 제1관 가구제의 의의

### 제2관 집행정지

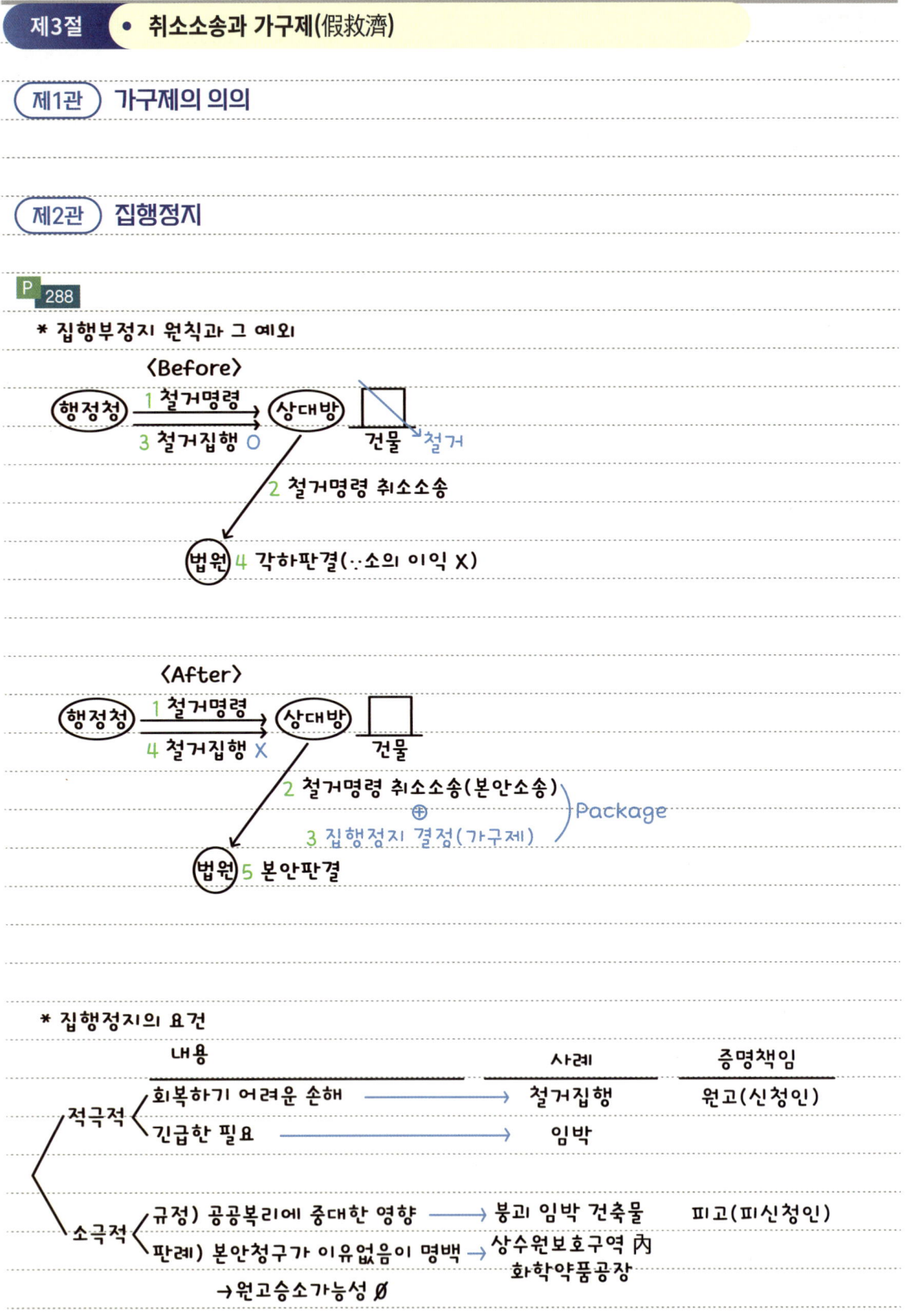

\* 상고심에서도 인정되는 경우
- 집행정지
- 소송참가
- 소송요건 유지

P 289

\* 거부처분에 대한 집행정지

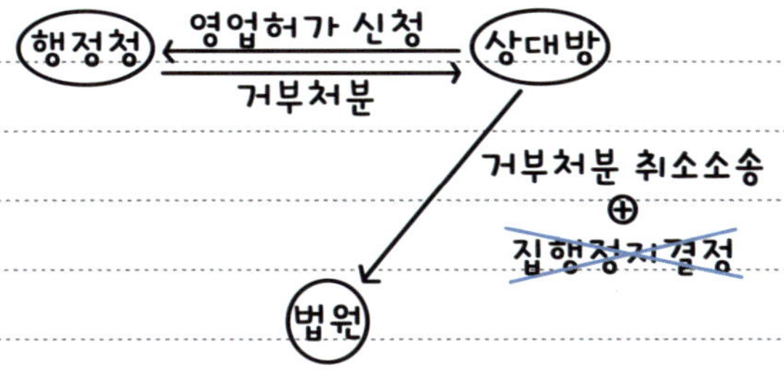

행정청 ←영업허가 신청— 상대방
       —거부처분→

상대방 →거부처분 취소소송
        ⊕
        ~~집행정지결정~~
        → 법원

\* 처분의 집행정지

| | 적용여부 | 이유 |
|---|---|---|
| 취소소송 | O | 처분이 존재 |
| 무효등확인소송 | O | 처분이 존재 |
| 부작위위법확인소송 | X | 처분이 없다 |
| 당사자소송 | X | 처분이 아니다 |

\* 회복하기 어려운 손해

```
                        은행예금 1억
                         
   세무서장  ─1 과세처분→  납세의무자
         ←2 납부 X
         5 압류처분 X   3
                     과세처분 취소소송        이유
                      ⊕            ─────────────
                     4 집행정지 결정 ┌원칙: X  금전상 손해는 회복이 가능
     법원                        └예외: O  금전납부로 망할 경우
```

P 290

\* 공익과 사익의 비교형량

   Ex) 상수원 보호구역 內 화학약품공장

       공익       VS       사익

  불법건축물 유지에 따른 피해    건물주의 재산상의 피해

P 291

\* 본안청구가 이유없음이 명백하지 않을 것

```
              (만장일치)
  피고 교육위원회 ─불신임결의→ 의장 원고
                        │
                   불신임결의 취소소송 → 원고승소가능성 ∅
                        ⊕
                   집행정지 신청 → 집행정지 불가
                        │
                        ↓
                       법원
```

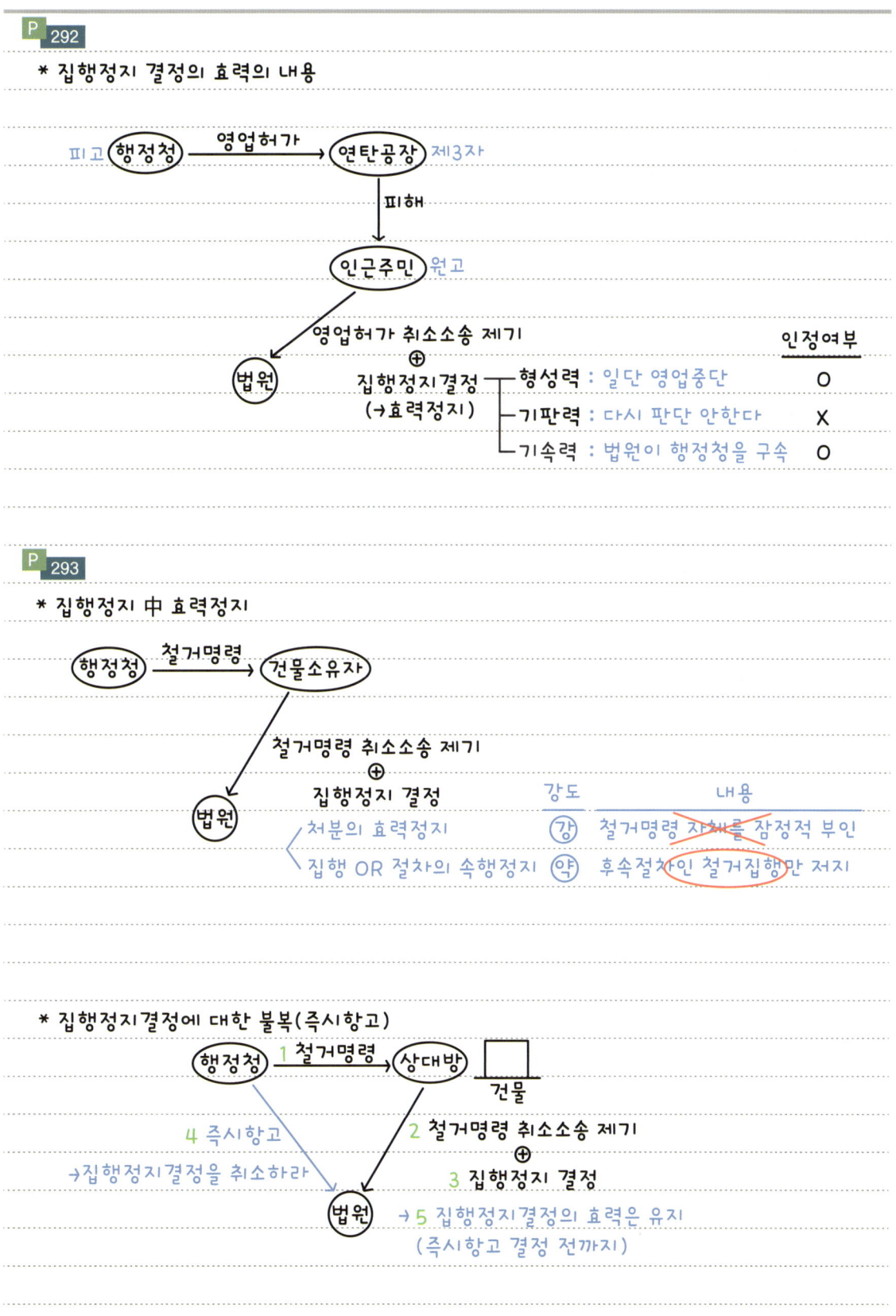

P 294

* 집행정지결정의 취소

↑ 철거명령 By. 행정청 　↑ 취소소송제기 By. 건물주 　↑ 집행정지결정 By. 법원 　↑ 붕괴임박 By. 전문가판단 　↑ 집행정지결정취소 By. 법원 　↑ 철거집행 By. 행정청

* 집행정지결정의 소멸

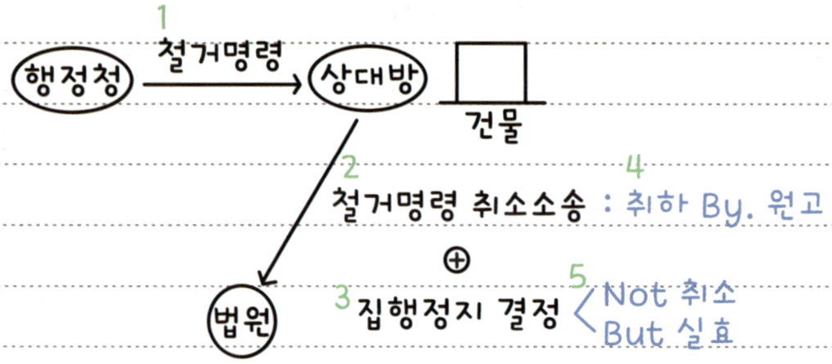

1. 행정청 →철거명령→ 상대방 □ 건물
2. 철거명령 취소소송 : 4. 취하 By. 원고
   ⊕
3. 집행정지 결정 &lt; 5. Not 취소 But 실효
   법원

## 제3관 민사집행법상의 가처분

**P 294**

* 민사집행법상의 가처분

```
         2 영업허가신청
  행정청 ←――――――――→ 상대방 □
         3 허가거부        1 양식장 완공
              ↓
         4 거부처분 취소소송 ⊕ 가구제 수단
              ↓
            법원
```
  - 행정소송법상 집행정지 → 의미 X
    (∵ 거부처분에 대한 집행정지는 무의미)
  - 민사집행법상 가처분(임시로 영업허가) → 인정 X
    (∵ 권력분립원칙 위배)

* 민사집행법상 가처분 인정여부

| | 부정설(소극설) | 긍정설(적극설) |
|---|---|---|
| 근거 | 행정소송법상 집행정지 존재 | 행정소송법 §8-②에서 준용규정 존재(법/소/집) |
| | 권력분립원칙 위배 | 권력분립원칙을 실질적으로 이해 (국민의 기본권 보호) |

**P 295**

* 가구제 수단

| | 성격 | 사례 | 항고소송 | 당사자소송 |
|---|---|---|---|---|
| 행정소송법상 집행정지 (처분의) | 소극적 정지 | 철거집행 정지 | 可 | 不可 |
| 민사집행법상 가처분 | 적극적 설정 | 임시로 영업허가 | 不可 | 可 |

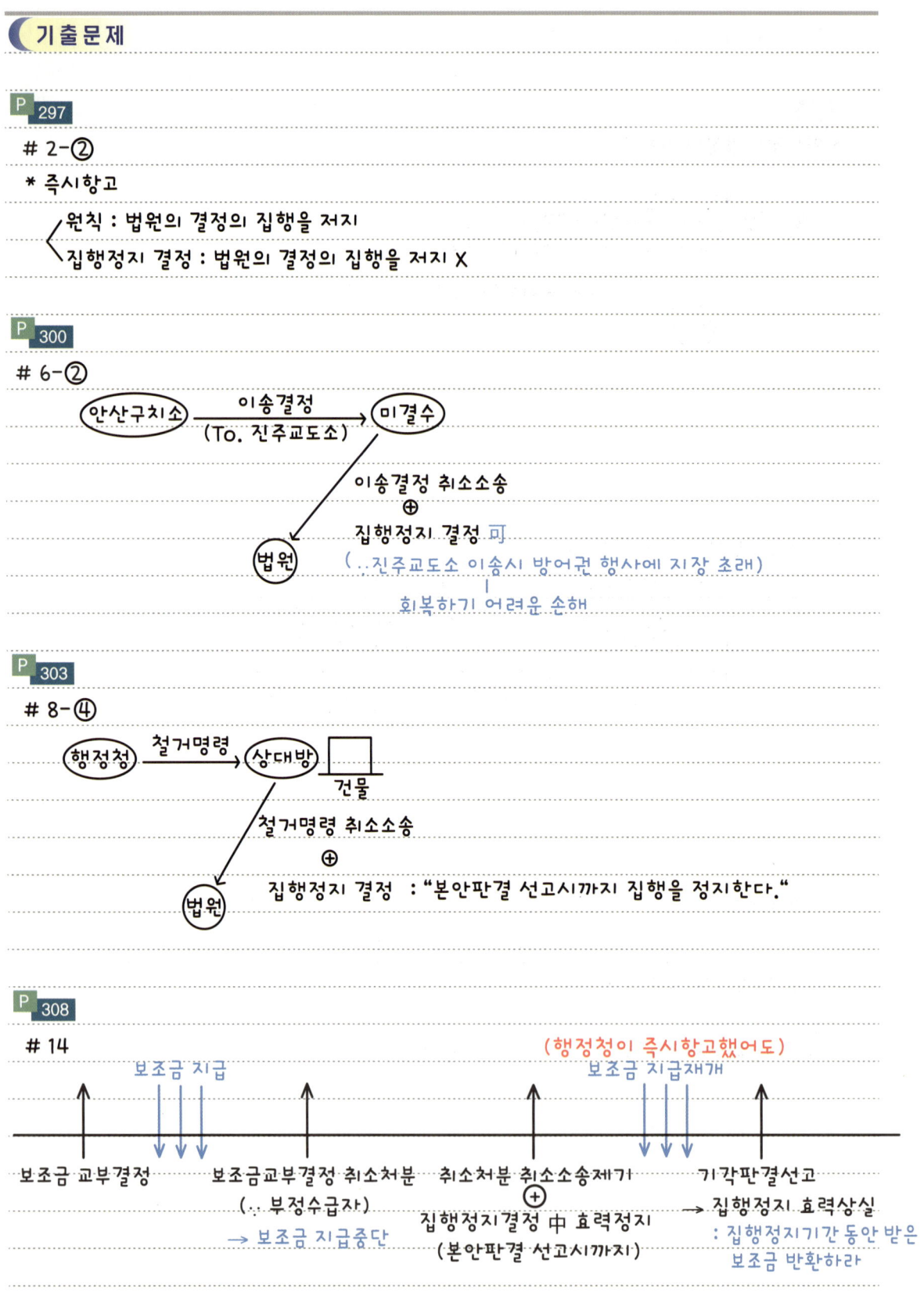

## 제4절 • 취소소송의 심리

### 제1관  심리의 내용

P 313
* 심리의 내용

```
                      살펴서 처리한다
  소제기  ─────────→  심리  ─────────────────→  판결
                     본안전판단  소송요건(직권조사사항) ─흠결→ 각하판결
                        ↓
                     본안판단       처분의 위법성  ────→ ┌ 기각판결
                                                      └ 인용판결
```

### 제2관  심리의 원칙

P 313

* 불고불리(不告不理)의 원칙 : 고하지 않으면 판단하지 않는다.

|  |  | (직권심리) 법원의 개입 |
|---|---|---|
| 처분권주의 : 소송의 ⟨시작/끝⟩은 당사자가 결정 | | 不可 |
| ↓순서 | | |
| 변론주의 : 당사자가 ⟨주장/입증⟩한 사항만 판단 | | 可 |

* 처분권주의

|  | 소제기 → | 심리 |
|---|---|---|
| ─ 이혼 | O | 可 |
| ─ 양육자 지정 | O | 可 |
| ─ 재산분할 | X | 不可 |
| ─ 위자료 | X | 不可 |

P 314

* 직권심리

　　변론주의(원칙) : 당사자가 주장·입증 한 사항만 판단

　　직권심리주의(가미) : 직권 증거 조사, 주장 안 한 사항 (∵행정소송의 공익적 성격)
　　　　　　　　　　　　　　　　소송기록에 포함되었으나

* 직권심리의 범위 (법원의 개입의 정도)

| | 의미 | 법원의 개입 정도 | 근거 |
|---|---|---|---|
| 변론주의 보충설 | 변론주의를 보충하는 범위 内 | 약 | 권력분립원칙 |
| 직권탐지주의설 | 보다 적극적 개입, 변론주의와 대등 | 강 | 행정의 적법성 통제 |

## 제3관 심리의 범위

P 315

* 법률문제와 사실문제

　　Ex) 유흥업소에서 미성년자를 출입시켰다는 이유로 영업취소처분을 하는 경우

　　　사실문제 : 미성년자를 출입시킨 사실이 있는가?
　　　법률문제 : 영업취소처분은 적법한가 (재량권의 일탈·남용)

| | | 법원의 판단 | |
|---|---|---|---|
| | | 사실문제 | 법률문제 |
| 사실심 | 1심 | O | O |
| | 2심 | O | O |
| 법률심 | 3심 | X | O |

\* 재량권의 일탈·남용

\* 심리의 범위

| | 처분 | |
|---|---|---|
| | 위법 | 부당 |
| 행정소송(취소소송) | O | X |
| 행정심판 | O | O ∴ 같은 행정부 |

\* 법원직권 불가 (당사자의 신청만 가능)
- 피고경정
- (처분변경)소변경
- 행정심판기록 제출 명령
- 간접강제

## 제4관 행정심판과 행정소송의 비교

P 317

```
행정청 ──처분──→ 상대방
          │
    취소심판│
          ↓
        행심위
          │
          │ 취소소송 제기
          ↓
         법원
```

|  | 성질(취지) | 청구기간 | 대상 | 심리 | 판단기관 | 공개여부 | 권력분립의 원칙 |
|---|---|---|---|---|---|---|---|
| 취소심판 | 약식(신속) | 처분<br>안 날: 90일<br>있은 날: 180일 | 처분<위법<br>부당 | 서면 OR 구술 | 행심위<br>→행정부 | 비공개원칙 | 적용 X |
| 취소소송 | 정식(신중) | 처분<br>안 날: 90일<br>있은 날: 1년 | 처분<위법<br>부당 | 구술 | 법원<br>→사법부 | 공개(원칙) | 적용 O |

| | 심리의 범위 | | 의무이행 판결(재결) |
|---|---|---|---|
| | 위법 | 부당 | |
| 행정심판 | O | O | O |
| 행정소송 | O | X | X |

## 기출문제

P 321

# 5-①

```
세무서장 ──과세처분──→ 납세의무자
                      │
              과세처분 │
              취소소송 제기
                      │
                      ↓
                    법원  심리 → 판결
                    
                    1부터 4의 사유
                    모두 판단해서
```

| | 주장 | 사유 |
|---|---|---|
| | 처분은 위법하다 | 1 필요경비 인정 X |
| | | 2 비과세소득 인정 X |
| | | 3 세액산출근거 기재 X |
| | | 4 세무조사 절차 위법 |

개개의 위법사유

P 322

# 7-③

처분권한 X
↓
위법한 처분
↓
본안판단사항


# 7-②,④

소송요건 ⟨ 충족시기 : 사실심 변론종결시
         계속 유지 : 상고심에서도


P 325

# 10

②
|  | 통제의 필요성 | 재량의 범위 |
|---|---|---|
| 침익처분 | 강 | 좁 |
| 수익처분 | 약 | 넓 |

③ * 법원의 심사범위

기속행위 : 요건 —반드시→ 효과 | 법원의 결론 vs 행정청 결론 → 법원의 결론과 다르면 위법

재량행위 : 요건 —할수도 안할수도→ 효과 | ~~법원의 결론~~ vs 행정청 결론 → 재량의 일탈·남용 여부만 심사

## 제5관 증명책임(입증책임)

P 330

* 입증책임의 원칙
  - 자신에게 유리한 사정
  - 주장하는 자에게
  - 증명책임 있다
    → '법률요건분류설'

* 증명책임의 분배

| | 대상 | 증명주체 |
|---|---|---|
| | 소송요건<br>Ex) 인근주민여부(원고적격) | 1차: 직권조사사항<br>2차: 원고가 |
| 처분의<br>위법성 | 취소사유<br>Ex) 재량권 일탈 남용 | 원고가 |
| | 무효사유<br>Ex) 하자의 중대 명백 | 원고가 |
| 처분의<br>적법성 | 절차 준수 | 피고가 |

## 기출문제

P 331

# 1-②, # 3

| | | Ex) 증여세 부과처분 | 입증책임 |
|---|---|---|---|
| 과세요건사실 | 원칙 | 증여사실 | 과세관청 |
| | 추정 | 증여추정<br>(직계존비속간 소유권 이전) | 납세의무자 → 증여가 아니라는 사실 |

## 제6관 처분사유의 추가·변경

**P 342**

* 처분사유의 추가·변경

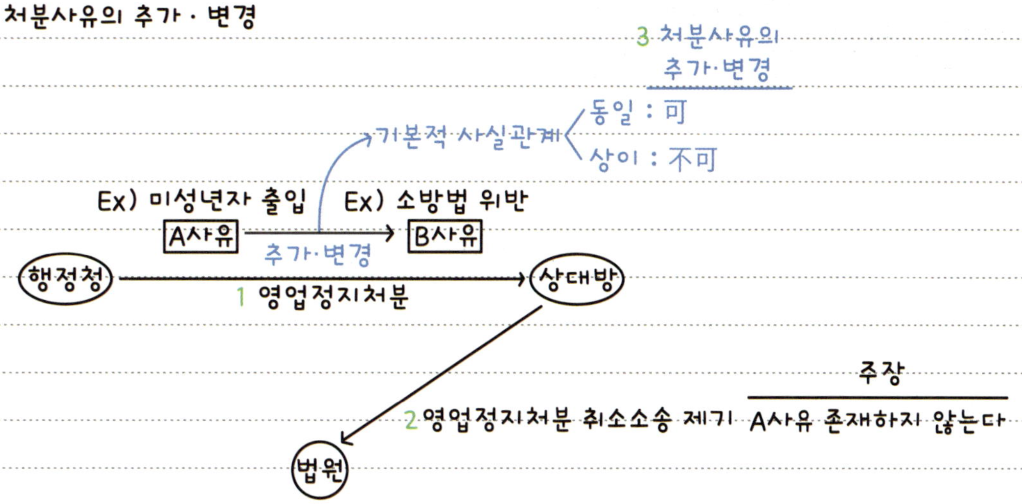

3. 처분사유의 추가·변경
  - 동일 : 可
  - 상이 : 不可

→ 기본적 사실관계

Ex) 미성년자 출입 → Ex) 소방법 위반
[A사유] ──추가·변경──→ [B사유]

행정청 ──1 영업정지처분──→ 상대방

상대방 ──2 영업정지처분 취소소송 제기──→ 법원

주장: A사유 존재하지 않는다

* 관련판례 2

Ex) 술 취해서 경찰관 폭행

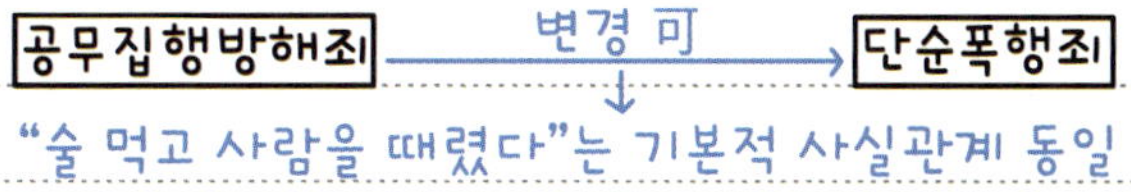

[공무집행방해죄] ──변경 可──→ [단순폭행죄]

"술 먹고 사람을 때렸다"는 기본적 사실관계 동일

**P 343**

* 관련판례 2-1

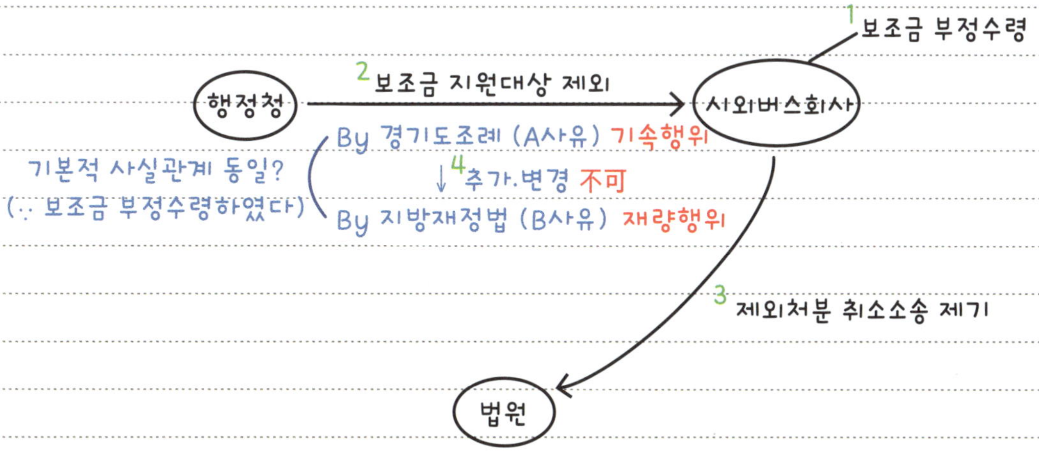

1. 보조금 부정수령
행정청 ──2 보조금 지원대상 제외──→ 시외버스회사

기본적 사실관계 동일?
(∵ 보조금 부정수령하였다)

By 경기도조례 (A사유) 기속행위
↓ 4 추가·변경 不可
By 지방재정법 (B사유) 재량행위

시외버스회사 ──3 제외처분 취소소송 제기──→ 법원

**P 344**

* 관련판례 3-라

```
                1 정간물 등록신청      전교조 신문 창간
   ┌─────────┐ ←──────────────── ┌──────┐
   │문화관광부│                    │전교조│
   │  장관    │ ───────────────→  │      │
   └─────────┘    2 등록거부       └──────┘
         당초 : 전교조는 불법단체
              ↓ 4 추가 변경 可 → 기본적 사실관계 동일
         추후 : 첨부서류 미제출   → 전교조는 불법단체라서 단체등록증 제출불가
              (단체등록증)
                    3 등록거부처분 취소소송
                         ↓
                      ┌────┐
                      │법원│
                      └────┘
```

**P 346**

* 기본적 사실관계가 상이하더라도 추가·변경이 가능한 경우

```
                                        4 IF 추가·변경 동의
               1 영업정지
   ┌──────┐ ──────────────→ ┌──────┐
   │행정청│    3 추가·변경    │상대방│
   └──────┘ ──────────────→ └──────┘
        A 사유           B 사유
          │                │           주장
       미성년자 출입    소방법위반   ─────────
                            2   A 사유는 인정되지 않는다
                         취소소송제기      │
                            │         미성년자 출입시킨 적 없다
                            ↓
                         ┌────┐    추가·변경 可  ∵ 상대방의 방어권 행사 지장 O
                         │법원│  5 추가·변경 不可 ∵ 상대방 방어권 행사에 문제 X
                         └────┘
```

P 347

* 처분사유 추가·변경의 허용 한계

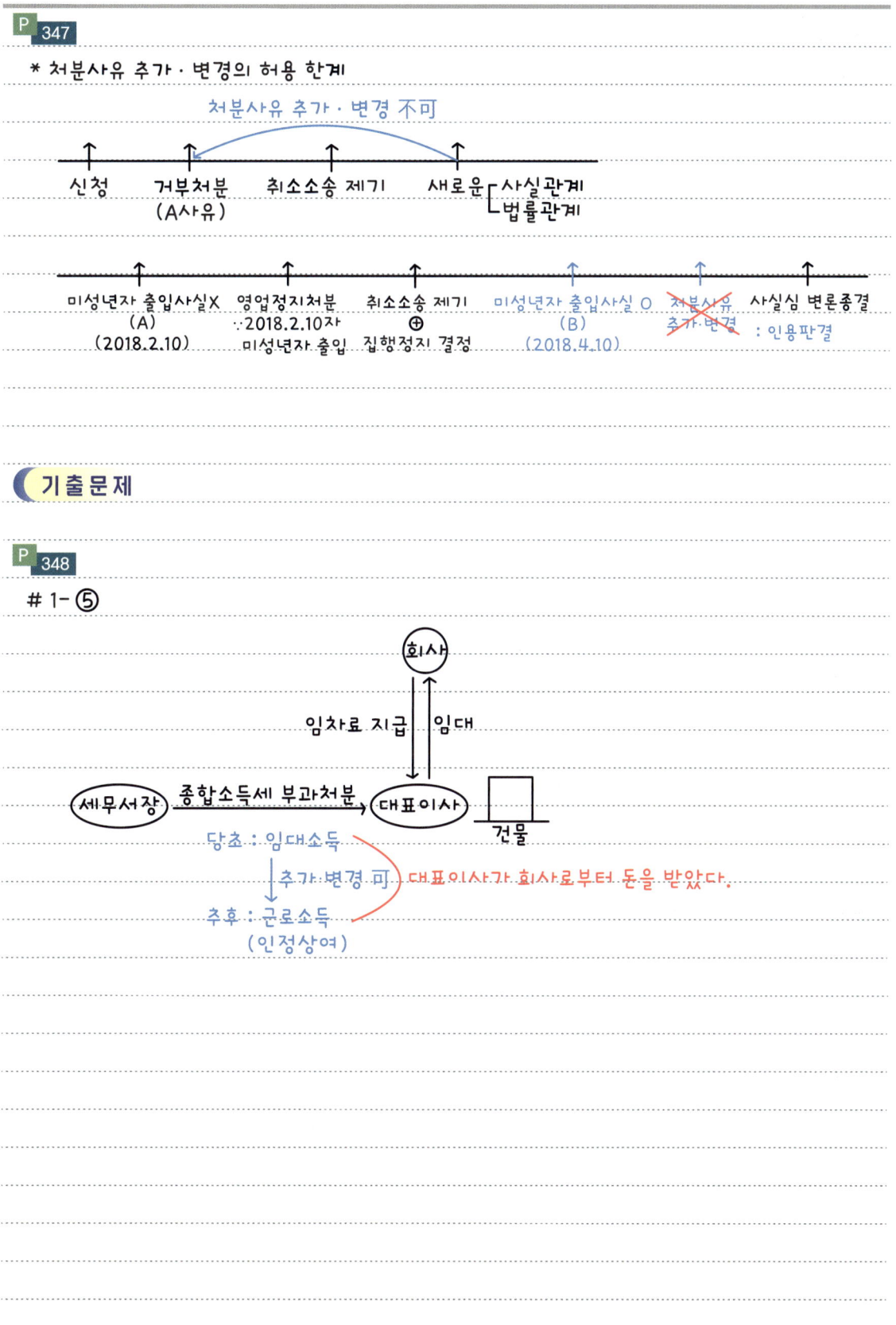

기출문제

P 348

# 1- ⑤

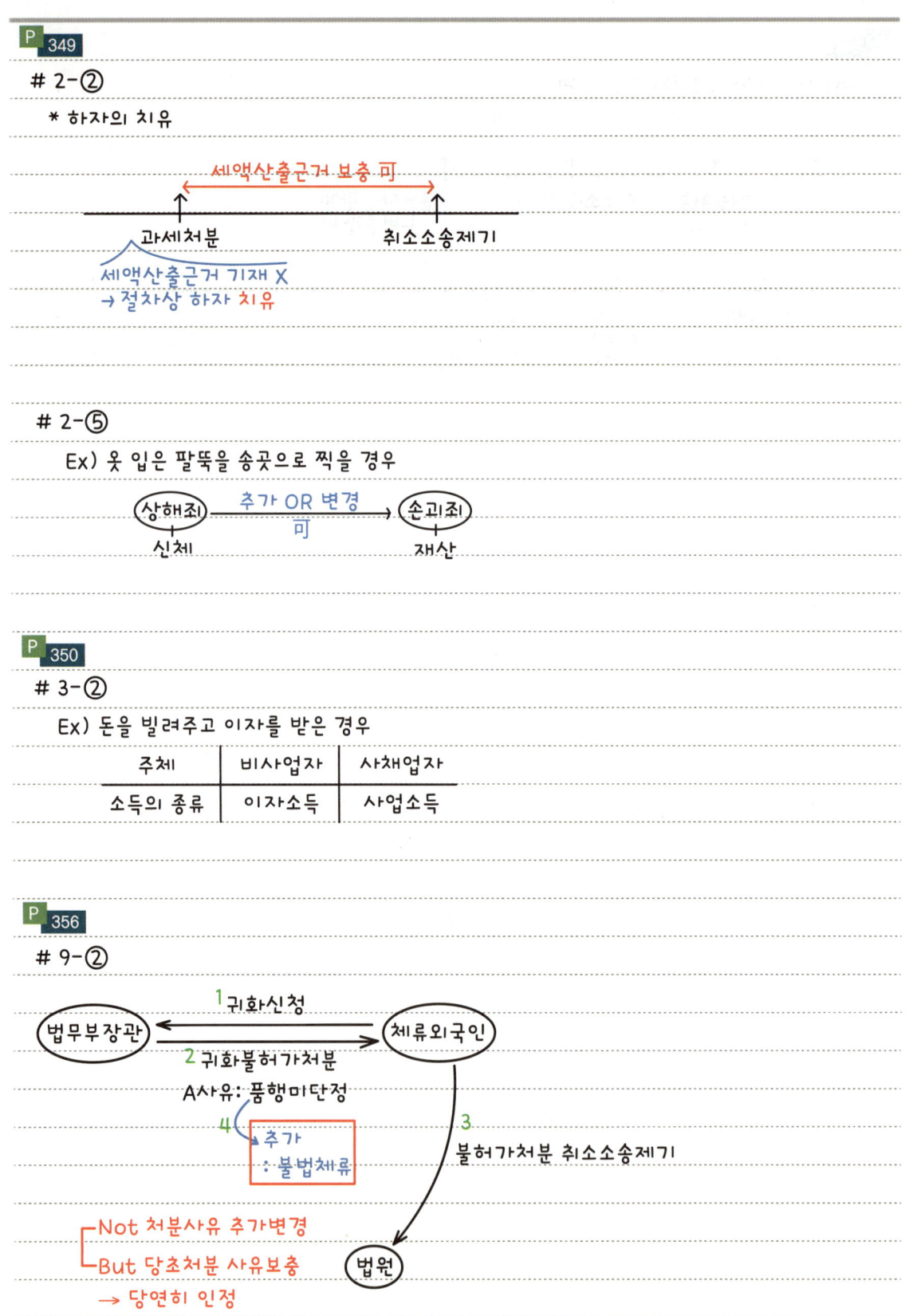

# 제7관 위법판단의 기준시점

* 위법 판단 시점

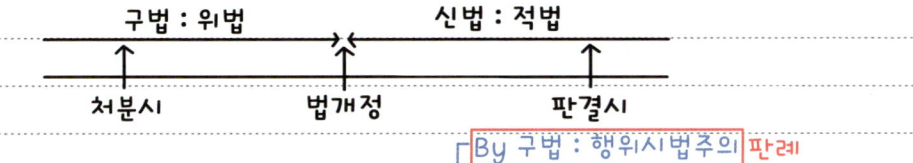

* 위법판단의 기준시

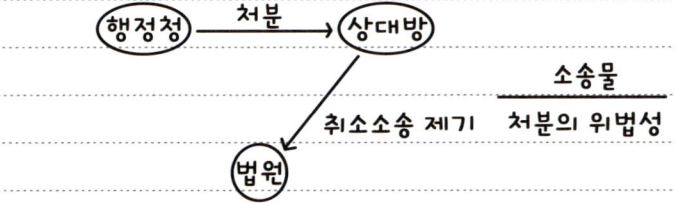

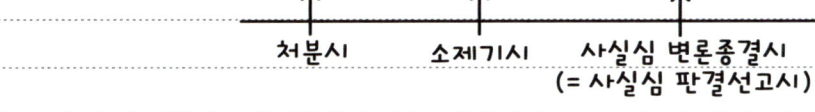

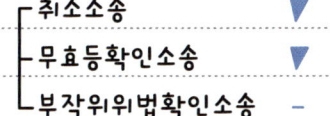
- 취소소송 ▼
- 무효등확인소송 ▼
- 부작위위법확인소송 —   ▼ 판결시까지 부작위한 경우에 문제

* 시점 관련 총정리

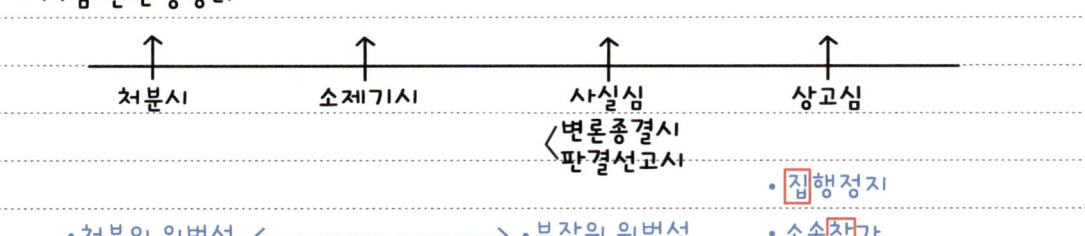

- 처분의 위법성 ⟷ · 부작위 위법성 · 집행정지
  (취/무) · 소송요건 충족 ⟷ · 소송참가
  · 사정판결 필요성 · 소송요건 유지
  · 그 밖의 대부분

## 기출문제

P 359

# 2-①

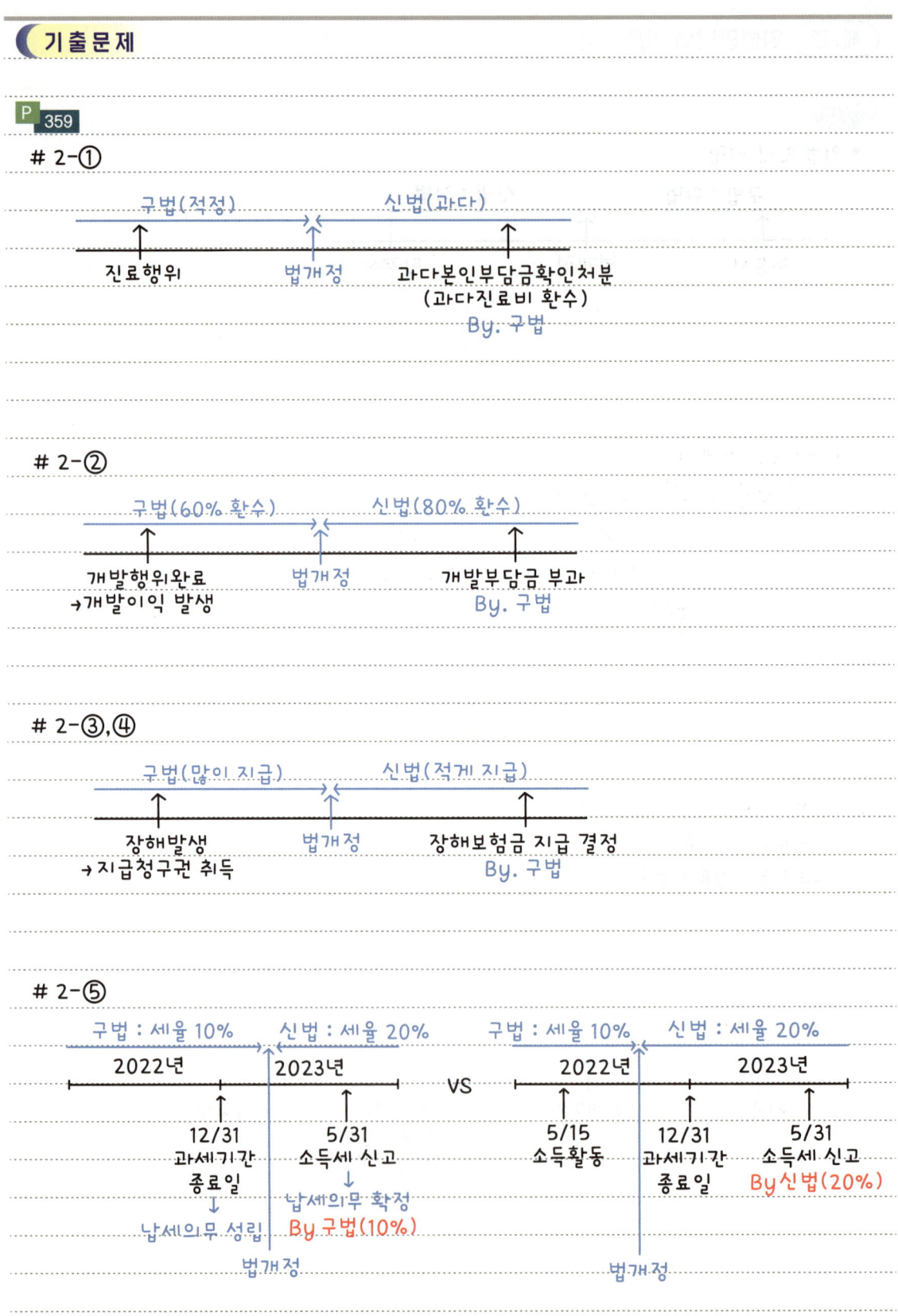

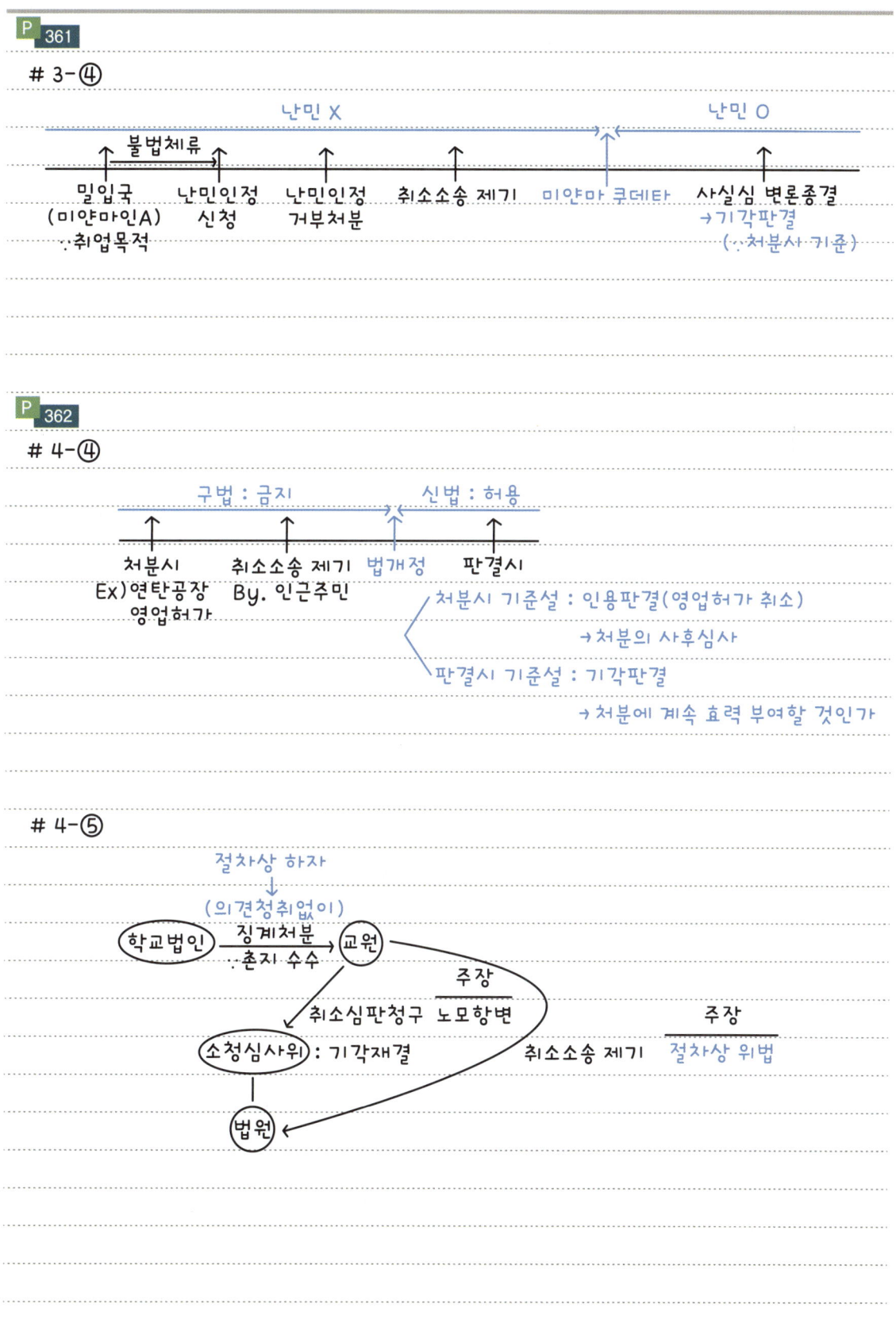

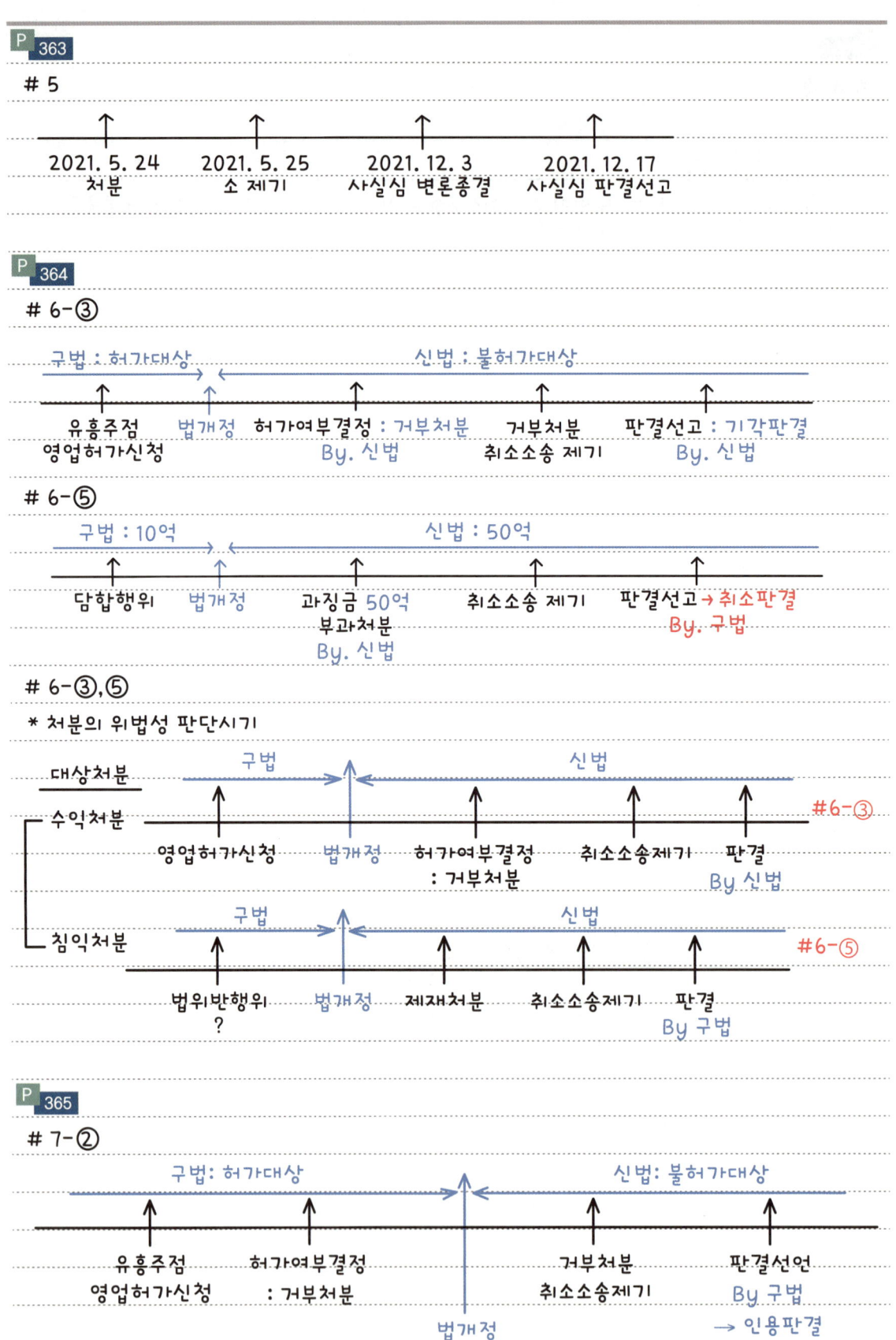

## 제8관 소의 변경

**P 366**

* 소의 종류 변경

1. 제21조

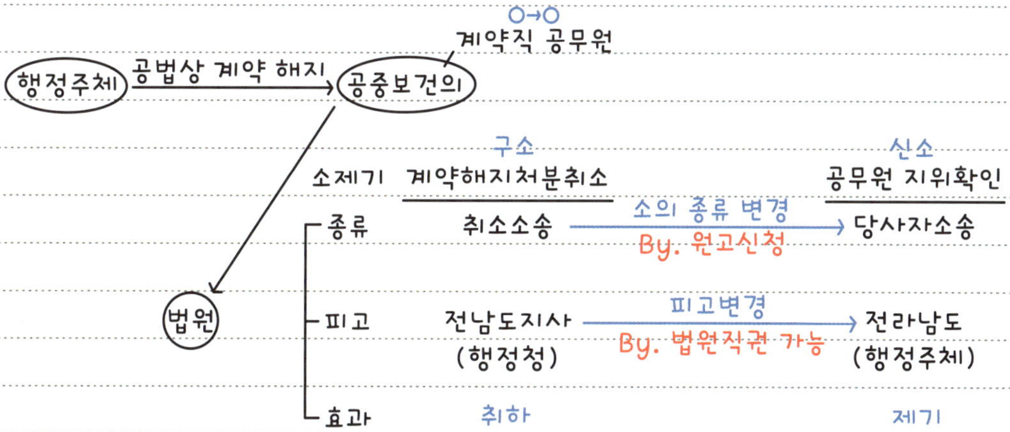

```
                        ○→○
                    계약직 공무원
  (행정주체) ──공법상 계약 해지──→ (공중보건의)
                                        │
                                        │ 소제기
                                        ↓
                    구소                  신소
            소제기  계약해지처분취소       공무원 지위확인
     ┌ 종류   취소소송 ──소의 종류 변경──→ 당사자소송
     │                  By. 원고신청
  (법원)─ 피고  전남도지사  ──피고변경──→  전라남도
     │         (행정청)   By. 법원직권 가능  (행정주체)
     └ 효과      취하                       제기
```

2. 제37조

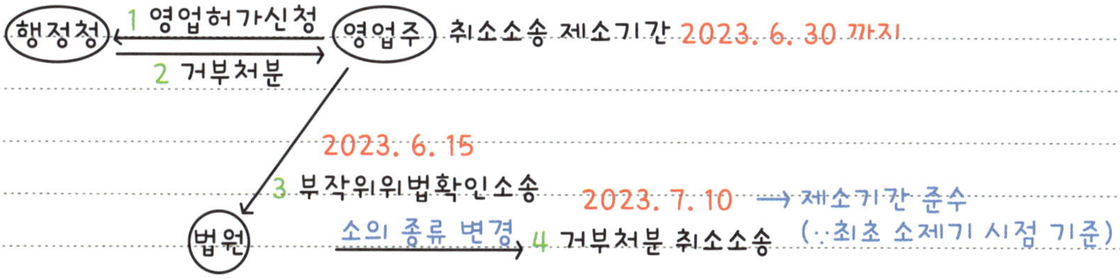

```
  (행정청) ─1 영업허가신청→ (영업주)  취소소송 제소기간 2023. 6. 30. 까지
            ←2 거부처분──
                              │
                    2023. 6. 15
                    3 부작위위법확인소송    2023. 7. 10 → 제소기간 준수
  (법원) ←─소의 종류 변경── 4 거부처분 취소소송   (∵ 최초 소제기 시점 기준)
```

**P 367**

* 청구취지의 변경 (민사소송법상 소변경)

```
                     제소기간
         2 과징금 부과처분  2017. 10. 10
              ⊕
  (행정청) ─1 영업정지처분  2017. 10. 1 → (상대방)
                                              │
                                              │         대상
                                              │  취소소송 제기  3 영업정지처분 ← 2017. 9. 20. 제기
                                              │                     ↓ 소변경 (청구취지의 변경)
  (법원) ← 5 각하판결           4 과징금 부과처분 ← 2017. 10. 20 소변경
         (∵ 청구의 동일성 없으면, 소변경시를 기준으로 제소기간 계산)
```

\* 청구취지의 변경

행정청 —부과처분 100억→ 상대방   제소기간 : 2022. 10. 10 까지
            │ 2022. 9. 30                  2022. 10. 30
            │ 부과처분 취소소송       당초 ——소변경→ 추후
            ↓                          30억            100억
          법원                        (일부)          (전부)
          판결 ┬ 당초(30억) → 본안판결
               └ 추가(70억) → 각하판결


\* 소의 변경

┌ By. 행정소송법 ┬ 소의 종류 변경 — 항고소송 ┬ 취소소송
│                │                            ├ 무효등확인소송
│                │               ↕            └ 부작위위법확인소송
│                │              당사자 소송
│                └ 처분변경 소변경
│
└ By. 민사소송법   청구취지의 변경


|  | 근거 | 전제 | 제소기간 기산점 |
|---|---|---|---|
| 소의 종류의 변경 | 행정소송법 | 같은 청구 | 구소제기시 (최초 소제기시) |
| 청구취지의 변경 | 민사소송법 | 다른 청구 | 신소제기시 (소변경시) |


P. 368

\* 행정사건을 민사법원에 제기

|  | 행정사건 관할권 | Ex) | 조치 |
|---|---|---|---|
| IF. 민사법원이 | O | 광주지법 민사2부 & 행정1부 | 소변경 후 행정사건으로 재판 |
| | X | 서울중앙지법 민사1부 | 서울행정법원으로 이송 |

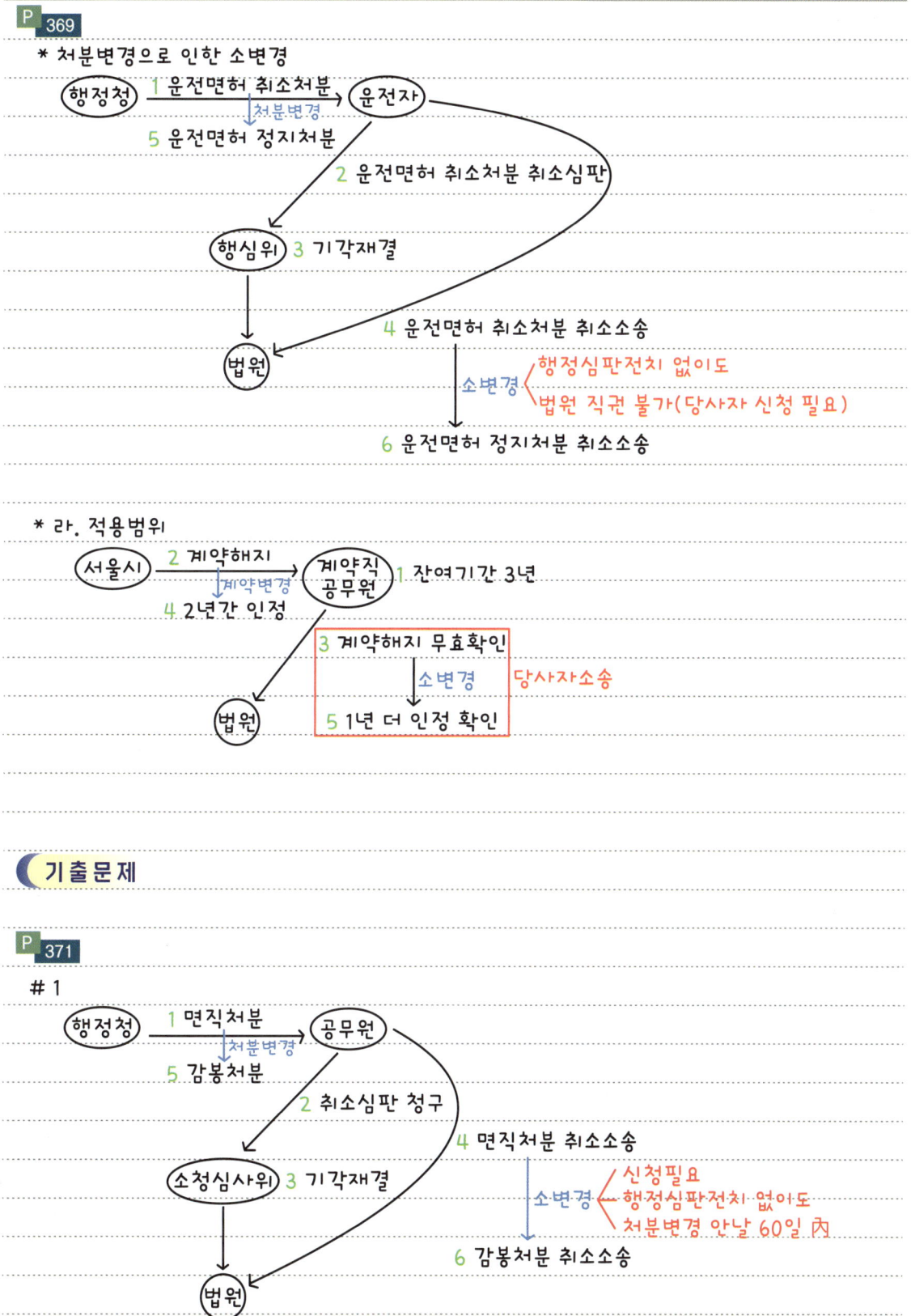

P 371

# 2-ㄹ

- 관할위반 이송
- 피고 경정
- 소 변경

제소기간 기산점은
최초 소제기시점 기준으로 판단

---

P 377

# 9-①

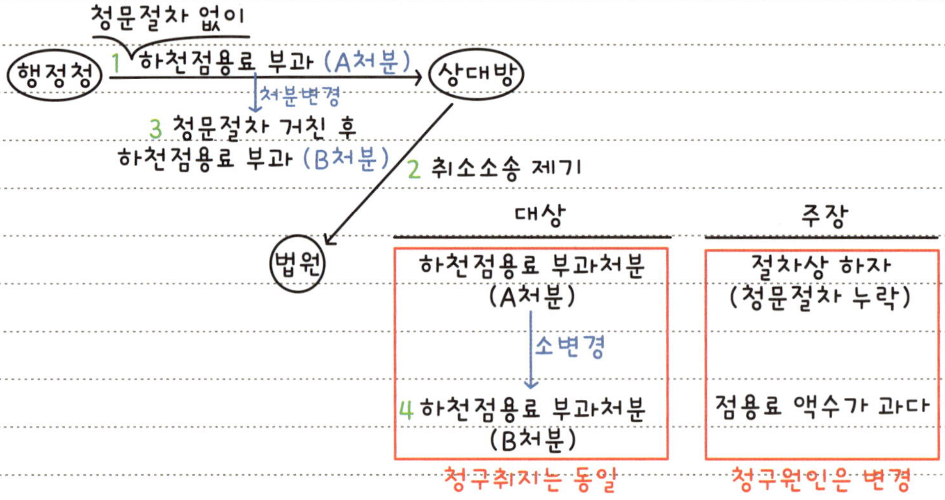

행정청 →1 하천점용료 부과 (A처분)→ 상대방
　　　　처분변경
　　　3. 청문절차 거친 후
　　　　하천점용료 부과 (B처분)
　　　　　　　　　　　　　2 취소소송 제기
　　　　　　　　　　　　　↓
　　　　　　　　　　　　법원

청문절차 없이

|  | 대상 | 주장 |
|---|---|---|
|  | 하천점용료 부과처분 (A처분) ↓소변경 4 하천점용료 부과처분 (B처분) | 절차상 하자 (청문절차 누락) 점용료 액수가 과다 |

청구취지는 동일　　청구원인은 변경

---

P 379

# 11-④

\* 행정소송법상 소변경

|  | 변경범위 | |
|---|---|---|
|  | 청구취지 | 청구원인 |
| 소의 종류의 변경 | 不可 | 可 |
| 처분변경 소변경 | 可 | 可 |

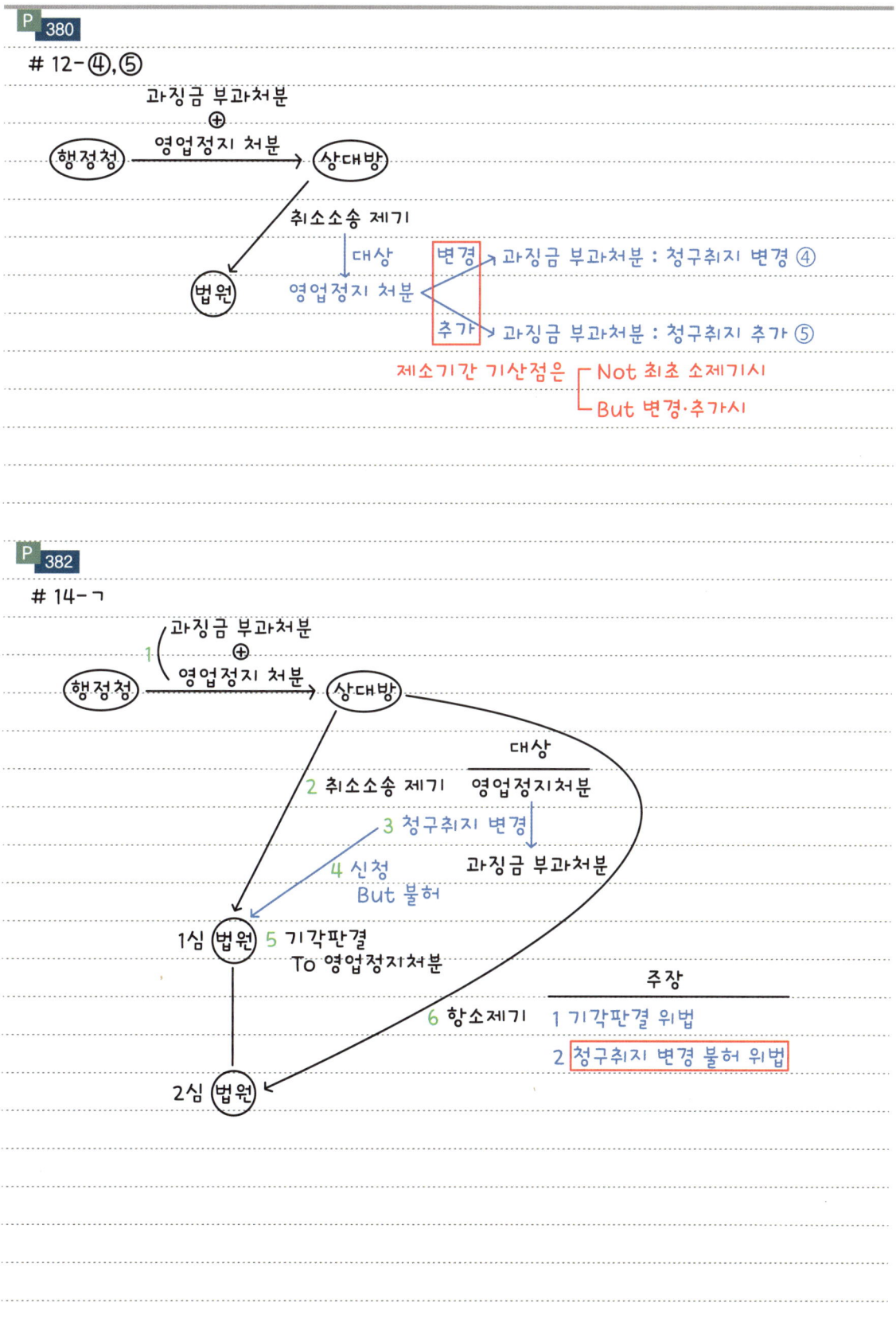

## 제5절 • 취소소송의 판결

### 제1관 판결의 종류

P. 385

\* 판결의 종류

```
소제기
  ↓
 심리 ─ 본안전판단
        (소송요건)
           ↓ 충족
       ─ 본안판단
        (처분의 위법성)
  ↓
 판결 ─ 중간판결 : 쟁점의 중간정리   Ex) 폭행사건
                                    ─ 폭행 여부  ← 중간판결로 쟁점정리
                                    ─ 불법행위 여부
                                    ─ 손해배상 액수
      ─ 종국판결 ─ 각하
                ─ 기각
                ─ 인용
```

| | 원고의 청구 | 종류 |
|---|---|---|
| | 소송요건 흠결 | 각하판결 |
| | | 기각판결(패소) |
| | | 인용판결(승소) |

P. 386

\* 일부취소판결의 가능성(처분의 일부에 위법사유 존재)
  Ex) 위법한 금전부과처분

| | 의미 | 사례 | 법원의 판단 |
|---|---|---|---|
| 기속행위 | 요건 —반드시→ 효과 | • 과세처분<br>• 개발부담금 부과처분 | IF. 정당한 금액<br>─ 산출 가능 → 일부취소<br>─ 산출 불가능 → 전부취소 |
| 재량행위 | 요건 —할수도<br>안할수도→ 효과 | • 과징금 부과처분<br>• 영업정지처분 | 전부취소 (∵행정청의 재량존중)<br>→ 적정한 액수는<br>   행정청이 다시 정해라 |

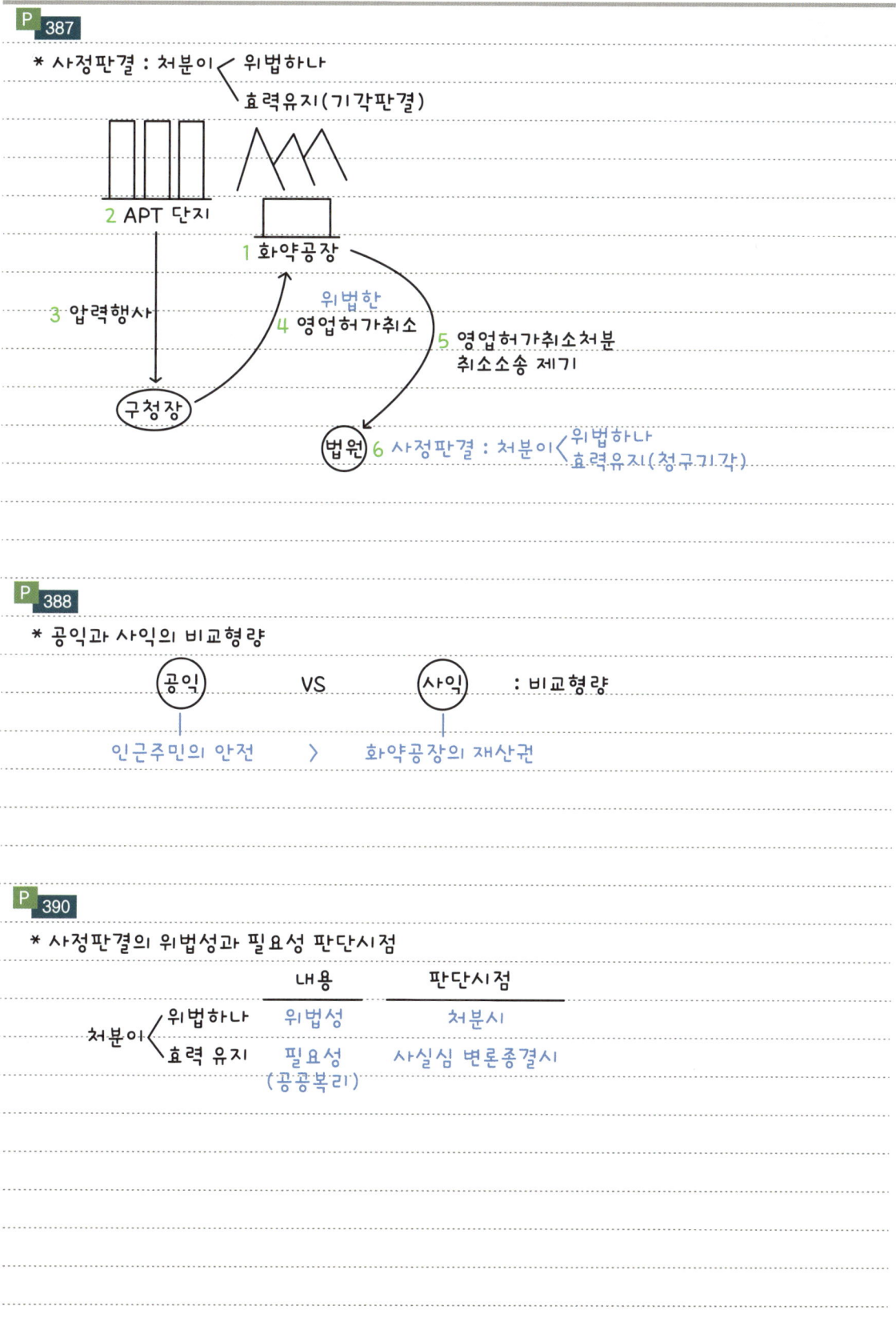

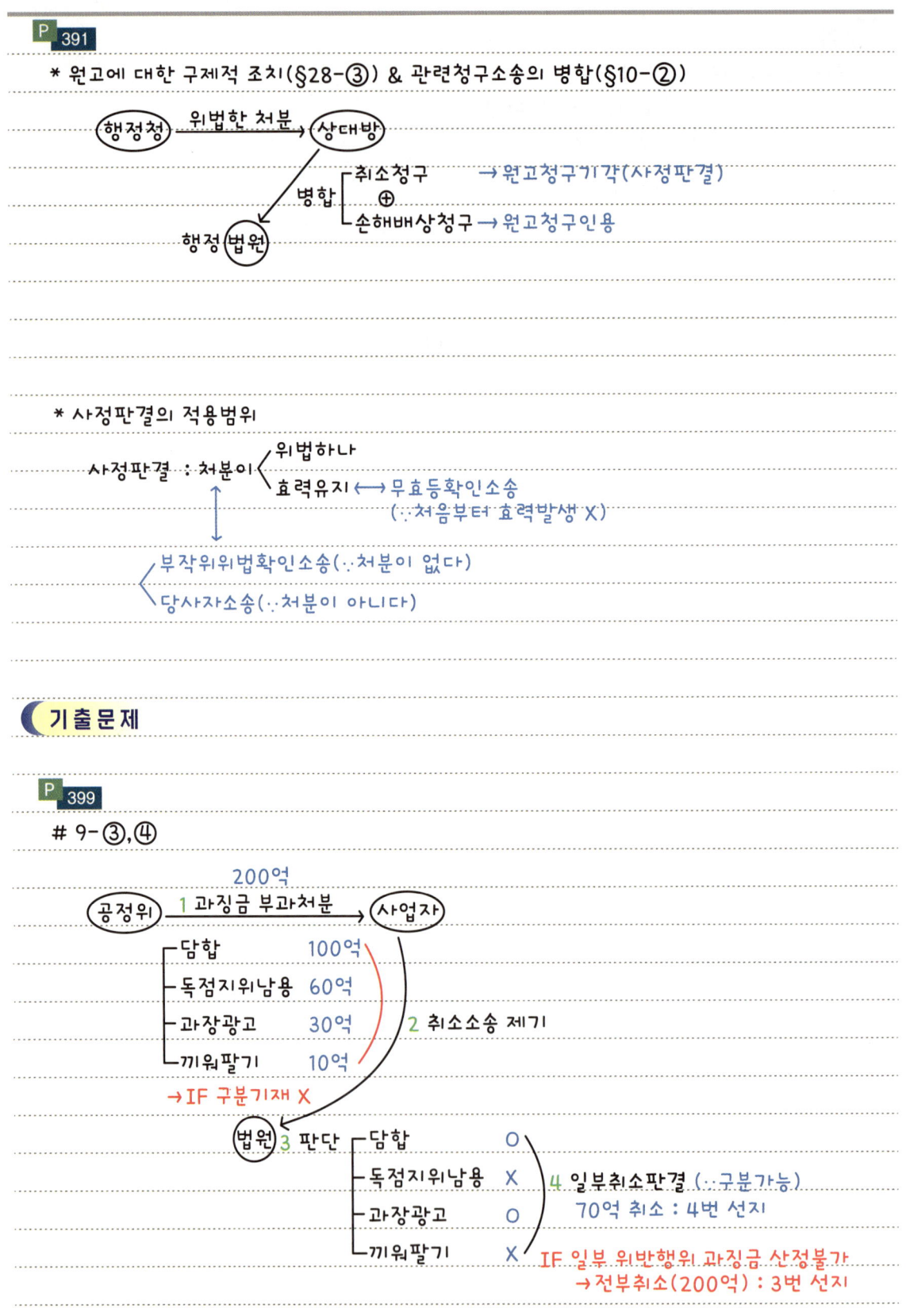

# 9-⑤

행정청 —파면처분→ 공무원
 1 횡령
 2 성폭력
 3 근무태만

공무원 —취소소송 제기→ 법원

법원 판단
 ― 1 횡령 X
 ― 2 성폭력 O
 ― 3 근무태만 O  → 충분한 파면사유

↓
기각판결

P. 400

# 10-③

합산(그 실질은 4개의 처분)

공정위 —과징금 부과(100억)→ 사업자
 ― 담합      40억
 ― 독과점    20억
 ― 부당내부거래 30억
 ― 과장광고   10억

사업자 —취소소송 제기→ 법원

법원
 ― 담합       O
 ― 독과점     O    ⎫ 40억 취소판결
 ― 부당내부거래 X    ⎬ (일부취소)
 ― 과장광고    X   ⎭

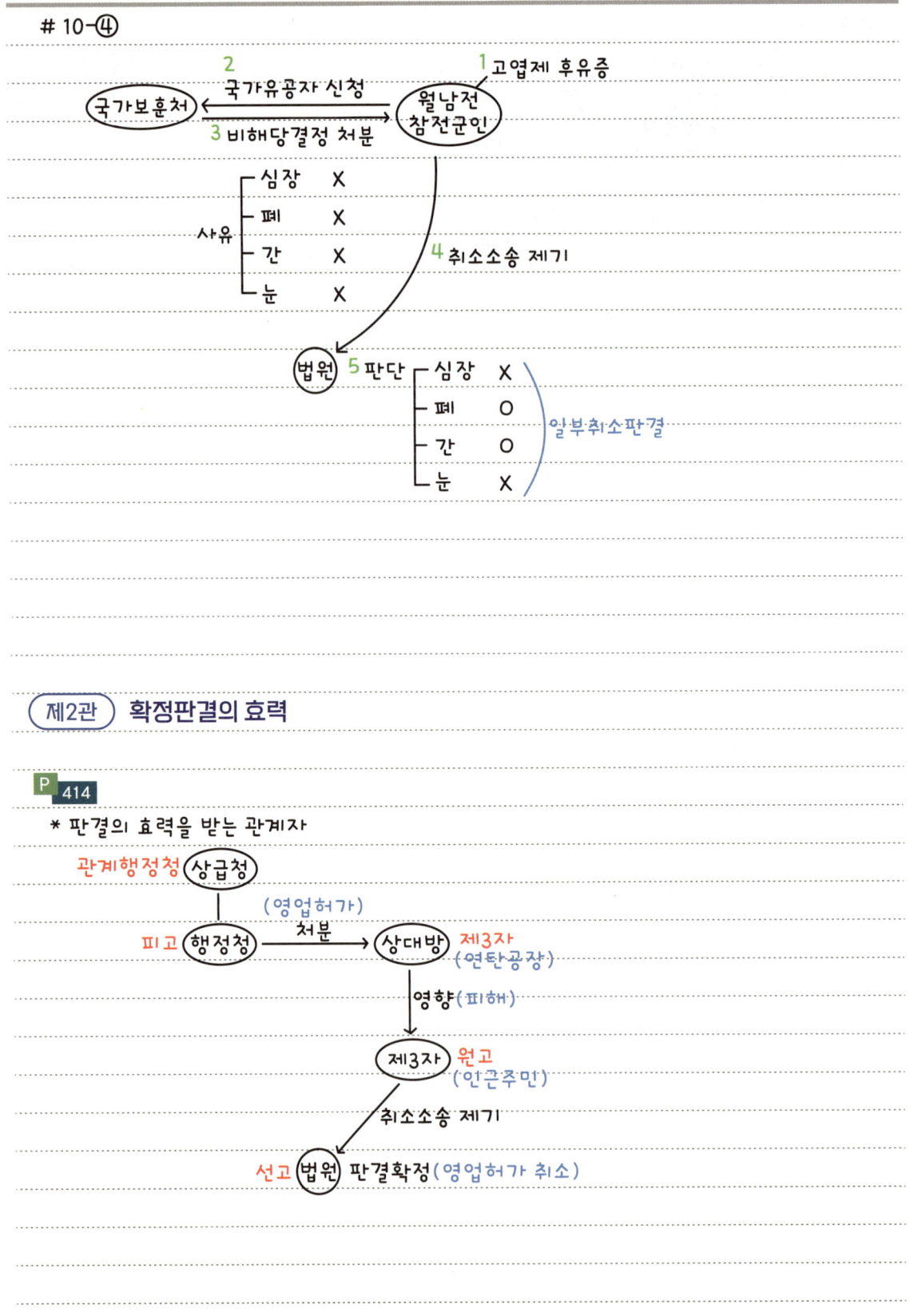

* 판결의 효력 (확정)

|  | 적용대상 | 판결의 종류 |
|---|---|---|
| 1. 불가변력(자박력) | 선고법원 | 모든 판결 |
| 2. 불가쟁력(형식적 확정력) | 패소한 당사자 | 패소 부분 |
| 3. 기판력 — 반복금지효 ← 당사자 / 모순금지효 ← 후소법원 | | 본안판결만(각하판결 제외) But 각하판결의 해당 쟁점은 기판력 O |
| 4. 형성력: 법률관계 발생/변경/소멸 (make) | 당사자(원피고) 제3자도 | 인용판결만 |
| 5. 기속력 — 반복금지의무 / 재처분의무 ◇거부처분 ◇절차위법 / 결과제거의무(원상회복의무) | 피고행정청 관계행정청도 | 인용판결만 |

* 행정소송법상 명문규정 존재
  - 제3자효
  - 기속력
  - 재처분의무

P.415

* 기판력의 객관적 범위

판결
```
┌─────────────────────┐
│ 1. 원고              │
│    XXX              │
│ 2. 피고              │
│    XXX              │
│       주문 ——→ 결론   │
│ 원고의 청구를 기각한다.│
│       이유 ——→ 결론의 │
│                 근거  │
│ 1. 이유 A            │
│ 2. 이유 B            │
└─────────────────────┘
```

Ex) 국가배상청구소송

| 사례 | 기판력 | 다른 소송에서 |
|---|---|---|
| 과세처분은 적법하다. | O | 과세처분이 위법하다는 주장 X |
| 세무조사방식 하자 없다. | X | 세무조사하자 주장 가능 |
| 손금불산입 적법하다. | X | 손금산입 주장 가능 |
| 비과세항목 없다. | X | 비과세항목 주장 가능 |

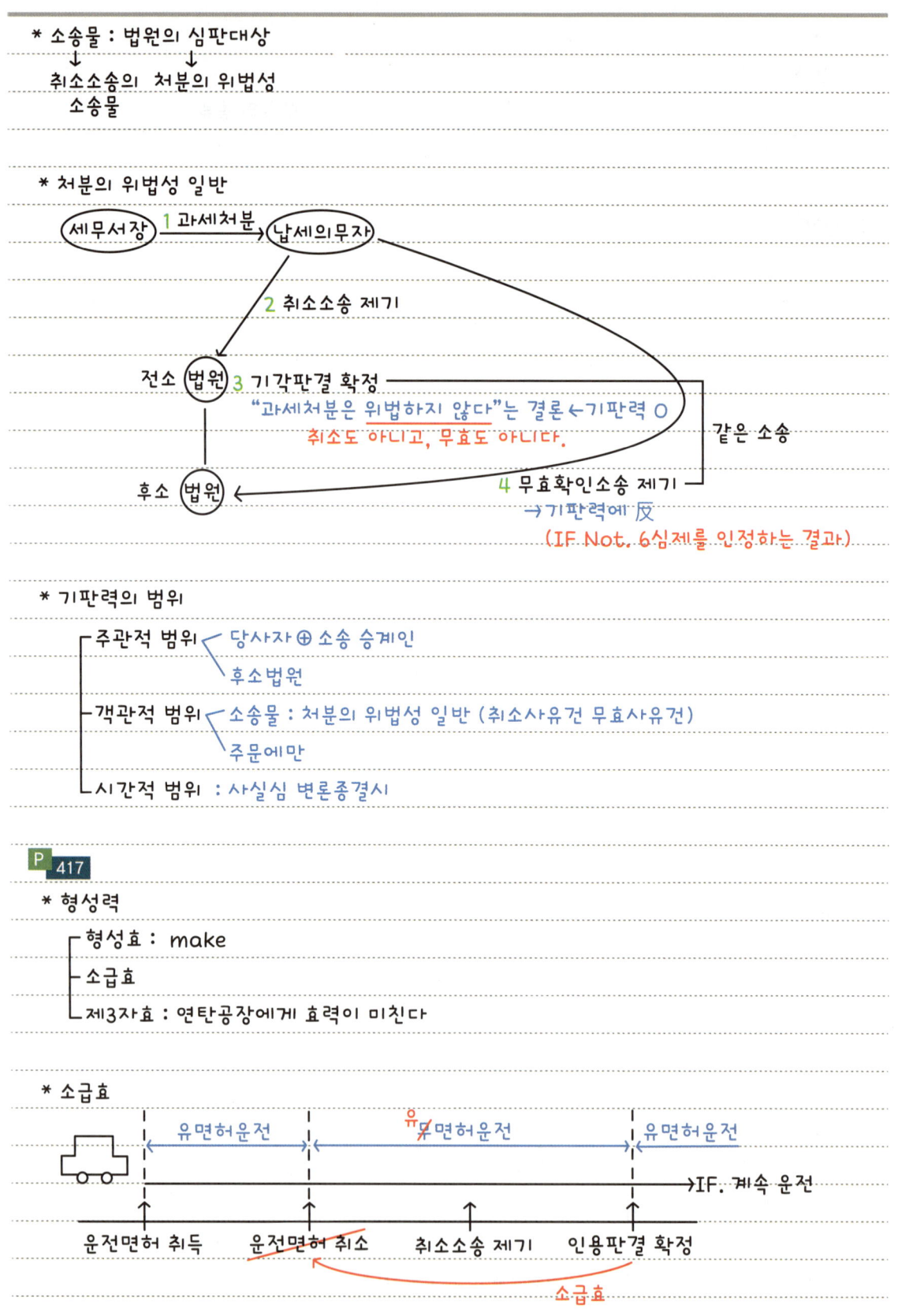

* 형성효

행정청 —2. 영업정지 처분→ 상대방 A ←1. 미성년자 출입 X
         ←5. 취소통지—
         관념의 통지
                         ↓ 3. 취소소송 제기
         법원  4. 인용판결 확정
              A에 대한 영업정지처분을 취소한다

Q. A는 언제부터 영업을 재개할 수 있는가?
　　4번 단계

P 418

* 판결의 효력 비교

|  | 범위 | | | 대상 | 취지 |
|---|---|---|---|---|---|
|  | 결론 | 직접사실 | 간접사실 | | |
|  | 주문 | 이유 | 방론 | | |
| 기판력 | O | X | X | 당사자 中 원고 / 후소법원 | 이유에 대해서는 후소에서 전소법원 판단과 다른 주장 가능 → 국민의 재판청구권 보장 |
| 기속력 | O | O | X | 행정청 | 나쁜 짓 하지 마라 → 행정청의 위법한 행위 통제 |

P 419

* 기속력의 시간적 범위

2016. 10. 6 음주운전 For 응급환자 수송 → 면허정지처분 ← 2017. 1. 10 음주운전 → 취소소송 제기 → 취소판결 확정 → 면허정지처분 적법 (∵ 2017. 1. 10 음주운전)

2016. 10. 6자 음주운전을 이유로 한 면허정지처분은 위법하다.

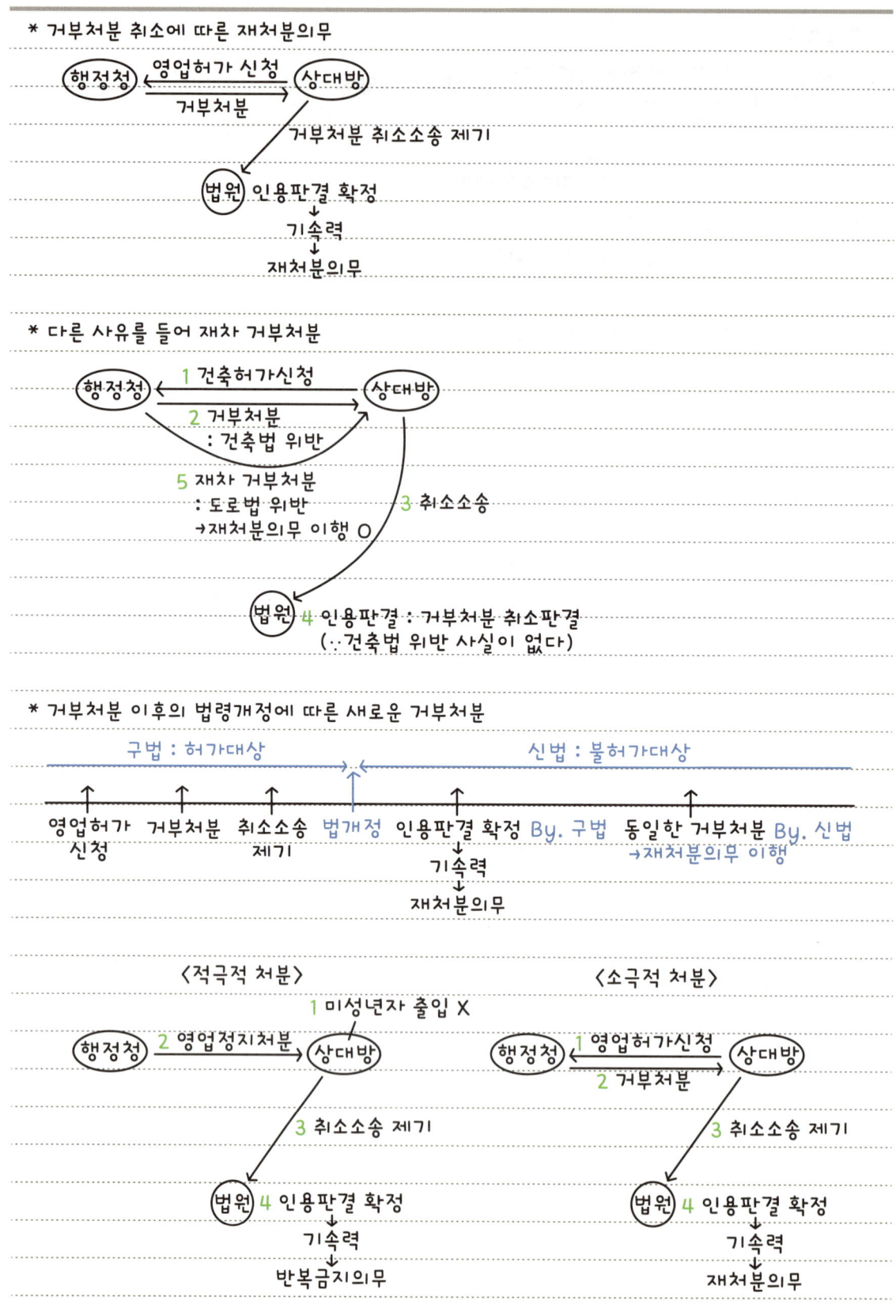

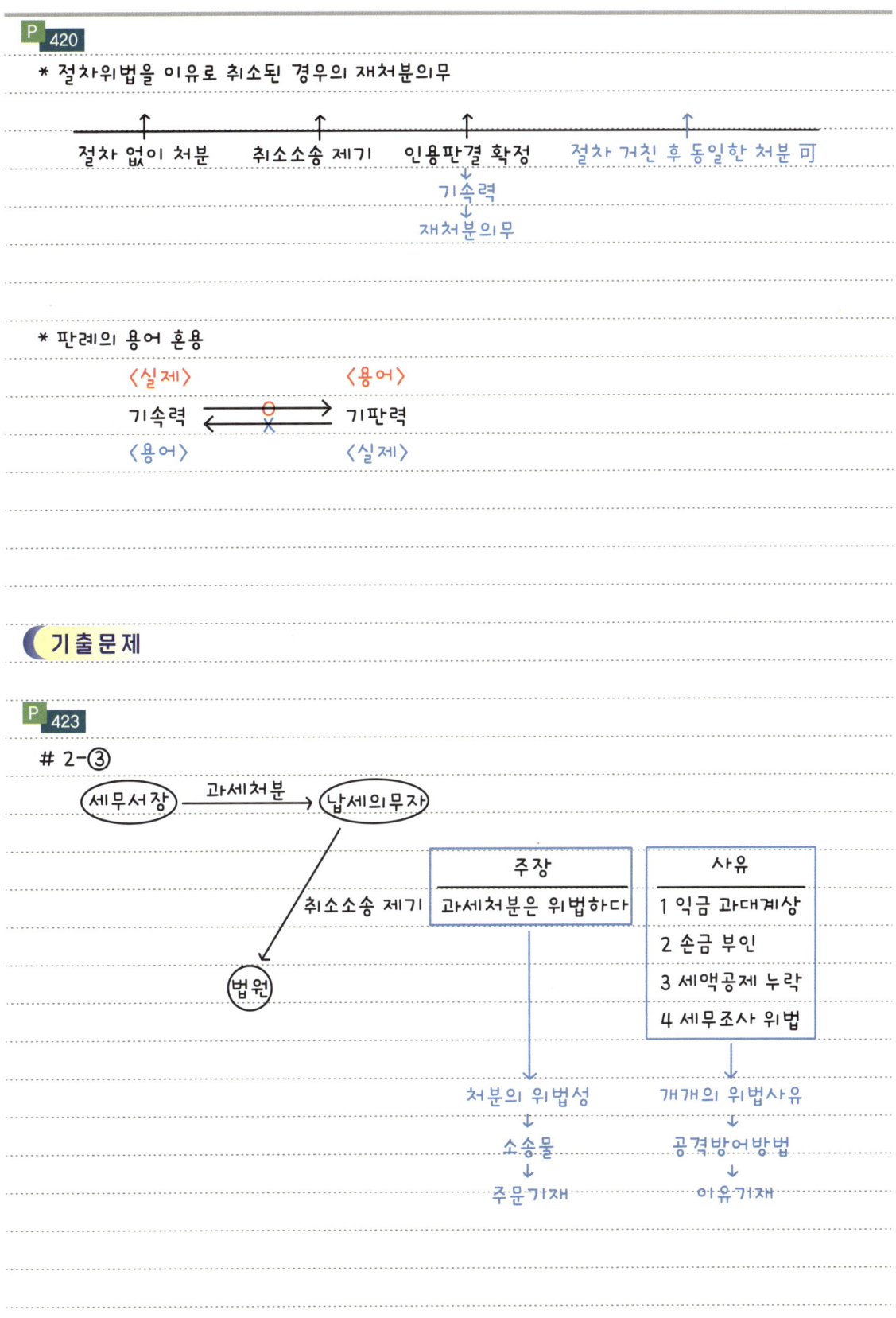

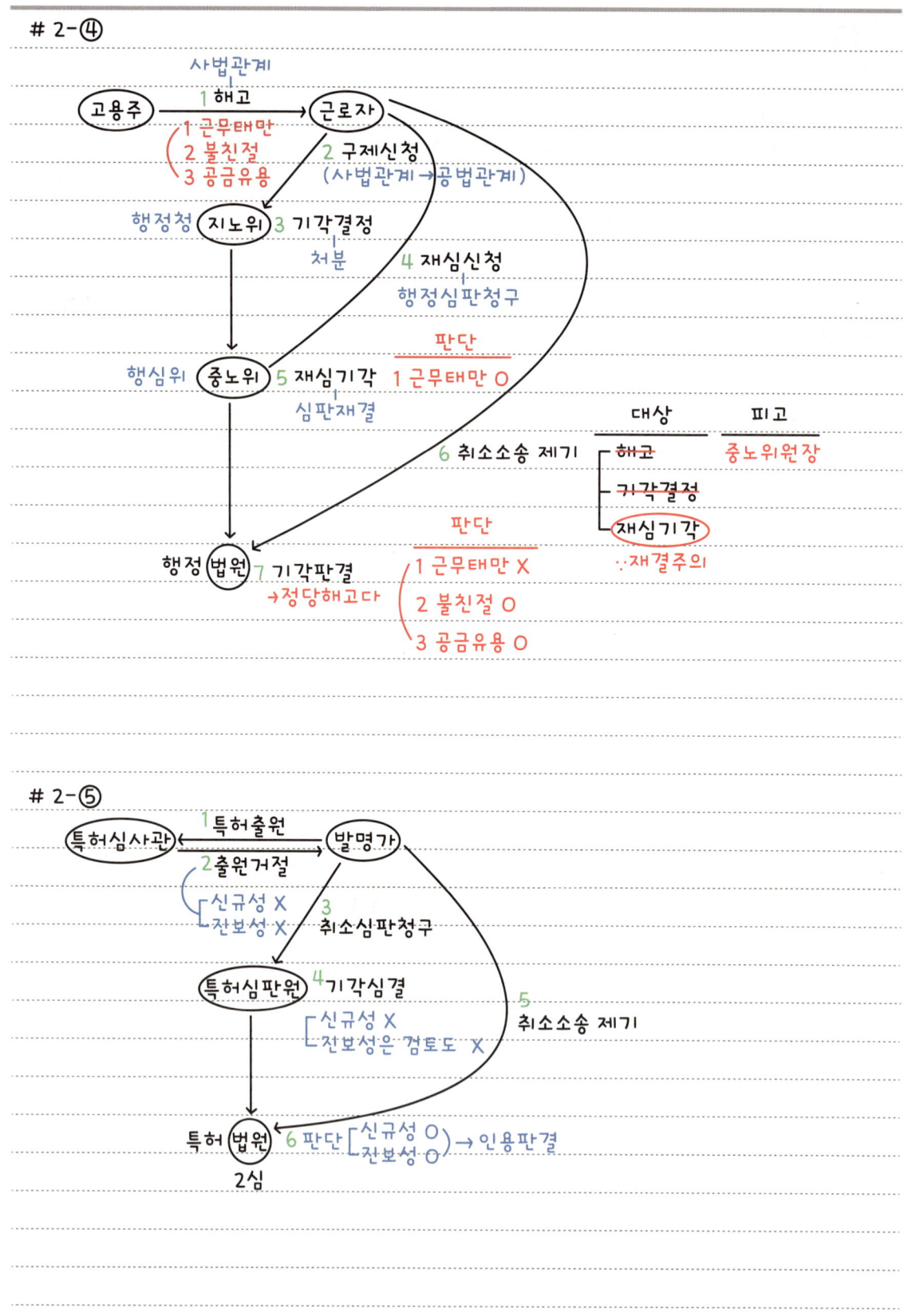

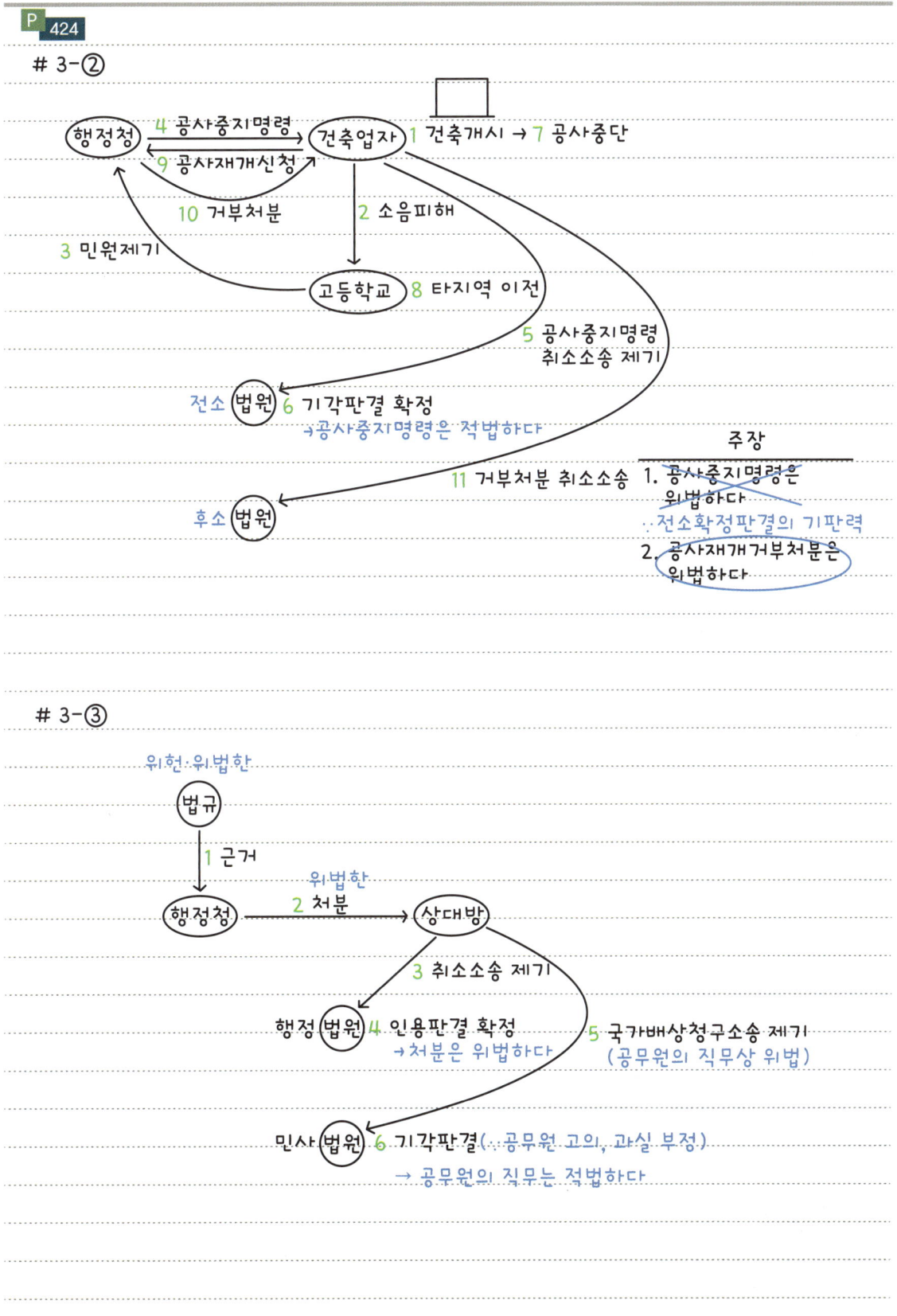

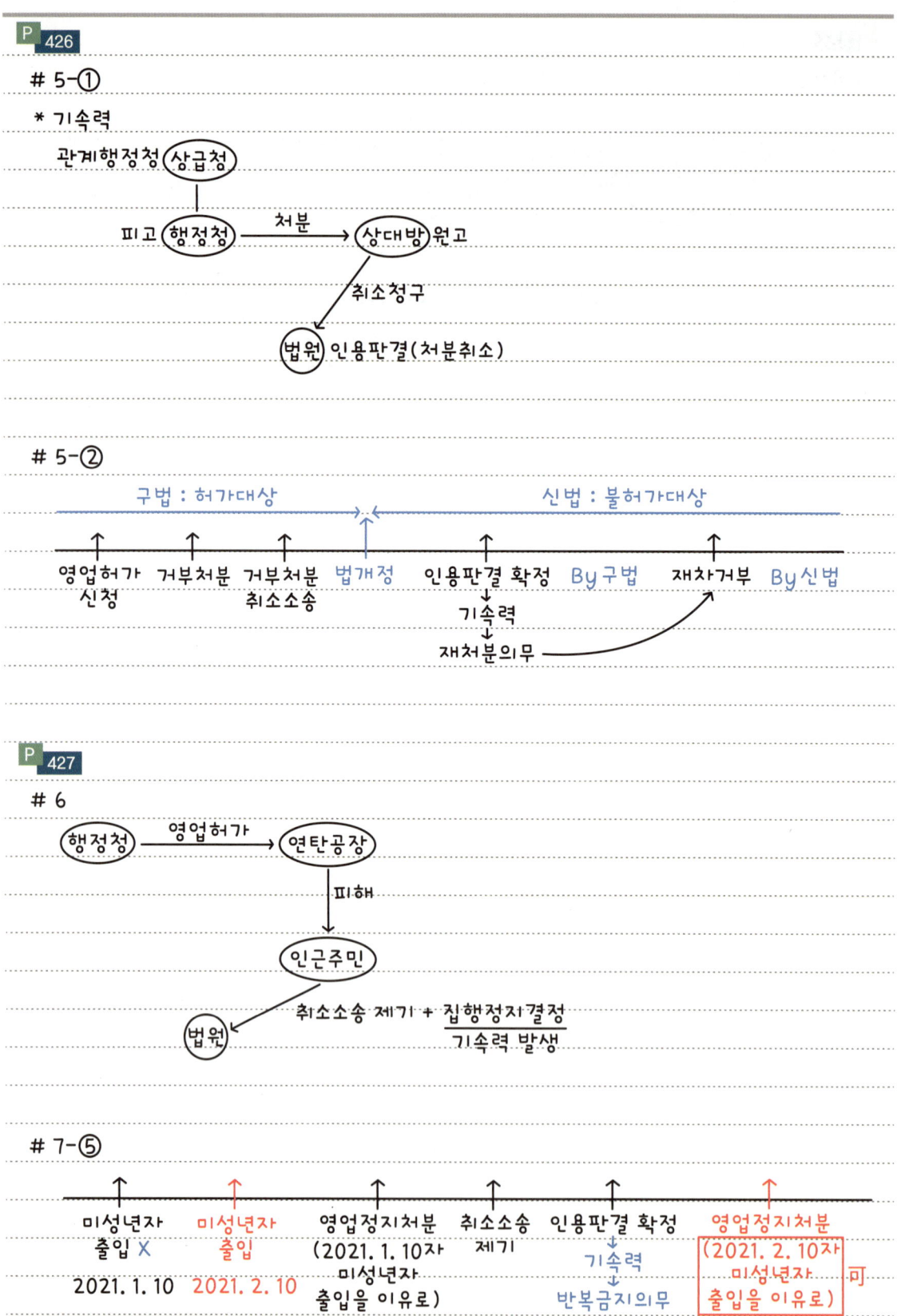

# 9
* 사립학교 교원

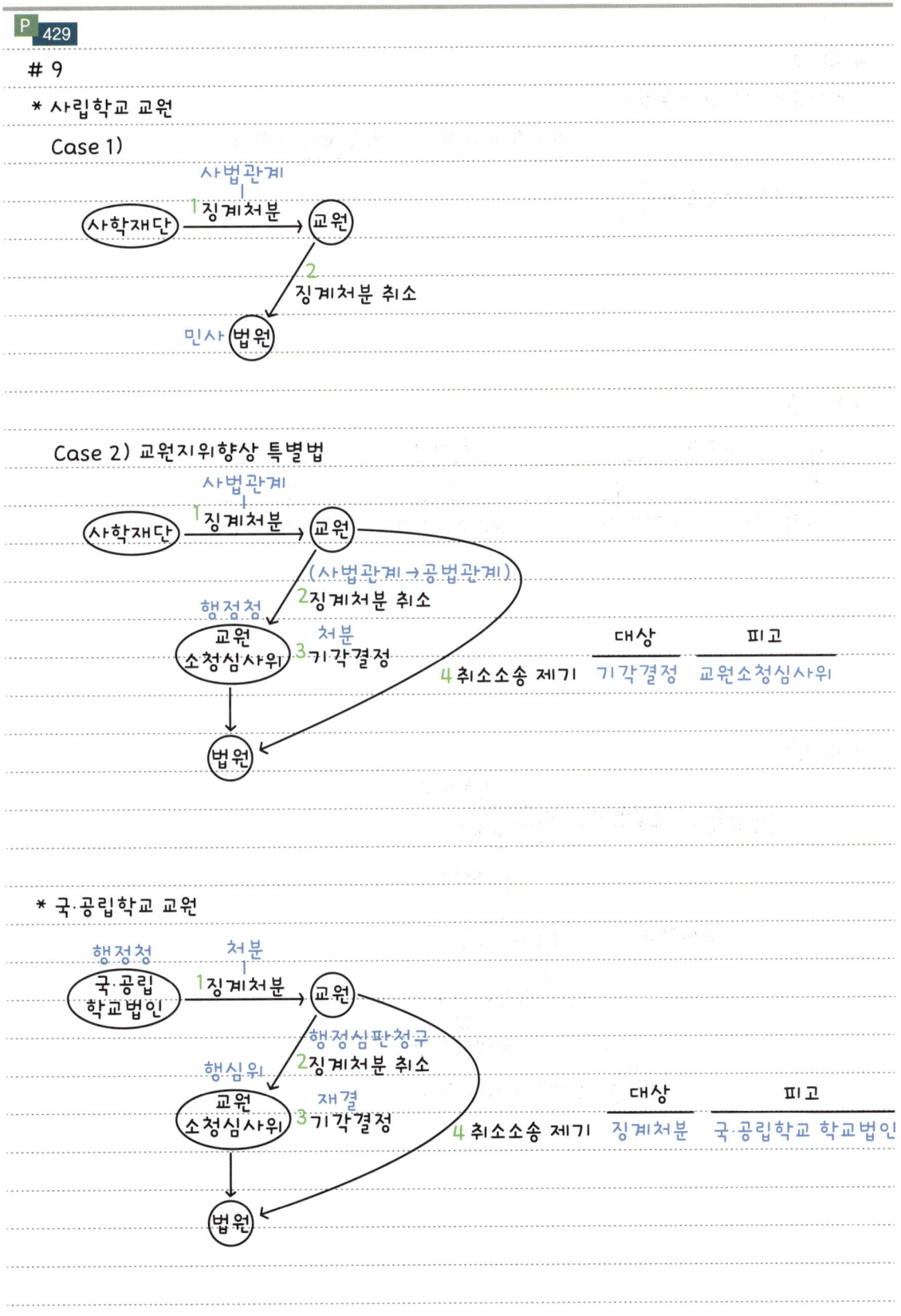

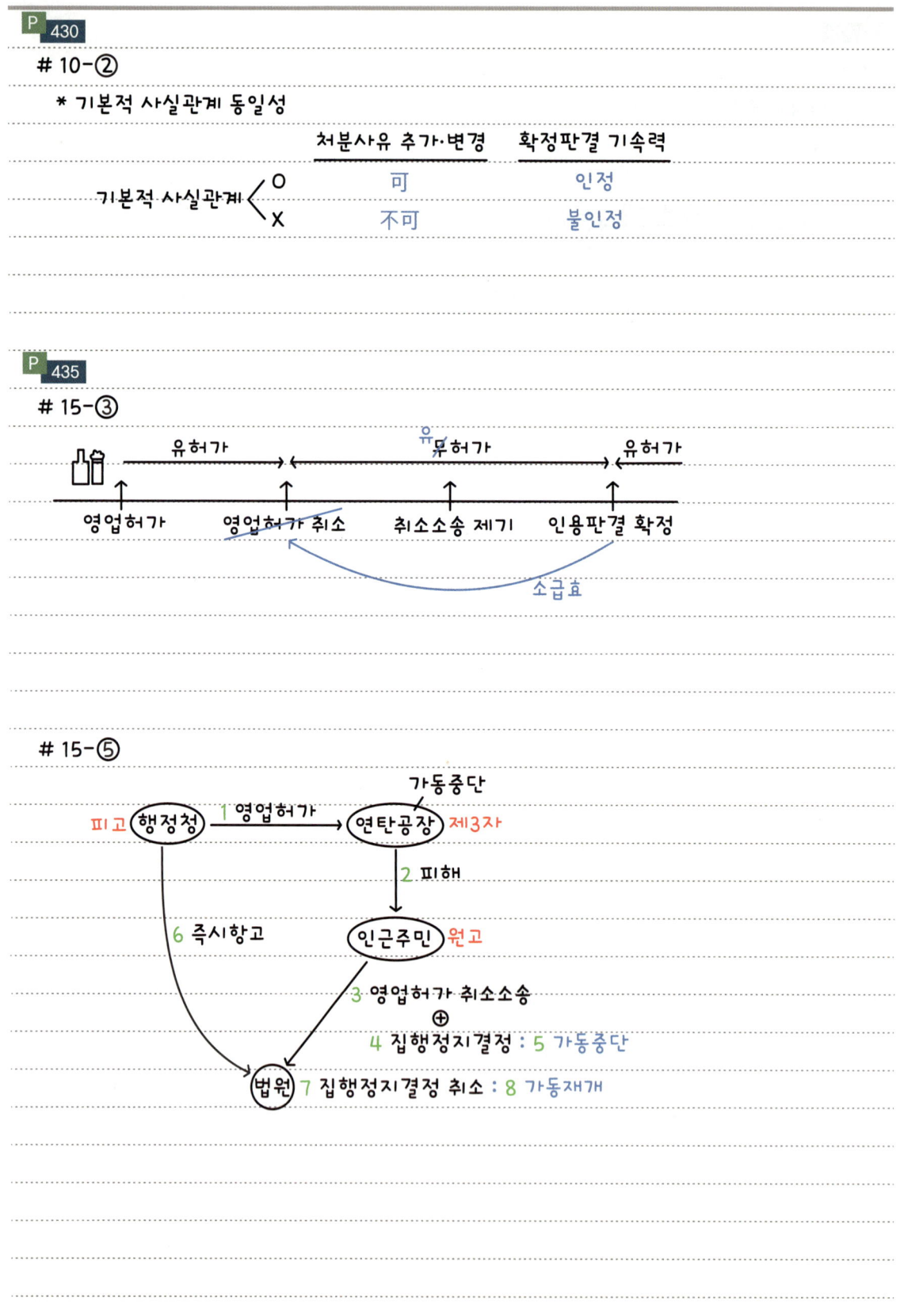

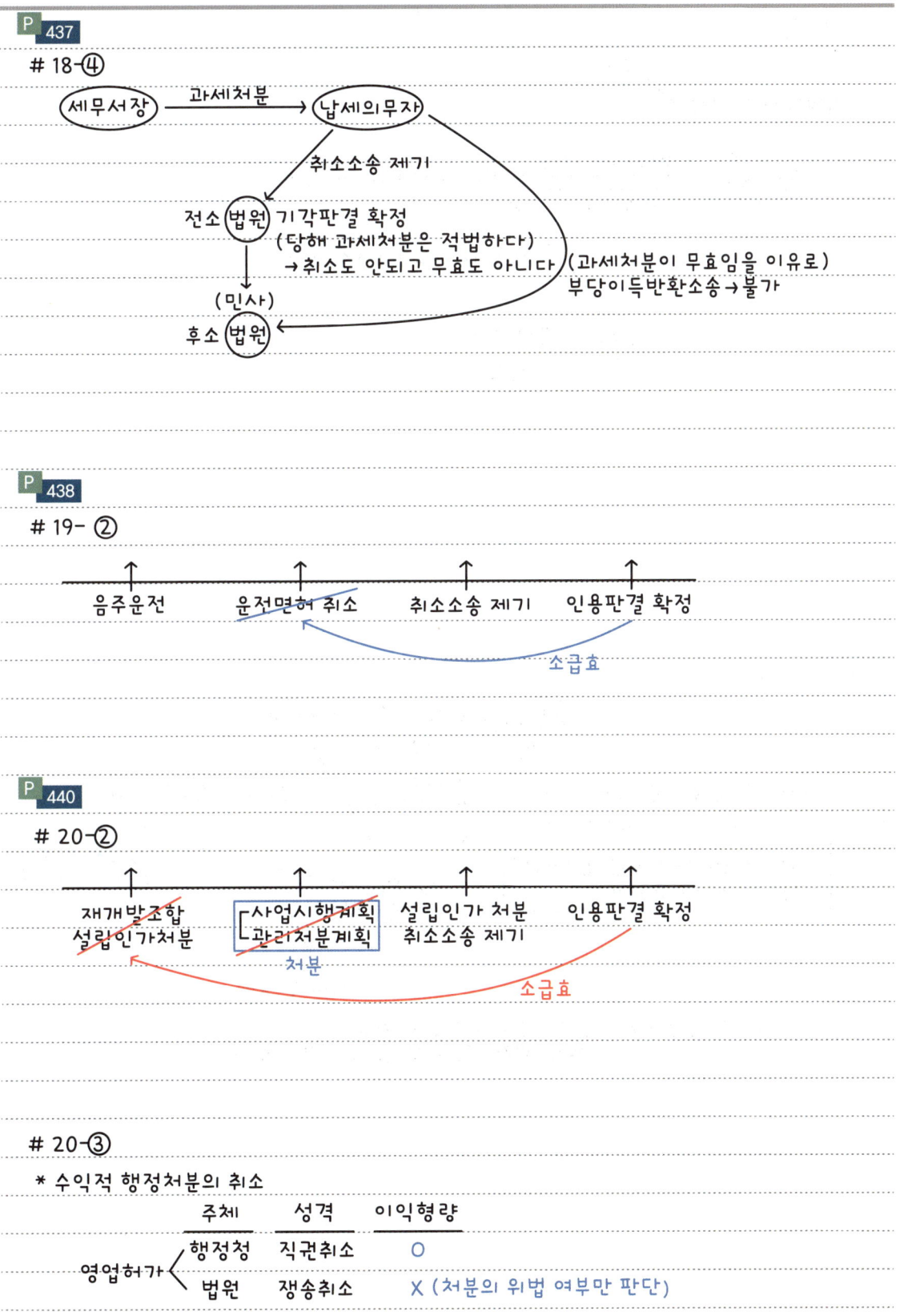

# 20-⑤

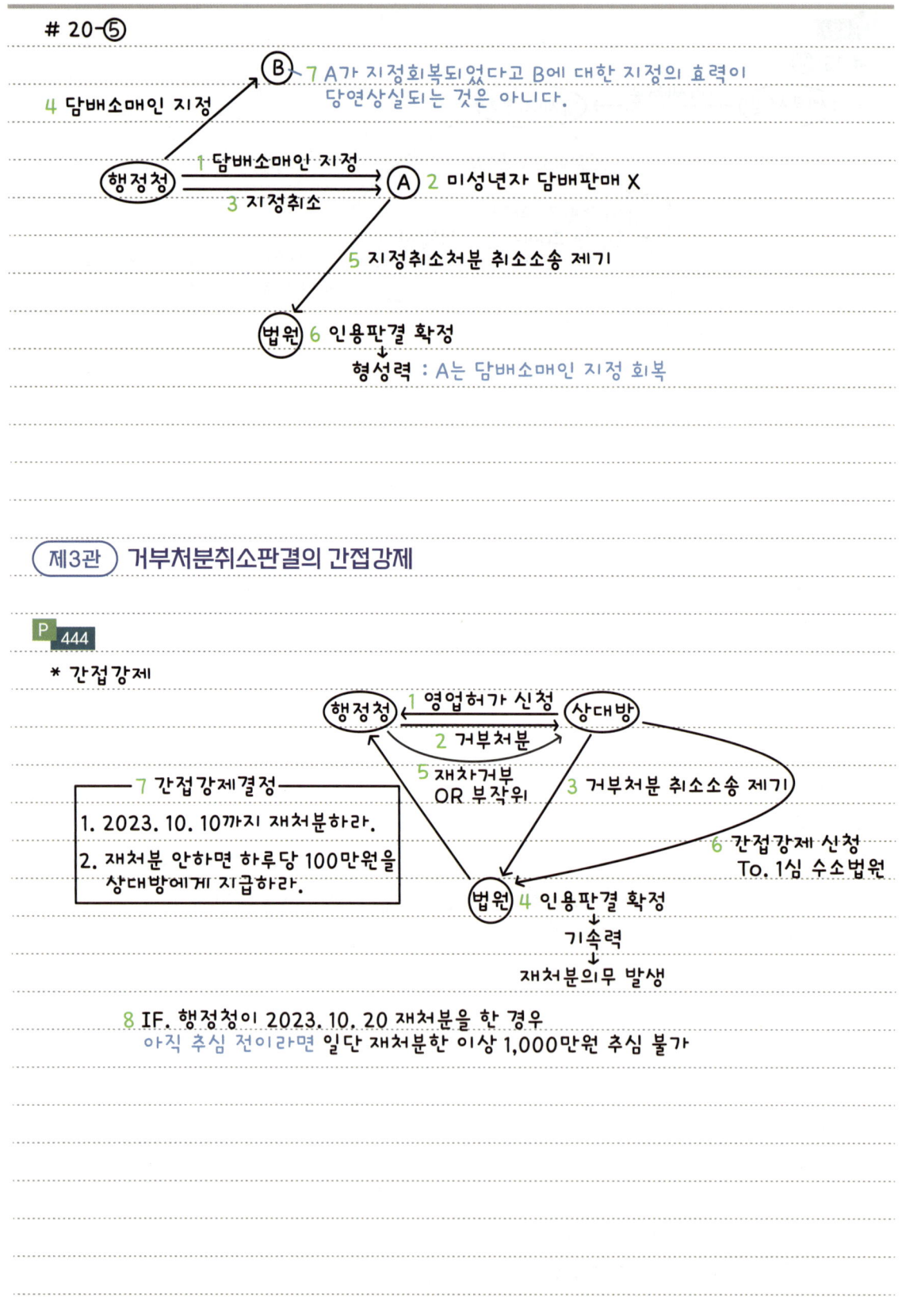

## 제3관 거부처분취소판결의 간접강제

## 제4관 취소소송의 종료

**P 456**

* 소송의 종료

| | 적용대상 | 행정소송에서 가능 여부 | 이유 |
|---|---|---|---|
| 판결확정 | By. 법원 | O | |
| 소취하 | By. 원고 | O | 처분권주의 |
| 청구의 포기 | By. 원고 | ? | 민사소송법 준용 But 행정소송의 공익적 성격 |
| 청구의 인낙 | By. 피고 | ? | |
| 소송상 화해 | By. 당사자 | ? | |
| 조정 | By. 법원 | O | 행정소송규칙 제정 |

* 당사자의 소멸

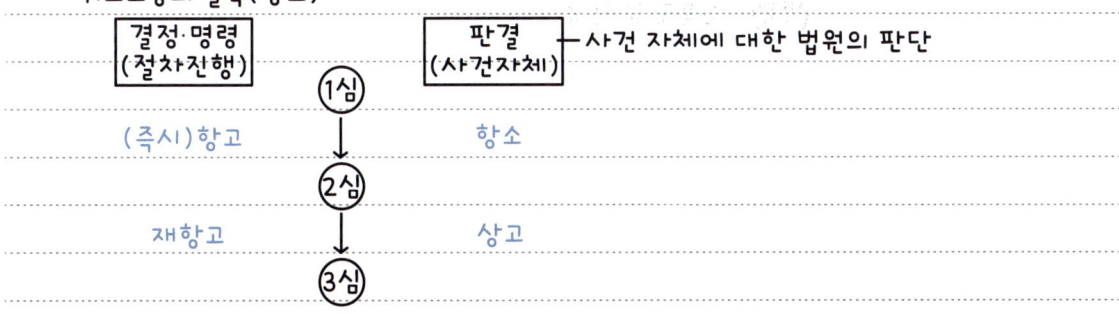

원고가 사망 ┬ 일신전속적   O        병역처분, 공무원징계처분
         └ 비전속적    X (승계)   과세처분, 영업정지처분

## 제5관 취소소송의 불복

**P 457**

* 취소소송의 불복(상소)

| 결정·명령 (절차진행) | | 판결 (사건자체) — 사건 자체에 대한 법원의 판단 |
|---|---|---|
| (즉시)항고 | 1심 → | 항소 |
| 재항고 | 2심 → 3심 | 상고 |

## 제6관 재심청구

📄 458

* 제3자의 재심청구 (제31조)

　확정판결에 대한 예외적인 불복절차 (기판력이 발생했음에도)

피고 (행정청) —1.영업허가→ (연탄공장) 제3자  4. 책임 없는 사유로 소송참가 못한 경우

(연탄공장) ↓ 2.피해

(인근주민) 원고

3. 영업허가처분 취소소송 ↓

6. 재심청구 可

(법원) 5. 인용판결 확정
→ 연탄공장에 대한 영업허가 취소한다


* 국가 OR 공공단체도 제3자 재심청구 가능

피고 (양양군수) ←2.건축허가 신청— (서울시) 제3자  1. 공무원 연수원 건축계획 in 양양
　　　　　—3.건축허가→

(인근주민) 원고

4. 건축허가처분 취소소송 제기 ↓　6. 제3자 재심청구

(법원) 5. 인용판결 확정

## 제7관 소송비용의 부담

**P. 459**

* 소송비용의 부담
  - 1. 원칙 : 패소자 부담
  - 2. 예외 : 승소한 피고가 부담 ← 처분의 취소·변경으로 청구가 기각·각하
    　　　　　　　　　　　　　　　사정판결

* 소송비용의 부담

　　피고　행정청　──2 영업정지처분──→　상대방　1 미성년자 출입 X
　　　　　　　　　　4 직권취소　　　　　　원고
　　　　　　　　　　　　　　　　　　　│
　　　　　　　　　　　　　　　　　　　3 영업정지처분 취소소송 제기
　　　　　　　　　　　　　　　　　　　↓
　　　　　　　　　　　　　　　　　　법원　5 각하판결(∵ 소의 이익 X)
　　　　　　　　　　　　　　　　　　　　　↓
　　　　　　　　　　　　　　　　　　원고패소판결
　　　　　　　　　　　　　　　　　　　　　↓
　　　　　　　　　　　　　　　소송비용은 승소한 피고 부담

## 제6절 • 무효등확인소송

**제1관** 의의

**제2관** 적용법규

**제3관** 취소소송과 무효등확인소송의 관계

P 473

\* 하자 있는 행정행위의 효력

```
          Serious
       ┌ 중대    O   O  X
  하자 ┤
       └ 명백    O   X  O
          Evident  무효  취소
```

→ 효력 ┬ 무효 : 처음부터 효력 X
       └ 취소 : 일단 유효, 취소하면 효력 상실
              공정력

\* 무효등확인소송 (5가지)

```
         ┌ 효력유무 ┬ 유효
         │         ├ 무효
         │         └ 실효
         │
         └ 존재여부 ┬ 존재
                   └ 부존재
```

\* 취소소송과 무효확인소송의 관계

| 하자의 정도 | 원고의 소제기 | 법원의 판단 | 전제 |
|---|---|---|---|
| 100<br>무효사유 | 40<br>취소소송 | 40<br>취소판결 | 취소소송의 요건 구비<br>제소기간<br>필요적 전치 |
| 40<br>취소사유 | 100<br>무효확인소송 | 40<br>취소판결 | |

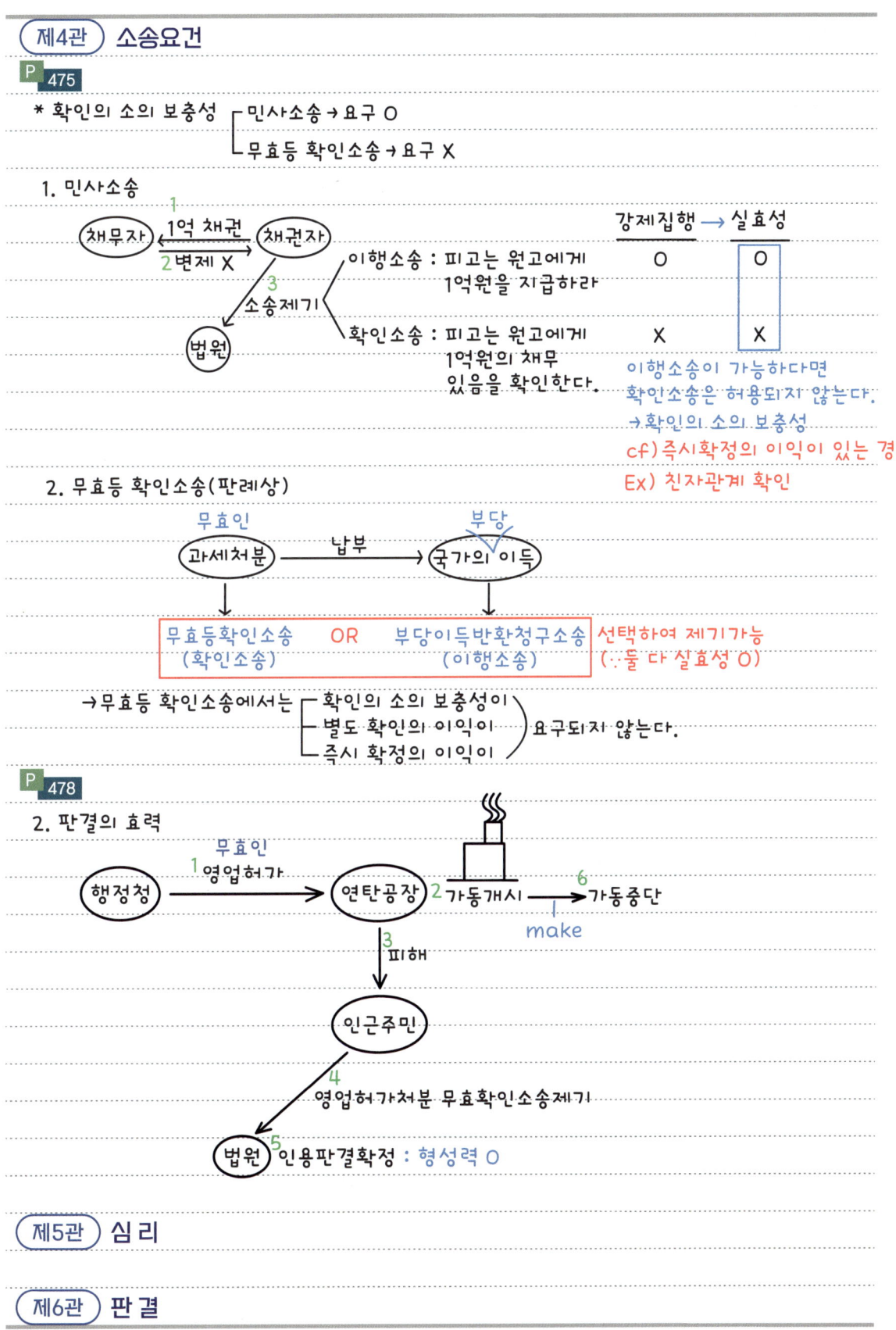

## 기출문제

P.494

# 15-②

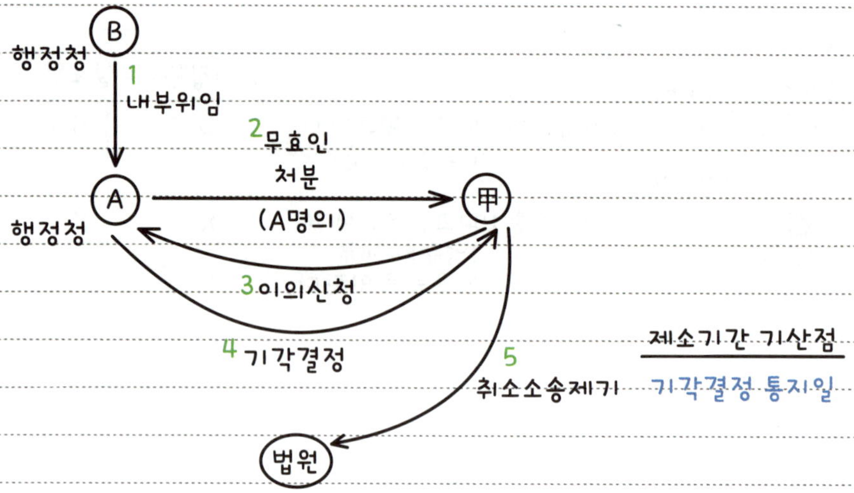

행정청 B
1. 내부위임
행정청 A → 甲 : 2. 무효인 처분 (A명의)
3. 이의신청 (甲 → A)
4. 기각결정 (A → 甲)
5. 취소소송제기 (甲 → 법원)

제소기간 기산점
기각결정 통지일

# 15-④

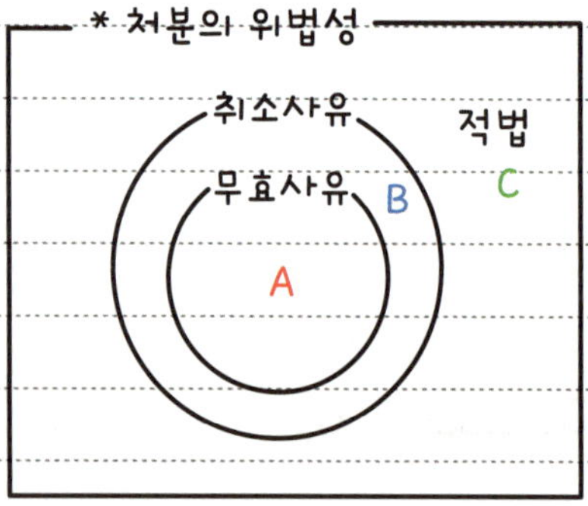

* 처분의 위법성
  - 취소사유
  - 무효사유 A
  - B
  - C 적법

* 기판력의 관계

| 전소 | 후소 |
| --- | --- |
| 취소소송 기각판결확정<br>(C영역) | 무효확인소송<br>不可 |
| 무효확인소송 기각판결확정<br>(B OR C영역) | 취소소송<br>可 (B영역) |

## 제7절 • 부작위위법확인소송

### 제1관 의의 및 성질

P 499

* 부작위위법확인소송

**1. 처분의 상대방**

행정청 ←승인신청→ 상대방

- 응답 O
  - 승인
  - 거부 → 거부처분취소소송
- 응답 X ──→ 부작위위법확인소송
  (승인이건 거부건 응답은 하라)

**2. 제3자**

행정청 —1.방치→ 유해물질 배출업체
유해물질 배출업체 —2.피해→ 인근주민
인근주민 —3.신청→ 행정청
(개선명령 발동해달라)

- 응답 O
  - 개선명령 발동
  - 개선명령 거부 → 거부처분취소소송
- 응답 X ──→ 부작위위법확인소송
  (승인이건 거부건 응답은 하라)

### 제2관 적용법규

### 제3관 소송요건

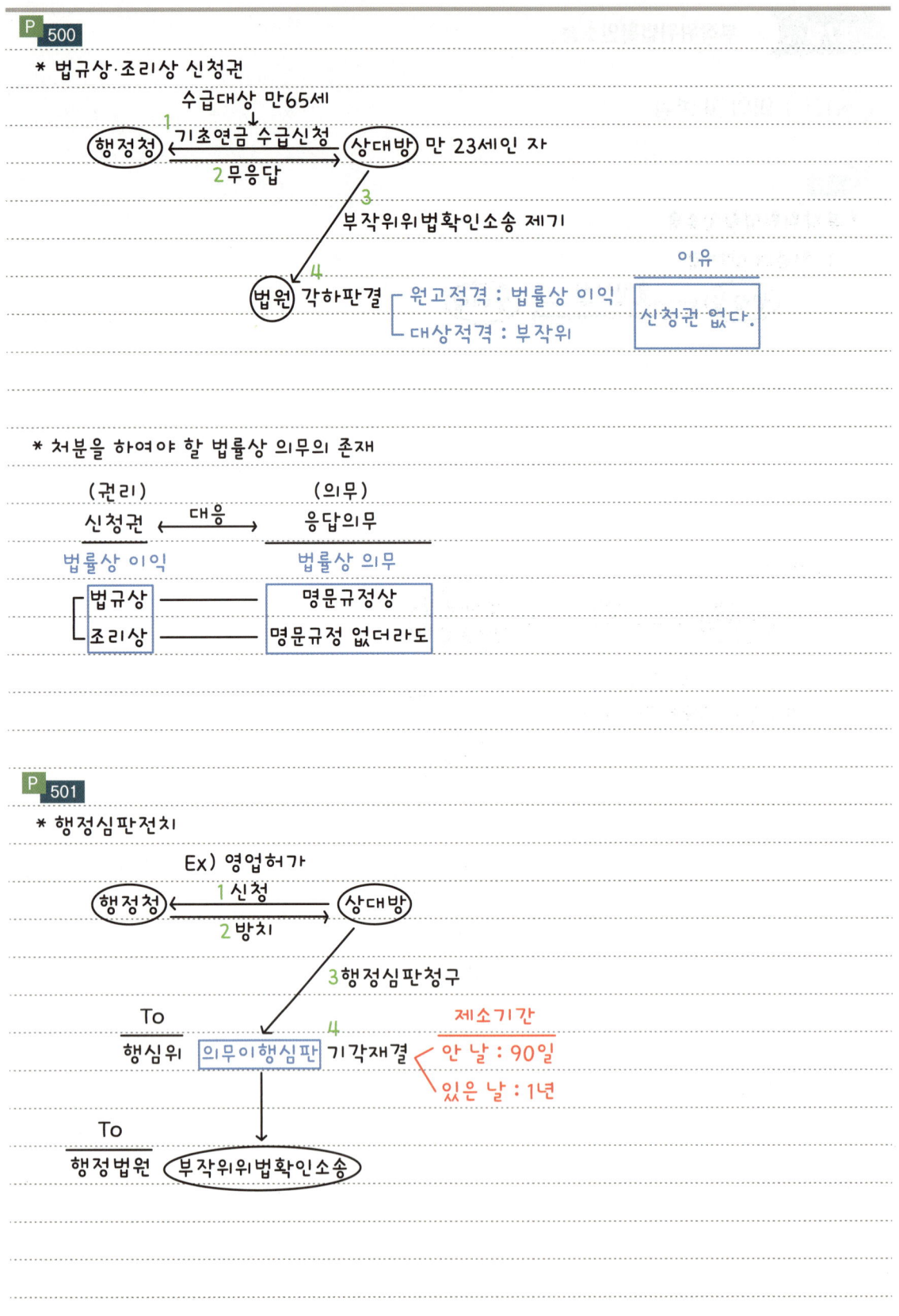

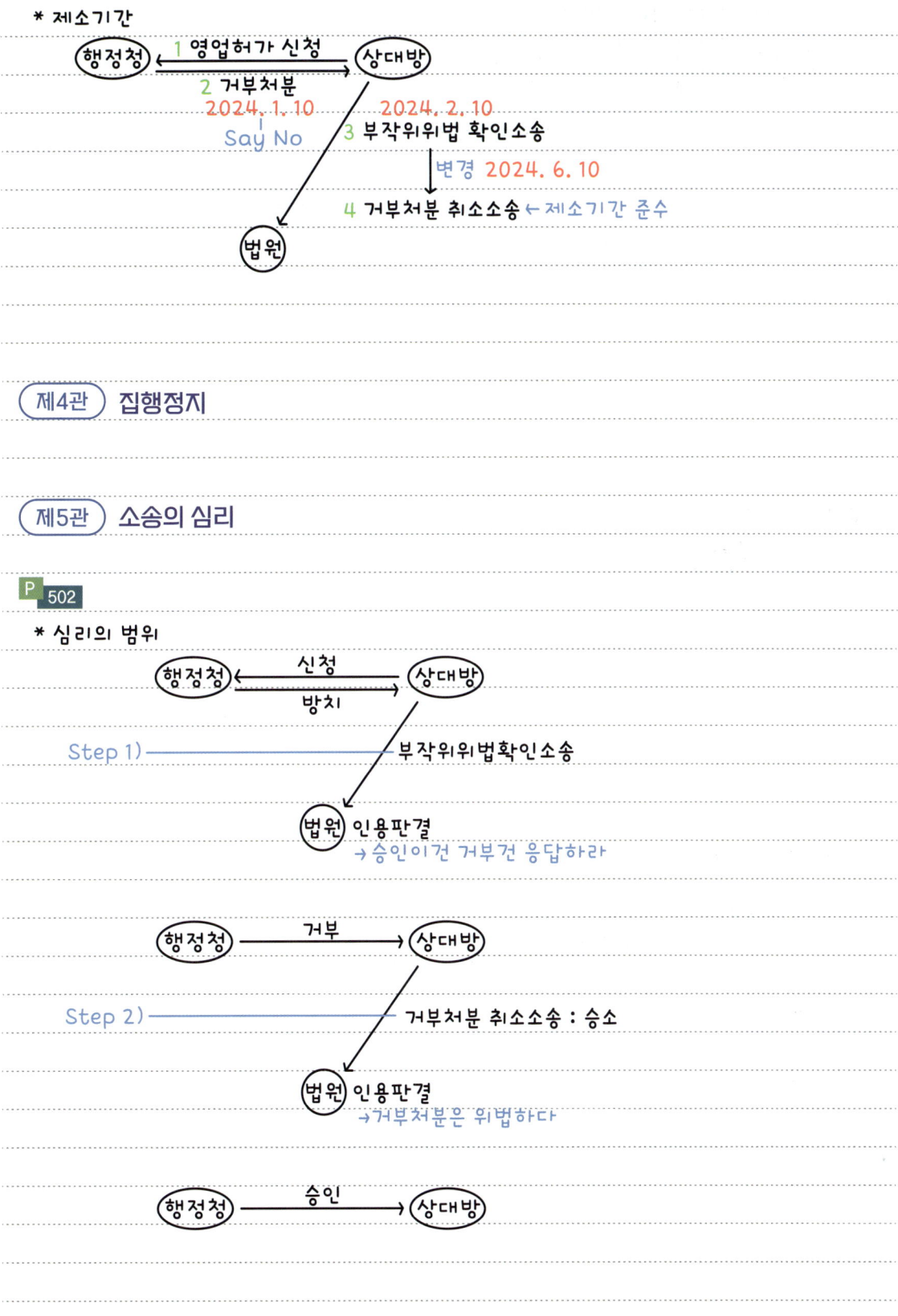

\* 부작위 위법확인소송 심리의 범위

```
(행정청) ←―영업허가 신청――  (상대방)
         ――무응답――→
                              │
                              │ 부작위위법확인소송
                              ↓
                          (법원)  심리 ――――――――――→ 판결
                                 ┌─────────────────────────────┐
                                 │절차적 : 응답의무의 존부    응답하라│ 판례
                                 └─────────────────────────────┘
                                  실체적 : 응답의 내용까지도   허가하라
                                          영업 허가 대상인지
                                                OR
                                          영업 불허가 대상인지
```

\* 증명책임의 분배

| 주체 | 입증대상 |
|---|---|
| 원고 | ┌ 부작위 (신청, 신청권, 무응답) |
|     | └ 위법 |
| 피고 | 정당화 사유 (상당한 기간 필요) |

\* 위법판단의 기준시

```
        ↑         ↑         ↑    ┌ 변론종결시
       처분시    소제기시    사실심  └ 판결선고시

 (취)    ▼
 (무)    ▼
 (부)    ―                    ▼
```

## 제6관 판결

**P 504**

* 간접강제

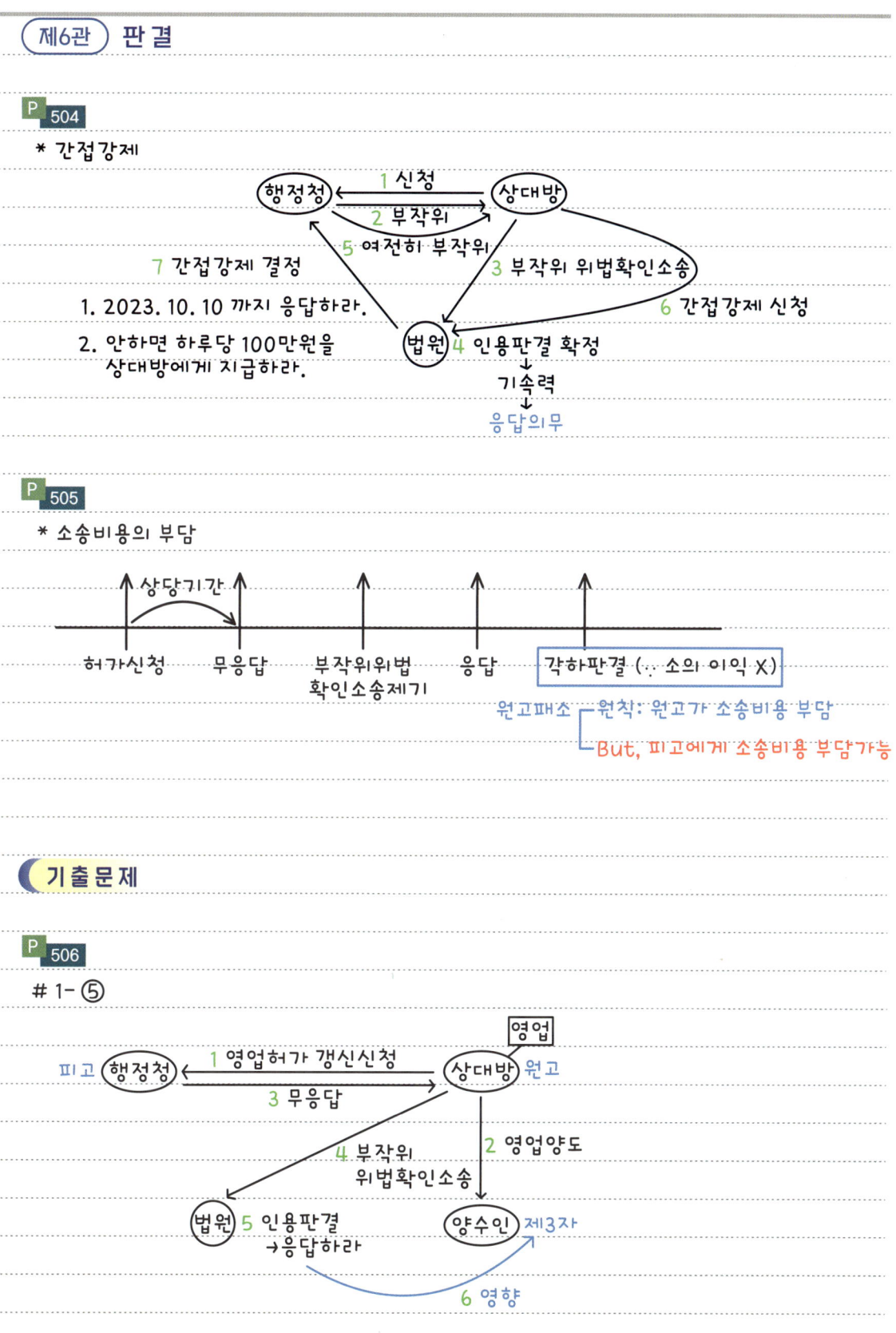

**P 505**

* 소송비용의 부담

## 기출문제

**P 506**

# 1- ⑤

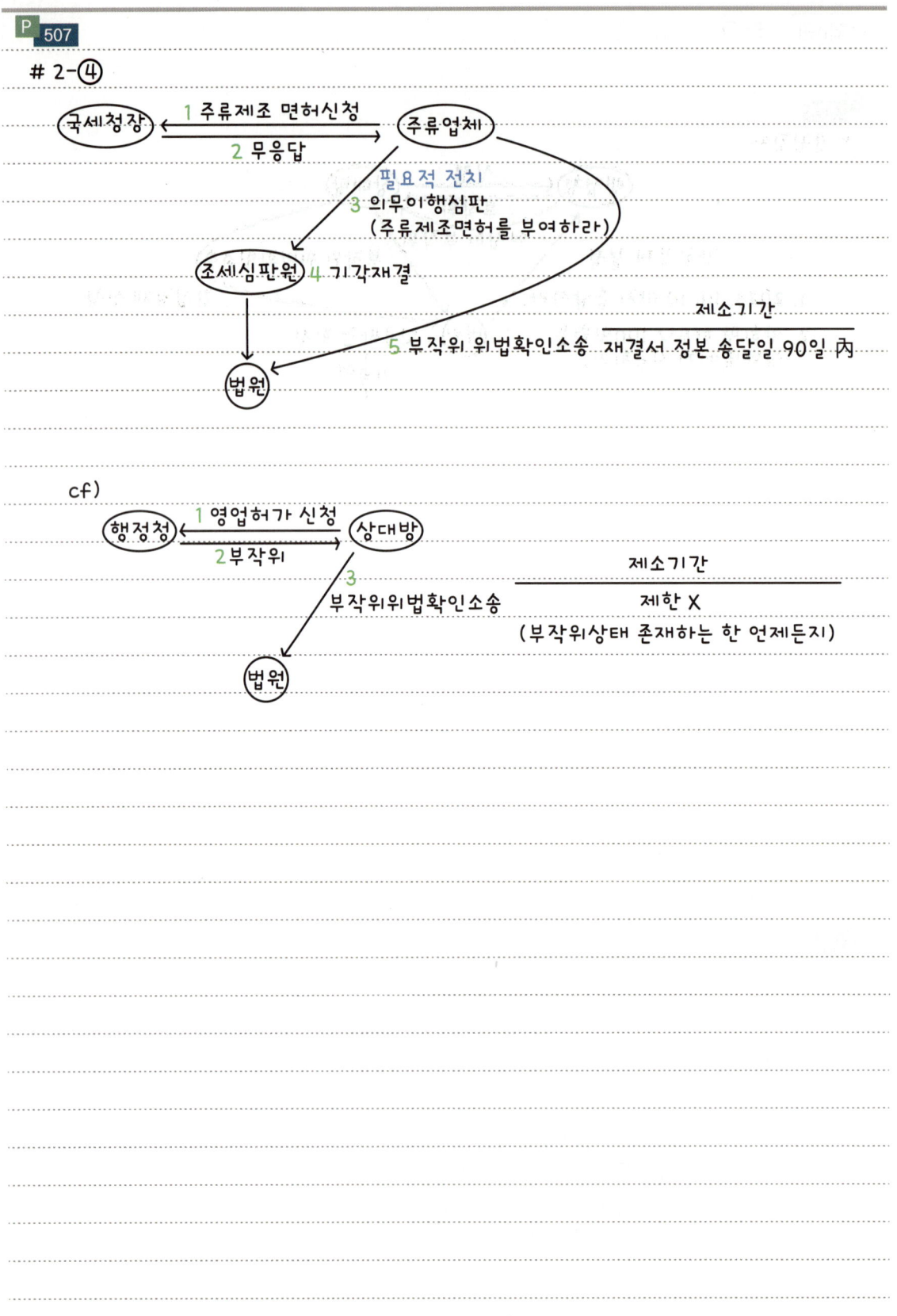

P.509

# 4-③

(행정청) —1 영업허가 신청→ (상대방)
  ←2 무응답—
  4 거부↓     3 부작위위법확인소송
           Say Anything
(법원) 5 각하판결 ∵소의 이익 X


# 4-④
비교)

(국가보훈처장) ←1 독립유공자지정 신청— (독립유공자 후손)
           —2 응답 X→
                    3
                    부작위위법확인소송 可
                    ↓
                  (법원)

2026
세무사
행정소송법
필기노트

제12판

CHAPTER 03

# 당사자소송

## 제1관 의의

P 528

사실상 분쟁 ⇅ 법률상 분쟁 ─ 사법관계 → 민사소송
　　　　　　　　　　　　 └ 공법관계 → 행정소송
　　　　　　　　　　　　　　　├ 처분(℧) → 항고소송
　　　　　　　　　　　　　　　└ 그 외 공법상 법률관계 (O→O) → 당사자소송

공법관계
　당사자소송
　처분
　　항고소송

* 소송물
　법원의 심판 대상


## 제2관 실질적 당사자소송

P 530

* 실질적 당사자소송

1. 무효인 과세처분 ──납부──→ 부당 국가의 이득
　　　↓　　　　　　　　　　　↓
　무효확인소송　　　OR　　부당이득반환청구소송
　(행정소송/확인소송)　　　(민사소송/이행소송)

2. 무효인 과세처분 ──납부 X──→ 국가의 이득 X
　　　↓　　　　　　　　　　　↓
　무효확인소송　　　OR　　조세채무부존재확인소송
　(행정소송)　　　　　　　(당사자소송)

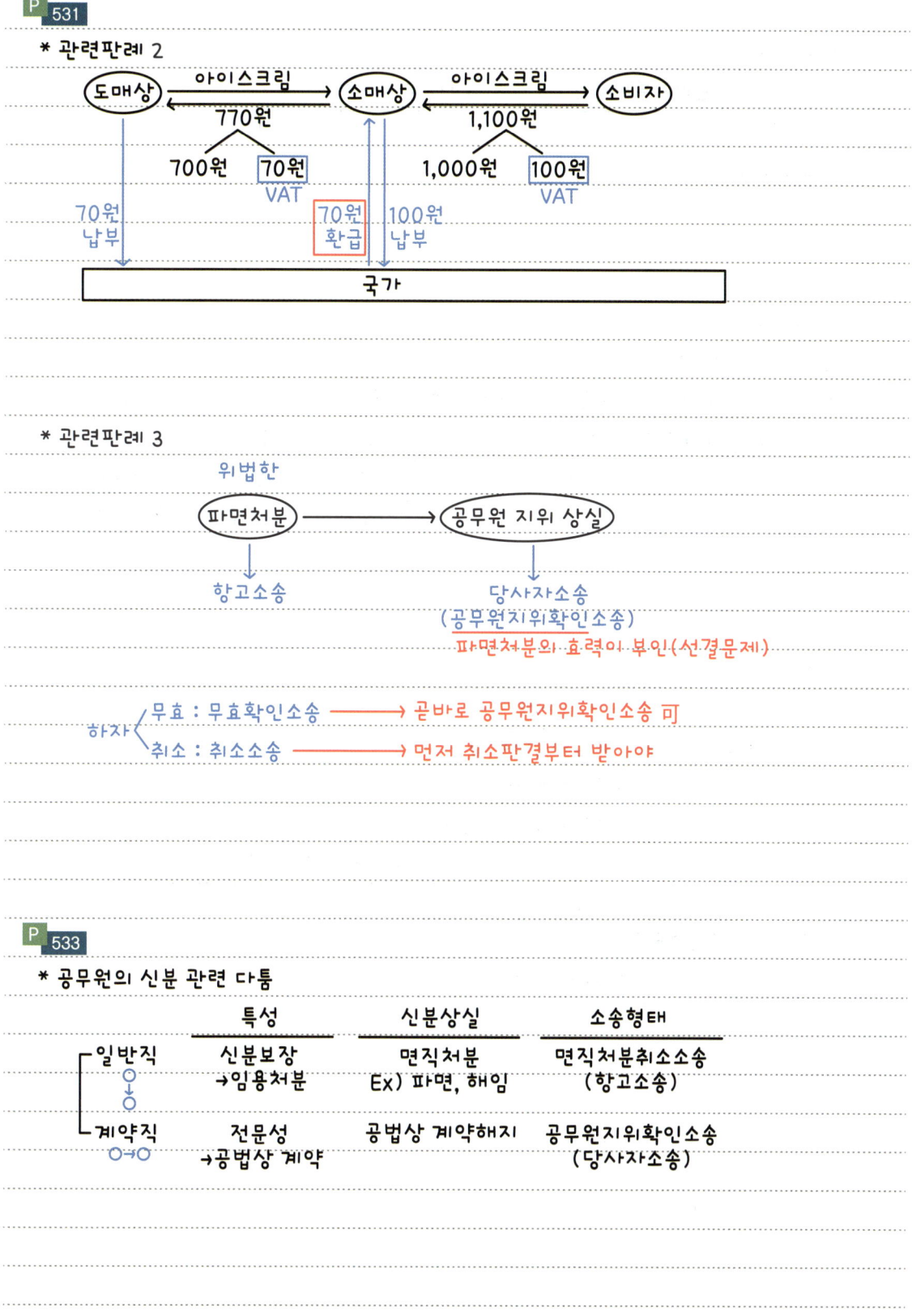

P 534

* 관련판례 2

|  | 관리처분계획안 | 인가 → | 관리처분계획 |
|---|---|---|---|
| 처분성 | X |  | O |
| 소송형태 | 당사자소송 |  | 항고소송 |

* 손실보상청구소송
  - 원칙 : 사법관계 → 민사소송
  - 예외 : 공법관계 → 당사자소송 ┬ 하천법상 손실보상청구
    Ex) 사회보장적 성격        │                              To.
                              │      ┌ 농업손실 보상청구        소작농
                              └ 토지보상법상 ┼ 주거이전비 보상청구   세입자
                                            └ 사업폐지손실 보상청구  영세상인

P 536

* 금전지급청구소송

  ┌ 사법관계 → 민사소송   Ex) ┬ 부당이득반환청구
  │                            ├ 국가배상청구
  │                            └ 손실보상청구(원칙)
  │
  │                                    금전지급청구권의 발생
  │                         ┌ 취소소송    행정청의 지급결정이 있어야 비로소 발생
  └ 공법관계 → 행정소송 ┤                              (처분)
                            └ 당사자소송   법령에서 직접 발생
                                          (그 밖의 공법상 법률관계)

### P 537

* 관련판례 1-가. (퇴직연금 → 공법관계)

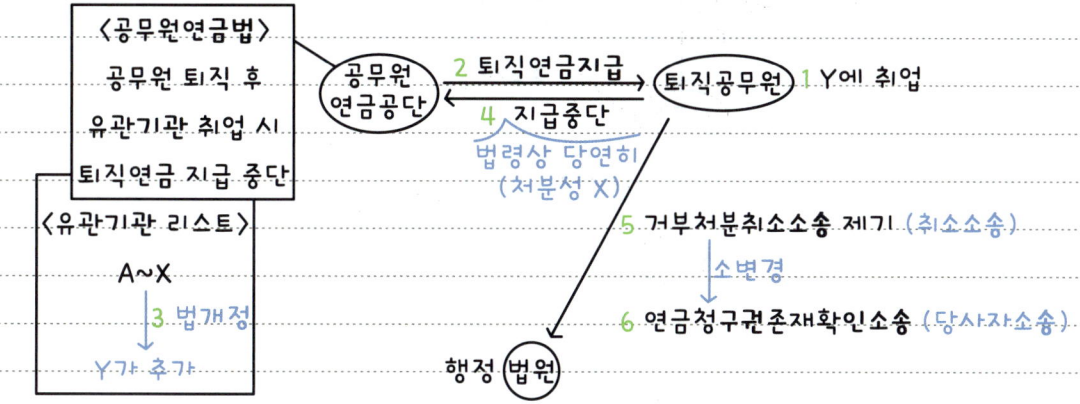

### P 538

* 민주화운동 관련보상

|  | 보상금 지급청구권 | 위원회의 결정 | 관련 소송 |
|---|---|---|---|
| 광주민주화운동 보상특별법 | 법령에서 직접 발생 | 절차적 요건 | 당사자소송 |
| 민주화운동 보상특별법 | 위원회의 결정에 의해 발생 | 처분 | 거부처분취소소송 |

## 제3관 형식적 당사자소송

### P 540

* 형식적 당사자소송

| 형식 | 실질 |
|---|---|
| O→O | O↓O |
| 대등한 당사자관계 | 처분에 불복 |

겉으로는 당사자소송이지만, 실질은 처분을 다툼

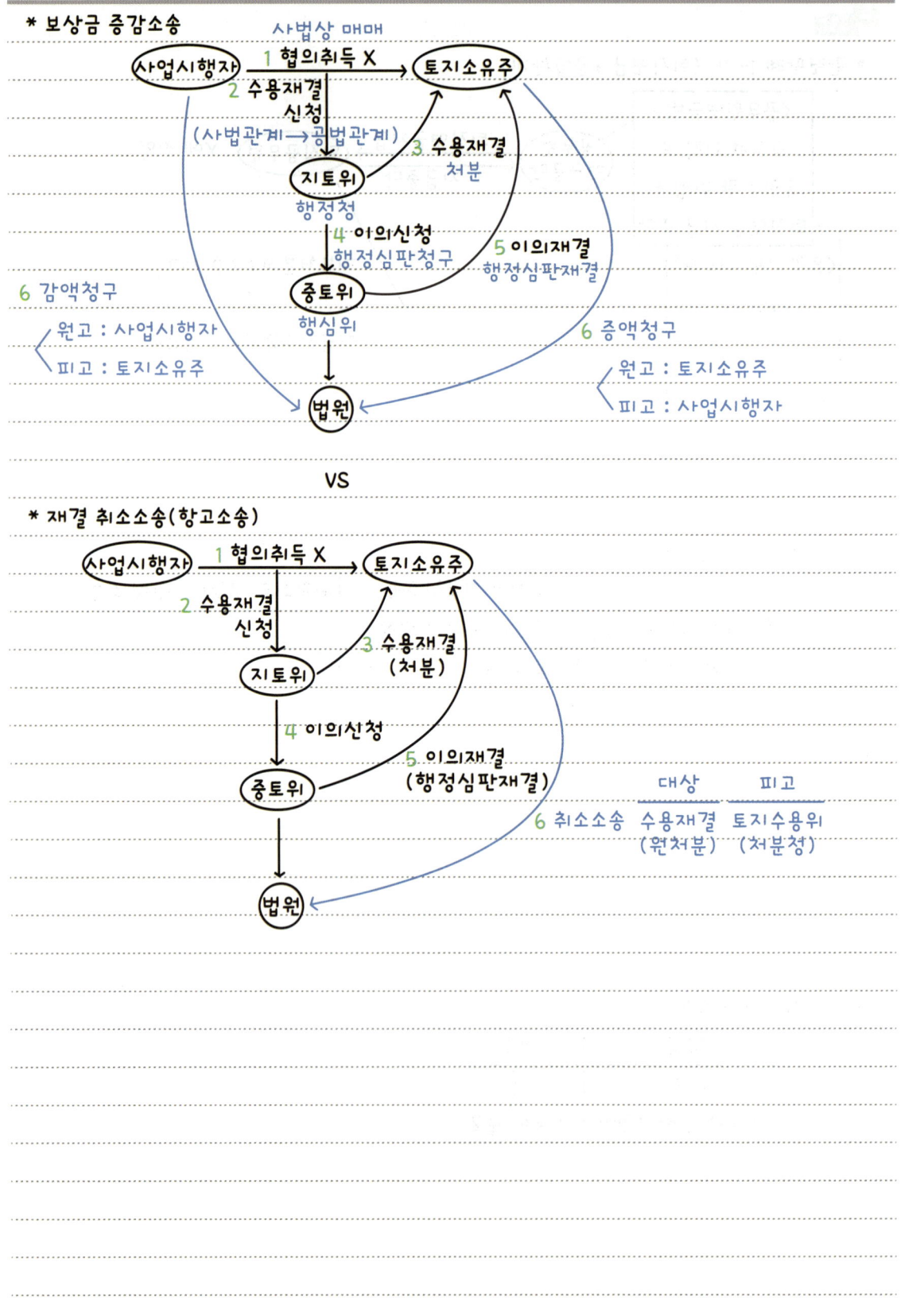

## 제4관 당사자소송의 소송요건 등

**P 541**

* 협의의 소의 이익

```
         ↑              ↑              ↑                ↑
   공법상 계약체결   공법상 계약해지   공무원지위확인소송제기   계약기간 만료
                                                    → 각하판결
                                                    (∵소의 이익 흠결)
```

**P 542**

* 피고적격

|  | 항고소송 | 당사자소송 |
|---|---|---|
| 행정주체 |  | O (권리·의무의 주체) |
| 행정청(서울시장) | O (처분의 명의자) |  |

* 재판관할

   Ex) 부가가치세 환급청구 → 당사자소송
       국세              피고는 국가
       관할법원은 관계행정청 소재지 법원

* 행정심판전치

   보상금 증감소송 → 중토위에 이의신청 가능

## 제5관 가구제

| | | 근거 | 항고소송 | 당사자소송 |
|---|---|---|---|---|
| 가구제 | 집행정지 | 행정소송법 | O | X |
|  | 가처분 | 민사집행법 | X | O |

## 제6관 심리

## 제7관 당사자소송의 판결 등

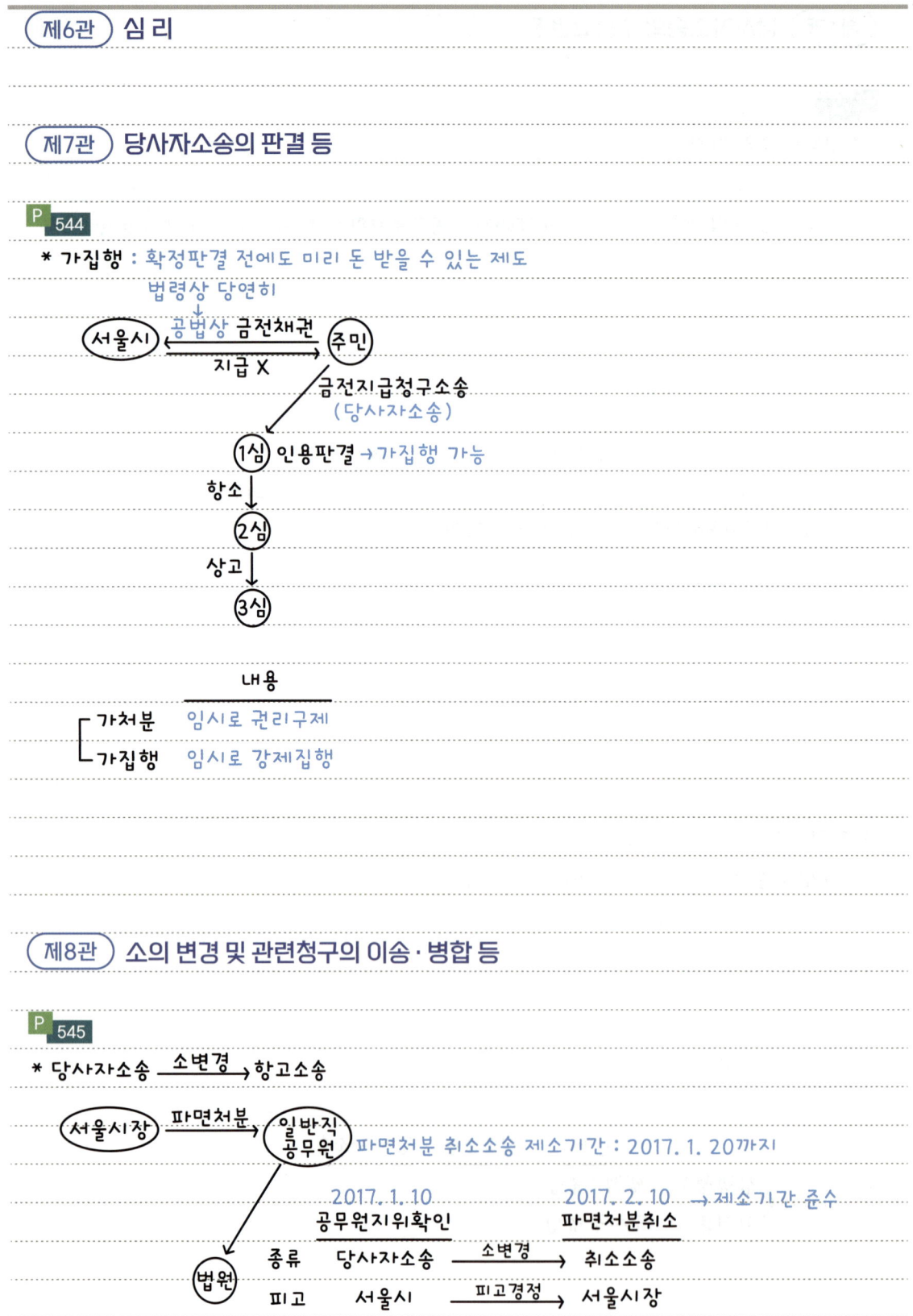

\* 관련청구의 이송·병합

```
   국방부 ―1 공법상 계약해지→ 군납업자 ―2 손해발생
                                    │
                         3 계약해지무효확인소송
                           (당사자소송)
                              ↓         ↑
              행정 법원 ←6 병합―    4 국가배상청구소송
                     ↑                 (민사소송)
                  5 이송
              민사 법원
```

## 기출문제

**P 550**

# 5-①

\* 판결의 종류

|  | 항고소송 | 당사자소송 |
|---|---|---|
| ─ 이행소송 | ~~의무이행소송~~ | O (금전지급청구소송) |
| ─ 확인소송 | 무 부 | O (공무원지위확인소송) |
| ─ 형성소송 | 취 | O (공법상 계약취소소송) |

**P 551**

# 6-ㄷ

```
법령상 당연히 결정     ┌ 퇴직연금 ← 공무원
       ↓            ├ 퇴역연금 ← 군인
    당사자소송         └ 명예퇴직수당 ← 법관
```

📄 555

# 9-②

Ex) 사회기반시설공사 계약

```
┌─────────────────┐   협상   ┌─────────────────┐
│  협상대상자 지정  │ ──────→ │  공사계약체결    │
└─────────────────┘          └─────────────────┘
       처분                       사법상 계약
```

처분성 O → 항고소송 대상


# 9-③

|  |  | 소송형태 |
|---|---|---|
| 일반직 | 신분상실 : 파면 OR 해임 처분 | 항고소송 |
| | 징계 : 징계처분 | 항고소송 |
| 계약직 | 신분상실 : 공법상 계약해지 | 당사자소송 |
| | 징계 : 징계처분 | 항고소송 |


📄 560

# 14 - ㄷ

- 공공조합 - 조합원 : 공법관계 → 당사자소송
- 공공조합 - 임직원 : 사법관계 → 민사소송
- 농지개량조합 - 직원 : 공법상 특별권력관계 → 항고소송

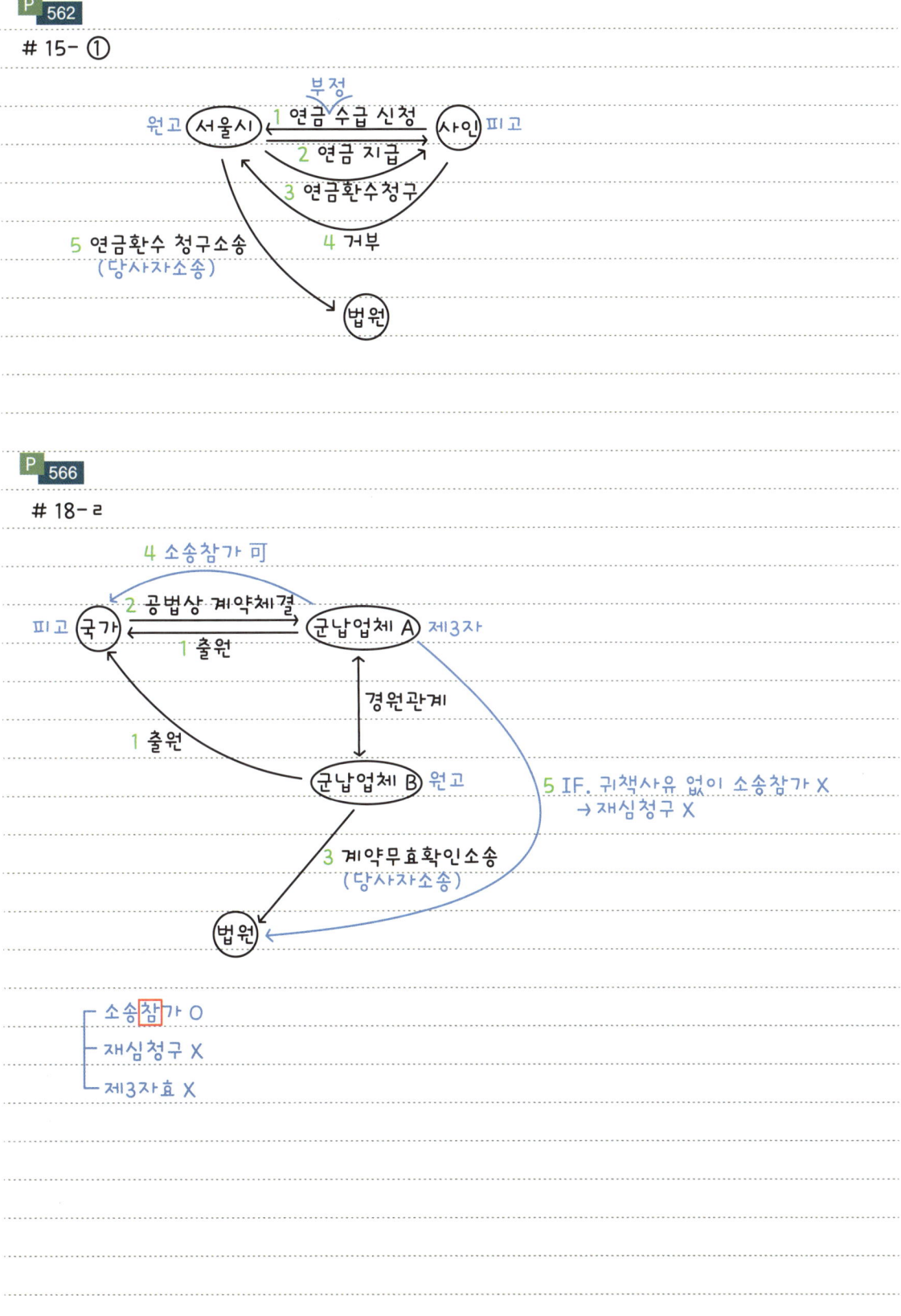

2026
세무사
행정소송법
필기노트

제12판

CHAPTER 04

# 객관적소송

## 제1관  의의

P 590

* 행정소송의 유형

```
            ┌ 항고소송
   ┌ 주관소송 ┤
   │ 권리구제 └ 당사자소송
───┤
   │         ┌ 민중소송 ┬ 선거관련 : 선거(당선)소송, 국민투표소송, 주민투표소송
   └ 객관소송 ┤  Public  └ 지방자치관련 : 주민소송
      법질서유지└ 기관소송 : 기관 상호간 다툼, 헌재의 권한쟁의심판대상 제외
```

관할법원
대부분 대법원
대법원(단심제)

| 지방의회 | VS | 단체장 |
| 교육위원회 |  | 교육감 |
| 감독청 |  | 단체장 |
   피고        원고


## 제2관  종류

### 기출문제

P 597

# 2-ㄱ

|  | 대상 | 원고 |
|---|---|---|
| 선거소송 | 선거자체의 효력 | 선거인 |
| 당선소송 | 당선의 효력 | 입후보자, 소속정당 |

# CHAPTER 05

# 행정소송법 조문특강

# 부록1 행정소송법 조문특강

## ■ 제1장 총칙

**제1조(목적)** 이 법은 행정소송절차를 통하여 행정청의 위법한 처분 그 밖에 공권력의 행사·불행사등으로 인한 국민의 권리 또는 이익의 침해를 구제하고, 공법상의 권리관계 또는 법적용에 관한 다툼을 적정하게 해결함을 목적으로 한다.

- 작위 / 부작위
- → 항고소송
- → 당사자소송
- → 객관소송

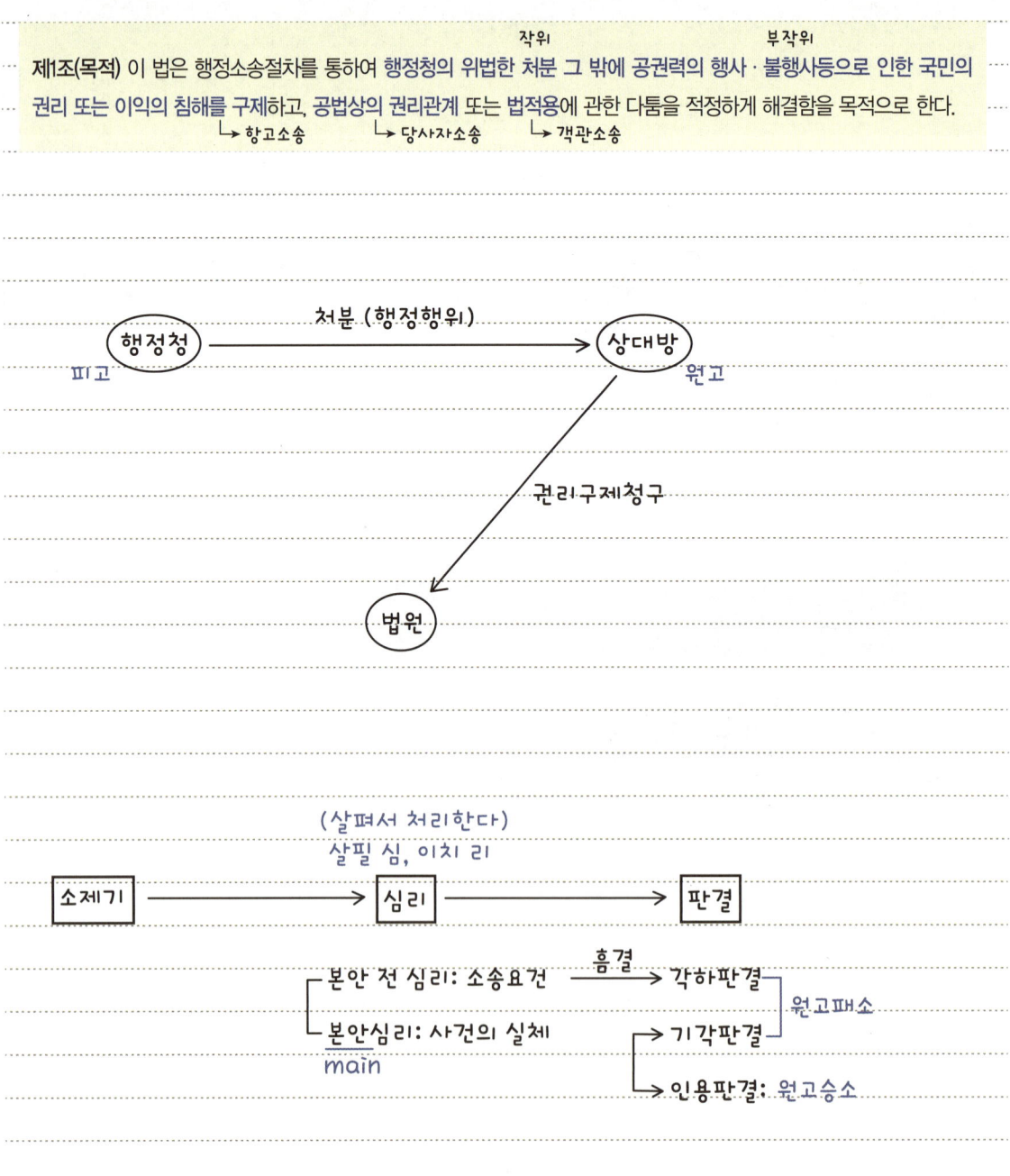

**제2조(정의)** ① 이 법에서 사용하는 용어의 정의는 다음과 같다.
　　　　　　↳ 직접성
1. "처분등"이라 함은 행정청이 행하는 구체적 사실에 관한 법집행으로서의 공권력의 행사 또는 그 거부와 그 밖에 이에 준하는 행정작용(이하 "處分"이라 한다) 및 행정심판에 대한 재결을 말한다.
　　　　　　　　　　　↳ 등
2. "부작위"라 함은 행정청이 당사자의 신청에 대하여 상당한 기간내에 일정한 처분을 하여야 할 법률상 의무가 있음에도 불구하고 이를 하지 아니하는 것을 말한다.
② 이 법을 적용함에 있어서 행정청에는 법령에 의하여 행정권한의 위임 또는 위탁을 받은 행정기관, 공공단체 및 그 기관 또는 사인이 포함된다.　　　　　　　　　　　　　　　　↳ 수임청
　　↳ 공무수탁사인  Ex) 비행기 기장, 선박 선장

§2 — ① — 2
　조　　항　　호

─ 처분: 국민의 권리·의무 (직접) 영향    Ex) 병역처분, 과세처분
　↓
└ 등: 행정심판재결

〈일반적 법규〉　　　　　　　　　〈처분적 법규〉

(법규)  Ex) "학생수 10인 미만　　　(법규)  Ex) "두밀분교는 폐교한다"는 조례
　│　　　분교는 폐교한다" 조례　　　│　　　← 처분성
　↓　　　　　　　　　　　　　　　　↓
(집행행위) 폐교행위 ← 처분성
　│
　↓
(법률효과) 폐교효과　　　　　　　(법률효과) 폐교효과

공무수탁사인   Ex) 비행기 기장, 선박 선장

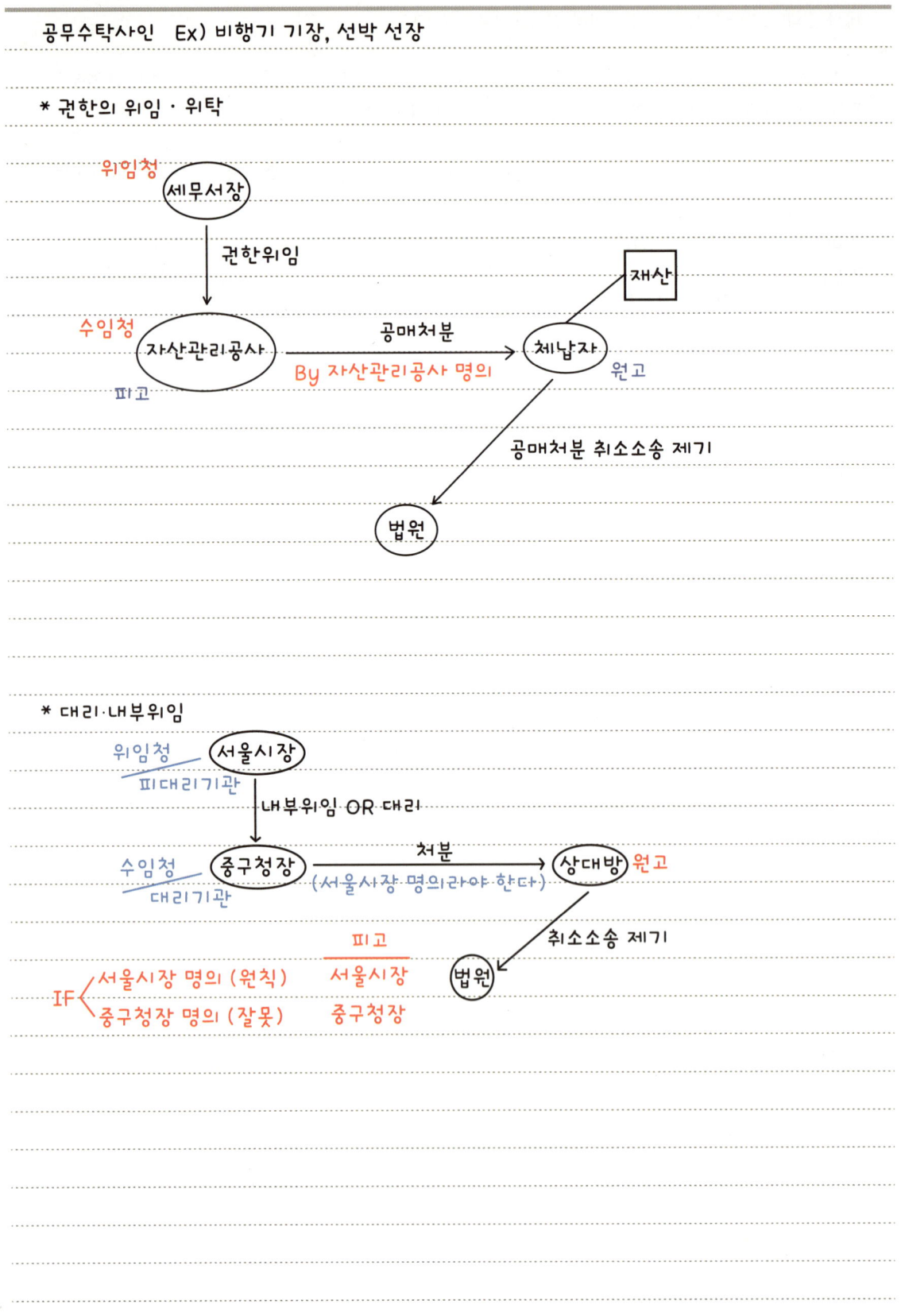

**제3조(행정소송의 종류)** 행정소송은 다음의 네가지로 구분한다. 〈개정 1988.8.5.〉

주관소송
1. **항**고소송 : 행정청의 처분등이나 부작위에 대하여 제기하는 소송
   └→ 처분자체는 아니다                                    ┌→ Ex) 공법상 계약 ○→○
2. **당**사자소송 : 행정청의 처분등을 원인으로 하는 법률관계에 관한 소송 그 밖에 공법상의 법률관계에 관한 소송으로서 그 법률관계의 한쪽 당사자를 피고로 하는 소송  ○→○

객관소송                                                    ┌→ 당사자 권리구제와 무관
3. **민**중소송 : 국가 또는 공공단체의 기관이 법률에 위반되는 행위를 한 때에 직접 자기의 법률상 이익과 관계없이 그 시정을 구하기 위하여 제기하는 소송
4. **기**관소송 : 국가 또는 공공단체의 기관상호간에 있어서의 권한의 존부 또는 그 행사에 관한 다툼이 있을 때에 이에 대하여 제기하는 소송. 다만, 헌법재판소법 제2조의 규정에 의하여 헌법재판소의 관장사항으로 되는 소송은 제외한다.
                                                        └→ 권한쟁의 심판

* 행정소송의 유형

```
                                    대상      하자정도
                                           ┌ 무효 → 무효확인소송
                              ┌ 처분 등 ─┤
                              │            └ 취소 → 취소소송
               ┌ 항고소송 ───┤
               │   ○          └ 부작위 ──────→ 부작위위법확인소송
               │   ↓           껍데기           ┌ 형식 : 대등 (○→○)
   주관소송 ──┤              ┌ 형식적 ──────┤
   당사자의 권리구제          │   알맹이         └ 실질 : 우월한 공권력행사  (○↓○)
               └ 당사자소송 ─┤
                   ○→○      └ 실질적

                              ┌ 선거관련 : 선거소송, 당선소송, 국민투표소송, 주민투표소송
               ┌ 민중소송 ───┤
               │ public (공익) └ 지자체관련 : 주민소송
   객관소송 ──┤
   법질서유지  │
               └ 기관소송 : 기관 상호간 다툼, 헌재의 권한쟁의 심판대상은 제외
                              ┌ 지방의회 vs 단체장
                              ├ 감독청 vs 단체장
                              └ 교육위원회 vs 교육감
```

**제4조(항고소송)** 항고소송은 다음과 같이 구분한다.
　　　　　　　　　　　　　전부취소　일부취소
1. **취**소소송 : 행정청의 위법한 처분등을 **취소** 또는 **변경**하는 소송
2. **무**효등 확인소송 : 행정청의 처분등의 **효력 유무** 또는 **존재여부**를 확인하는 소송
3. **부**작위위법확인소송 : 행정청의 부작위가 위법하다는 것을 확인하는 소송

---

\* 항고소송

　　　　　　　　　　　　　성질
　┌─ 취소소송　　　　　형성소송　　(일단유효) ──판결──> (효력상실)
　│　　　　　　　　　　　make　　　　　　　　　　make
　│
　├─ 무효등 확인소송　　┌─────┐　　(효력 X) ──판결──> (효력 X)
　│　　　　　　　　　　│ 확인소송 │
　└─ 부작위 위법확인소송 └─────┘　(위법한 부작위) ──판결──> (위법한 부작위)

넘버쓰리
　　　　하자
┌ 한석규　취소사유
├ 박상면　무효사유
└ 송강호

---

　　　　　　　　　　　　　　　　　　　　　　　　　　　　　추후보완
**제5조(국외에서의 기간)** 이 법에 의한 기간의 계산에 있어서 국외에서의 소송행위**추완**에 있어서는 그 기간을 14일에서 30일로, 제3자에 의한 재심청구에 있어서는 그 기간을 30일에서 60일로, 소의 제기에 있어서는 그 기간을 60일에서 90일로 한다.

**제6조(명령·규칙의 위헌판결등 공고)** ① 행정소송에 대한 대법원판결에 의하여 명령·규칙이 헌법 또는 법률에 위반된다는 것이 확정된 경우에는 대법원은 지체없이 그 사유를 행정안전부장관에게 통보하여야 한다.

② 제1항의 규정에 의한 통보를 받은 행정안전부장관은 지체없이 이를 관보에 게재하여야 한다.

- 법규명령 (제6조 제목 주석)
- 공고(공적으로 알리다) (제2항 주석)

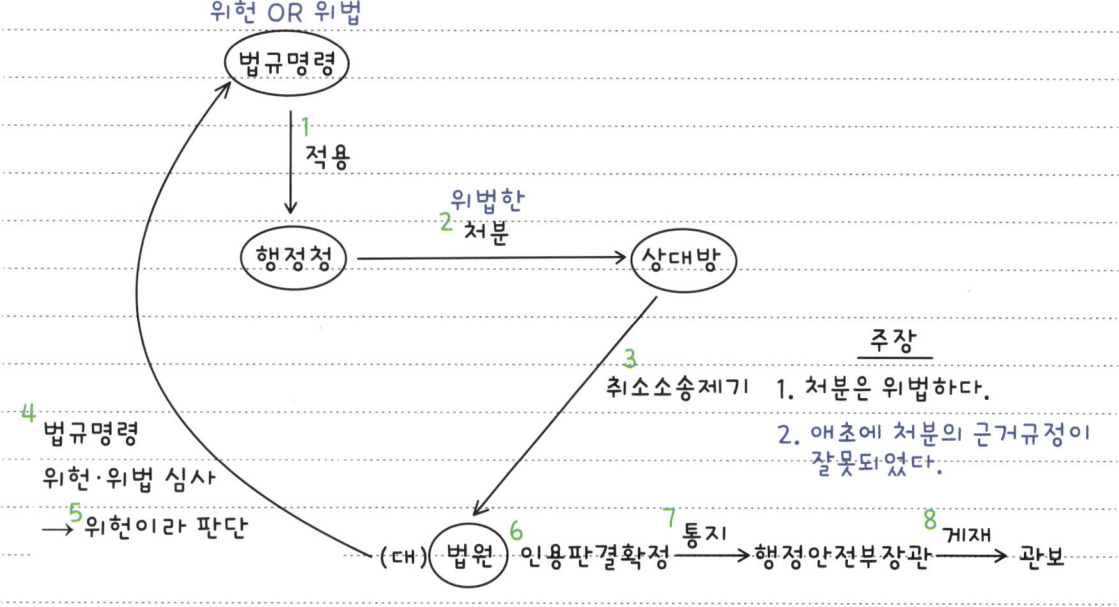

* 구체적 규범통제: 구체적 사건이 발생한 경우에 법원이 규범통제

**제7조(사건의 이송)** 민사소송법 제34조제1항의 규정은 원고의 고의 또는 중대한 과실없이 행정소송이 심급을 달리하는 법원에 잘못 제기된 경우에도 적용한다.

- To. 관할권이 있는 법원

특허사건 (2심제): 특허법원 → 대법원
　　　　　　　　(고등법원)

**제8조(법적용예)** ① 행정소송에 대하여는 다른 법률에 특별한 규정이 있는 경우를 제외하고는 이 법이 정하는 바에 의한다.
② 행정소송에 관하여 이 법에 특별한 규정이 없는 사항에 대하여는 법원조직법과 민사소송법 및 민사집행법의 규정을 준용한다.
　빌려쓴다

## 제2장 취소소송

### 제1절 | 재판관할　어느 법원이 재판을 관장하는가

**제9조(재판관할)** ① 취소소송의 제1심관할법원은 피고의 소재지를 관할하는 행정법원으로 한다.
② 제1항에도 불구하고 다음 각 호의 어느 하나에 해당하는 피고에 대하여 취소소송을 제기하는 경우에는 대법원소재지를 관할하는 행정법원에 제기할 수 있다.
1. 중앙행정기관, 중앙행정기관의 부속기관과 합의제행정기관 또는 그 장
2. 국가의 사무를 위임 또는 위탁받은 공공단체 또는 그 장
　　Ex)
　　행정각부장관
　　각종 공기업 (한전: 나주, 국민연금: 전주…)
③ 토지의 수용 기타 부동산 또는 특정의 장소에 관계되는 처분등에 대한 취소소송은 그 부동산 또는 장소의 소재지를 관할하는 행정법원에 이를 제기할 수 있다.

* 토지관할: 어느 지역 법원이 재판을 관할하는가

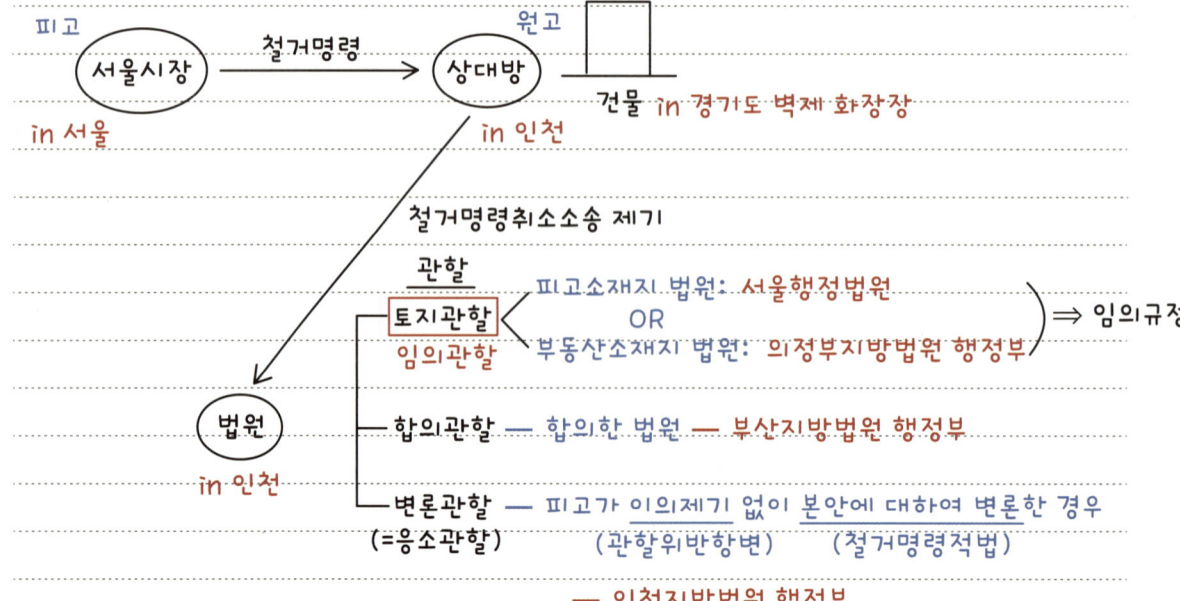

|  | 피고 | 소재지 | 관할 | 근거 |
|---|---|---|---|---|
| Ex) | 문화예술부장관 | 세종시 | 대전지방법원 행정부 | 피고 소재지 법원 (§9-①) |
|  |  |  |  | OR |
|  | └ 대법원 소재지 | | 서울행정법원 | 대법원 소재지 법원 (§9-②) |

**제10조(관련청구소송의 이송 및 병합)** ① 취소소송과 다음 각호의 1에 해당하는 소송(이하 "關聯請求訴訟"이라 한다)이 각각 다른 법원에 계속되고 있는 경우에 관련청구소송이 계속된 법원이 상당하다고 인정하는 때에는 당사자의 신청 또는 직권에 의하여 이를 취소소송이 계속된 법원으로 이송할 수 있다. (→ 종된 소송 / → 주된 소송)
1. 당해 처분등과 관련되는 손해배상·부당이득반환·원상회복등 청구소송
2. 당해 처분등과 관련되는 취소소송
   ⟩ 관련 청구소송

② 취소소송에는 사실심의 변론종결시까지 관련청구소송을 병합하거나 피고외의 자를 상대로 한 관련청구소송을 취소소송이 계속된 법원에 병합하여 제기할 수 있다.
  └→ 애초에 병합하여 제기가능

\* 관련청구소송의 이송 및 병합

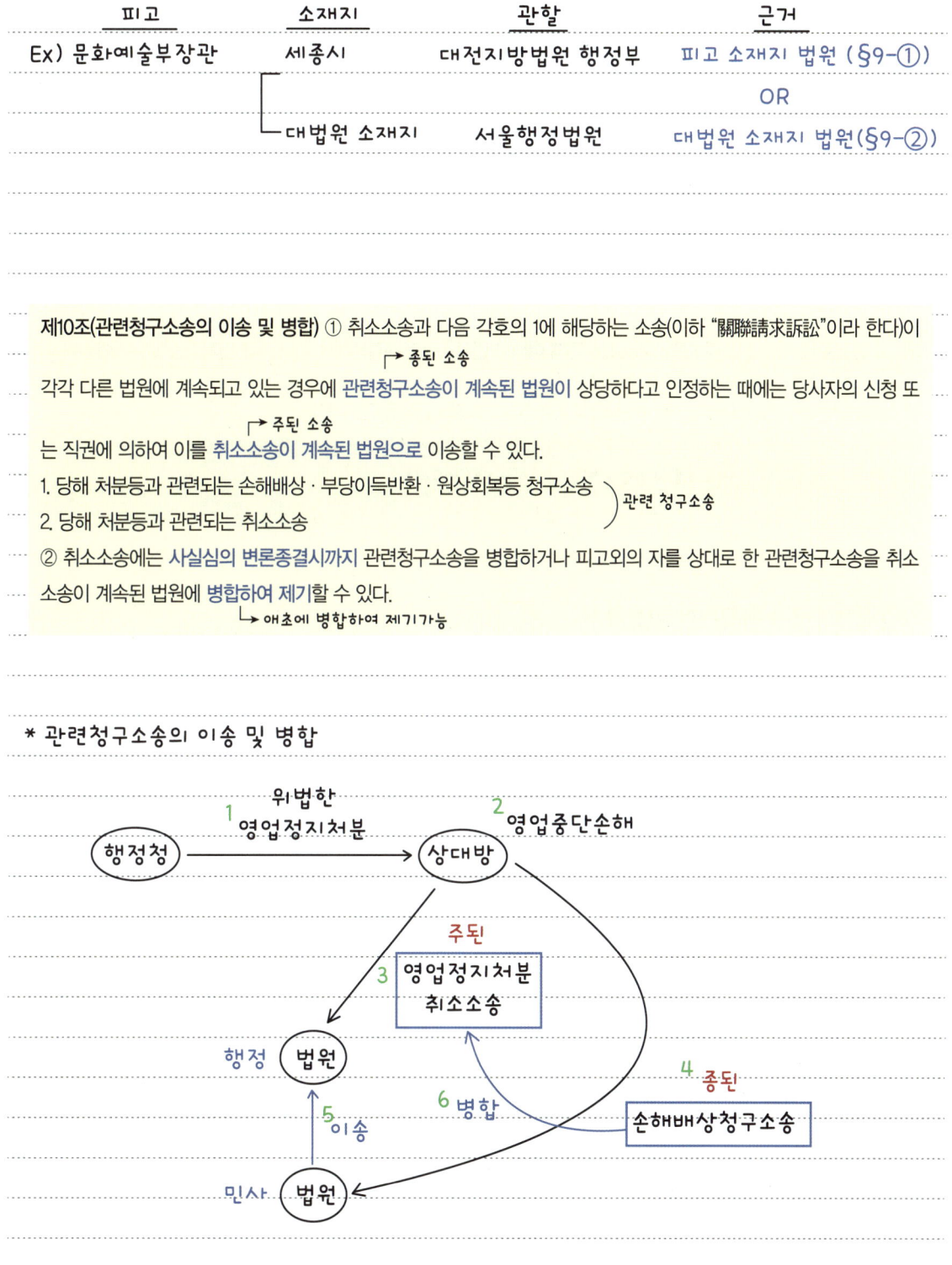

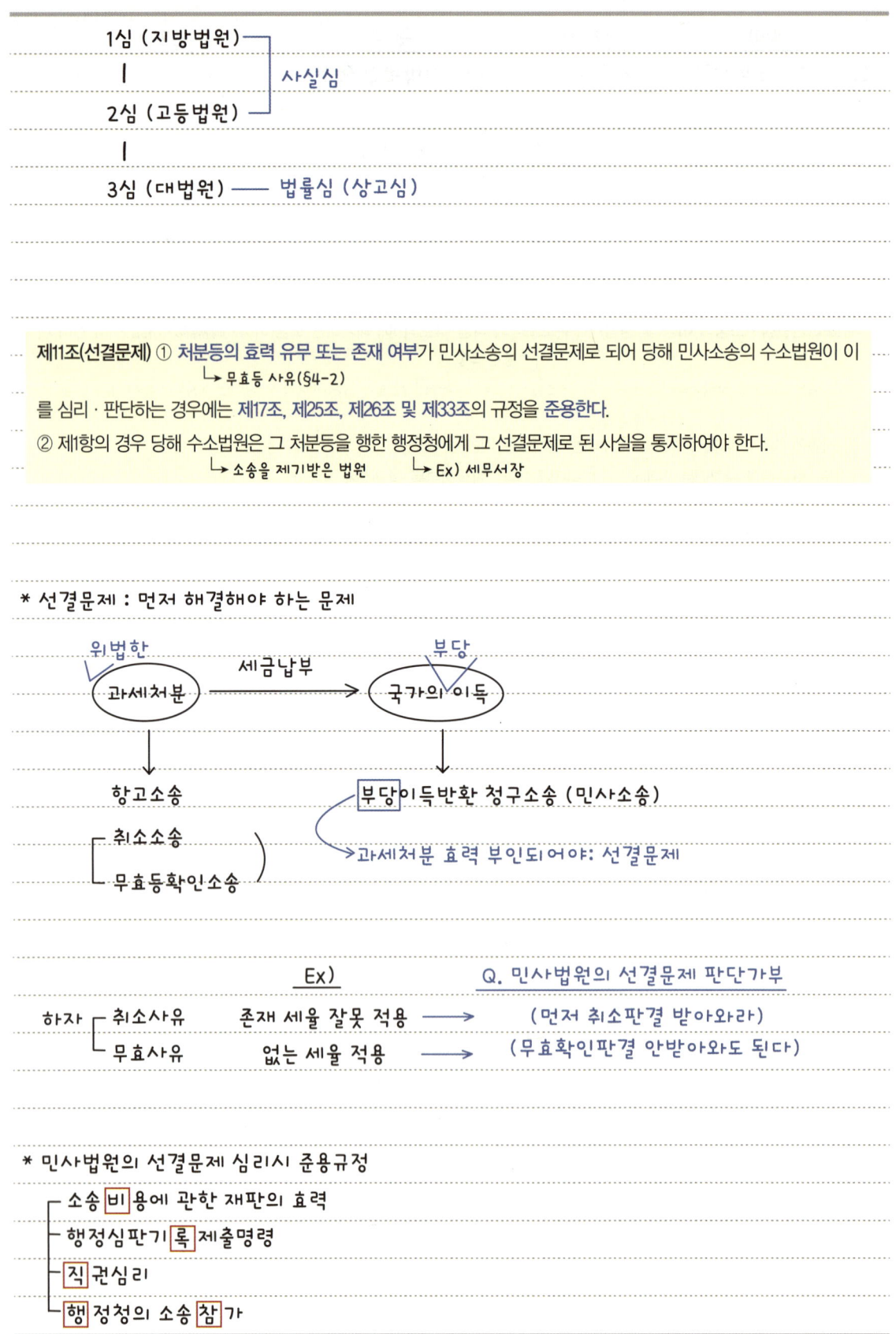

## 제2절 | 당사자

**제12조(원고적격)** 취소소송은 처분등의 취소를 구할 법률상 이익이 있는 자가 제기할 수 있다. 처분등의 효과가 기간의 경과, 처분등의 집행 그 밖의 사유로 인하여 소멸된 뒤에도 그 처분등의 취소로 인하여 회복되는 법률상 이익이 있는 자의 경우에는 또한 같다.

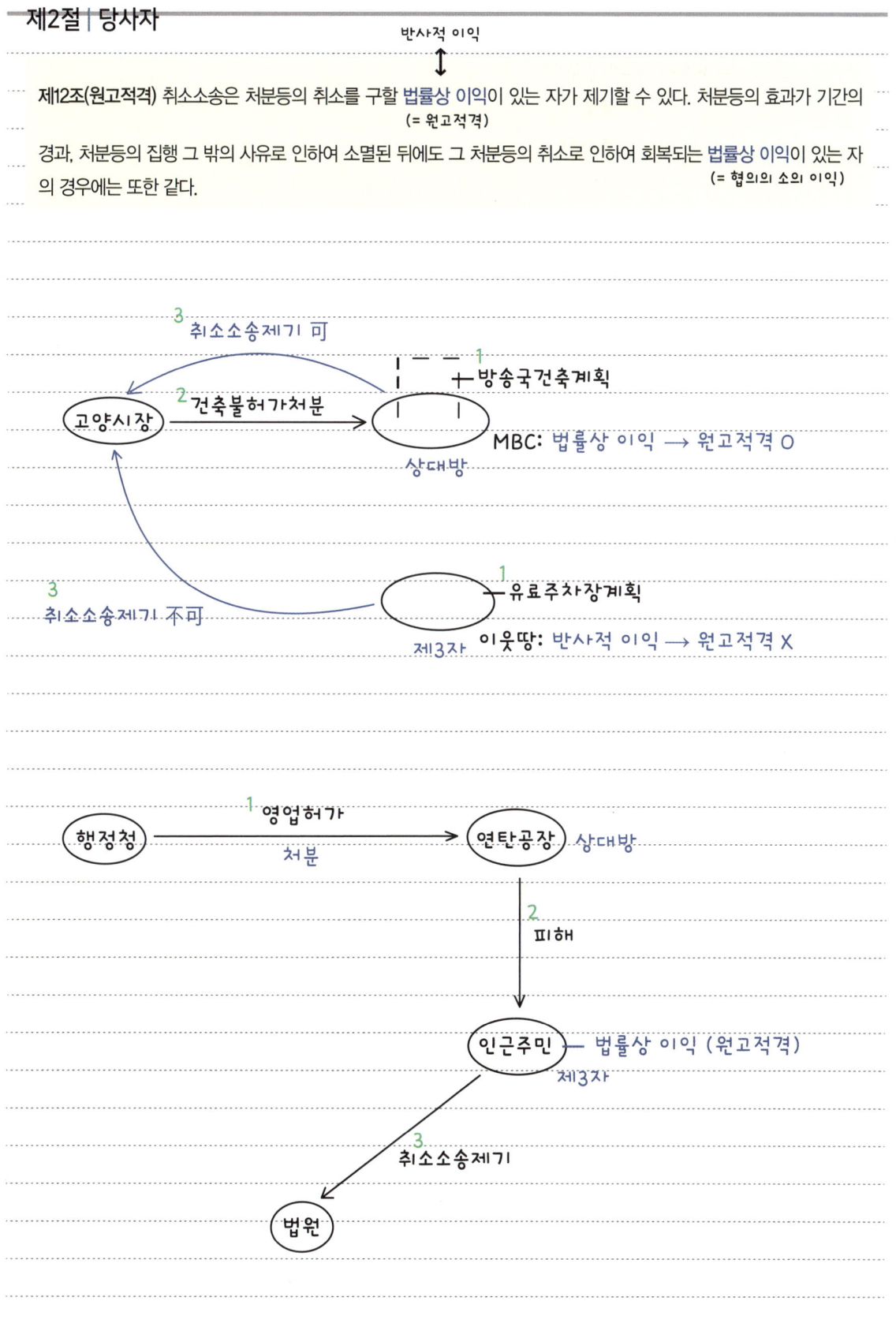

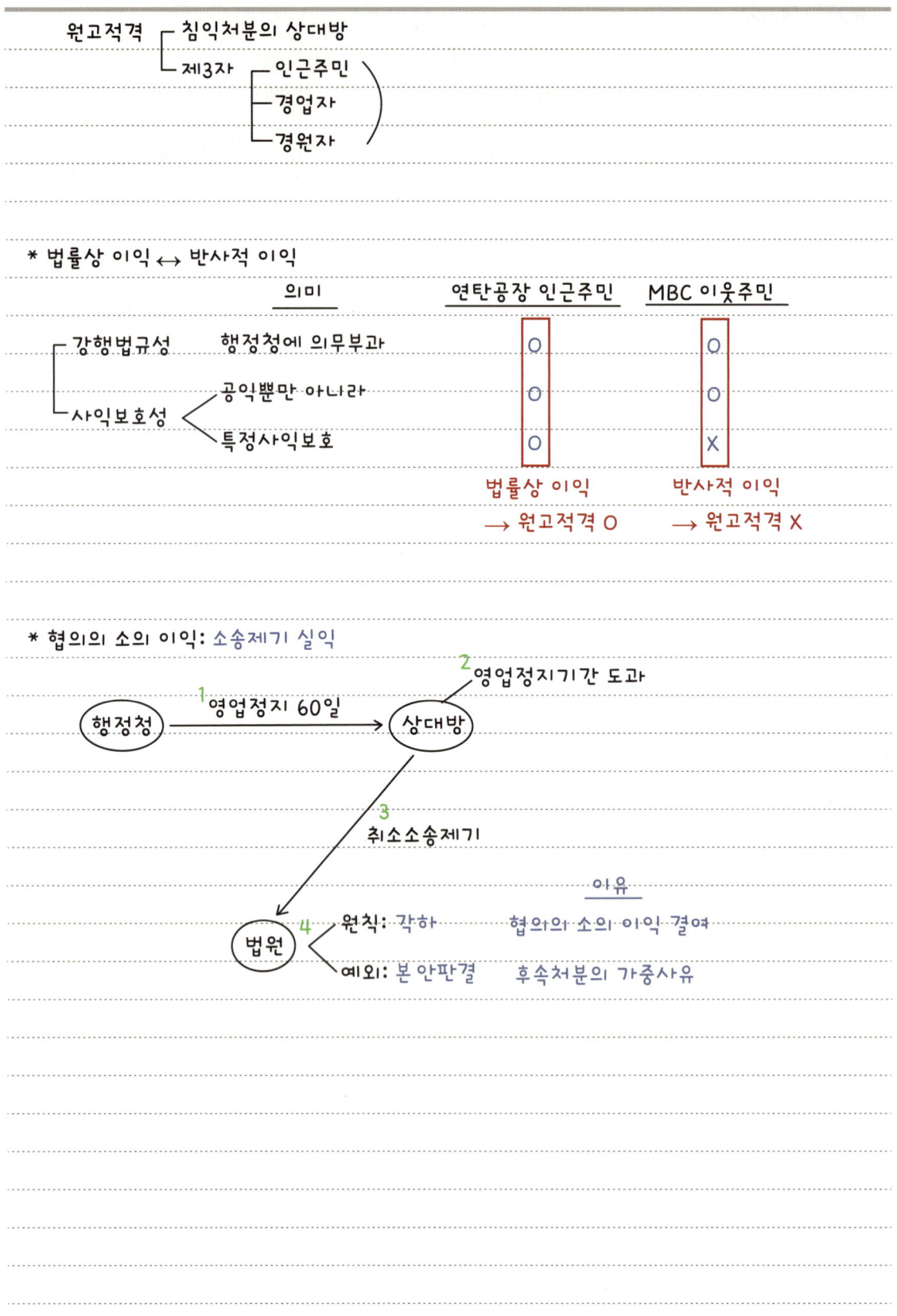

**제13조(피고적격)** ① 취소소송은 다른 법률에 특별한 규정이 없는 한 그 처분등을 행한 행정청을 피고로 한다. 다만, 처분등이 있은 뒤에 그 처분등에 관계되는 권한이 다른 행정청에 승계된 때에는 이를 승계한 행정청을 피고로 한다.

① → Ex) 서울시장
② → Ex) 창원시장

② 제1항의 규정에 의한 행정청이 없게 된 때에는 그 처분등에 관한 사무가 귀속되는 국가 또는 공공단체를 피고로 한다.

③

행정상 권리·의무 주체 — (서울시) 행정주체
↓ 대표권
(서울시장) ──영업정지 60일──▶ (상대방)
 행정청  처분  원고
 피고
↓ 취소소송제기
(법원)

(§13-①)

┌ 토지공사, 주택공사 ──통합──▶ 토지주택공사
├ 삼천포시, 사천군 ──통합──▶ 사천시
└ 창원, 마산, 진해 ──통합──▶ 통합창원시
   ↓                              ↓
  마산시장                       창원시장

**제14조(피고경정)** ① 원고가 피고를 잘못 지정한 때에는 법원은 원고의 신청에 의하여 결정으로써 피고의 경정을 허가할 수 있다.
↳ 법원직권불가

② 법원은 제1항의 규정에 의한 결정의 정본을 새로운 피고에게 송달하여야 한다.

③ 제1항의 규정에 의한 신청을 각하하는 결정에 대하여는 즉시항고할 수 있다.

신소제기 ④ 제1항의 규정에 의한 결정이 있은 때에는 새로운 피고에 대한 소송은 처음에 소를 제기한 때에 제기된 것으로 본다.
구소취하                                                                                              제소기간 준수

⑤ 제1항의 규정에 의한 결정이 있은 때에는 종전의 피고에 대한 소송은 취하된 것으로 본다.
                                                                    → 행정청 폐지
⑥ 취소소송이 제기된 후에 제13조제1항 단서 또는 제13조제2항에 해당하는 사유가 생긴 때에는 법원은 당사자의 신청
                                              ↳ 다른 행정청에 승계
또는 직권에 의하여 피고를 경정한다. 이 경우에는 제4항 및 제5항의 규정을 준용한다.
   ↳ 원고의 잘못 X

---

* **피고경정**

서울시장
  │ 1. 권한위임
  ↓
동작구청장 ──2. 영업정지 처분──→ 상대방      제소기간 2022. 10. 15. 까지
         중구청장 명의              │
                                  │ 2022. 10. 1
                                  │ 3. 취소소송제기       2022. 11. 10
                                  │                    4. 피고경정
                                  │   피고: 서울시장 ──────────→ 중구청장
                                  │                      By 원고신청
                                  ↓
                                 법원                → 제소기간 준수로 인정

---

* **법원직권불가 (당사자의 신청필요)**
  - 피고경정
  - (처분변경) 소변경
  - 행정심판기록 제출명령
  - 간접강제

**제15조(공동소송)** 수인의 청구 또는 수인에 대한 청구가 처분등의 취소청구와 관련되는 청구인 경우에 한하여 그 수인은 공동소송인이 될 수 있다.

Ex)
- 원고가 여러명    연탄공장의 인근주민    ← 수인의 청구
- 피고가 여러명    공동처분권자    ← 수인에 대한 청구
  (서울-용인간 광역버스 노선허가)

**제16조(제3자의 소송참가)** ① 법원은 소송의 결과에 따라 권리 또는 이익의 침해를 받을 제3자가 있는 경우에는 당사자 또는 제3자의 신청 또는 직권에 의하여 결정으로써 그 제3자를 소송에 참가시킬 수 있다.
    (법률상)    Ex) 연탄공장주인 ①
    ②    ③

② 법원이 제1항의 규정에 의한 결정을 하고자 할 때에는 미리 당사자 및 제3자의 의견을 들어야 한다.
      의견에 구속되진 않는다.

③ 제1항의 규정에 의한 신청을 한 제3자는 그 신청을 각하한 결정에 대하여 즉시항고할 수 있다.

④ 제1항의 규정에 의하여 소송에 참가한 제3자에 대하여는 민사소송법 제67조의 규정을 준용한다.
      → 필수적 공동소송

* 제3자의 소송참가

```
                    4 소송참가
        ┌─────────────────────────┐
        ↓                         ↓
                1 영업허가          처분의 상대방 / 제3자
     (행정청) ──────────────→ (연탄공장)
       피고                        │
                                   │ 2
                                   │ 피해
                                   ↓
                              (인근주민)  제3자 / 원고
                                   │
                                   │ 3
                                   │ 취소소송제기
                                   ↓
                                 (법원)
```

**제17조(행정청의 소송참가)** ① 법원은 다른① 행정청을② 소송에 참가시킬 필요가 있다고 인정할 때에는 당사자 또는 당해 행정청의 신청 또는 직권에③ 의하여 결정으로써 그 행정청을 소송에 참가시킬 수 있다.
② 법원은 제1항의 규정에 의한 결정을 하고자 할 때에는 **당사자 및 당해 행정청의 의견을 들어야 한다**.
　　　　　　　　　　　　　　　　의견에 구속되진 않는다.
③ 제1항의 규정에 의하여 소송에 참가한 행정청에 대하여는 민사소송법 제76조의 규정을 준용한다.
　　　　　　　　　　　　　　　↳ 통상 공동소송

```
                관계행정청
                서울시장
                  │
    참가         1│ 권한위임
      ╲           ↓
       →    중구청장 ──2 처분──→ 상대방
            피고    By 중구청장 명의   원고
                        │
                        │3
                        │취소소송제기
                        ↓
                       법원
```

┌ 필수적 공동소송
↕
└ 통상 공동소송
　(느슨한)


* 즉시항고 不可
　┌ 피고경정인용시 종전피고
　├ 행정청의 소송참가
　├ 처분변경으로 인한 소변경
　└ 관할위반 이송신청 기각

## 제3절 | 소의 제기

> ┌ 서울에 쌓속한 권리구제
> **제18조(행정심판과의 관계)** ① 취소소송은 법령의 규정에 의하여 당해 처분에 대한 행정심판을 제기할 수 있는 경우에
> ┌ 임의적 전치
> 도 이를 거치지 아니하고 제기할 수 있다. 다만, 다른 법률에 당해 처분에 대한 행정심판의 재결을 거치지 아니하면 취
> 소소송을 제기할 수 없다는 규정이 있는 때에는 그러하지 아니하다.
> ② 제1항 단서의 경우에도 다음 각호의 1에 해당하는 사유가 있는 때에는 행정심판의 재결을 거치지 아니하고 취소소송
> └ 필요적 전치                                                                    심판청구는 하였으나
> 을 제기할 수 있다.
> 1. 행정심판청구가 있은 날로부터 60일이 지나도 재결이 없는 때
> 2. 처분의 집행 또는 절차의 속행으로 생길 중대한 손해를 예방하여야 할 긴급한 필요가 있는 때
> 3. 법령의 규정에 의한 행정심판기관이 의결 또는 재결을 하지 못할 사유가 있는 때
> 4. 그 밖의 정당한 사유가 있는 때
> ③ 제1항 단서의 경우에 다음 각호의 1에 해당하는 사유가 있는 때에는 행정심판을 제기함이 없이 취소소송을 제기할 수 있다.
> 1. 동종사건에 관하여 이미 행정심판의 기각재결이 있은 때
> 2. 서로 내용상 관련되는 처분 또는 같은 목적을 위하여 단계적으로 진행되는 처분중 어느 하나가 이미 행정심판의 재결을 거친 때
>    ┌ 사실심 변론종결 전에도 마찬가지
> 3. 행정청이 사실심의 변론종결후 소송의 대상인 처분을 변경하여 당해 변경된 처분에 관하여 소를 제기하는 때
> 4. 처분을 행한 행정청이 행정심판을 거칠 필요가 없다고 잘못 알린 때
> ④ 제2항 및 제3항의 규정에 의한 사유는 이를 소명하여야 한다.

(필요적 전치를 전제)

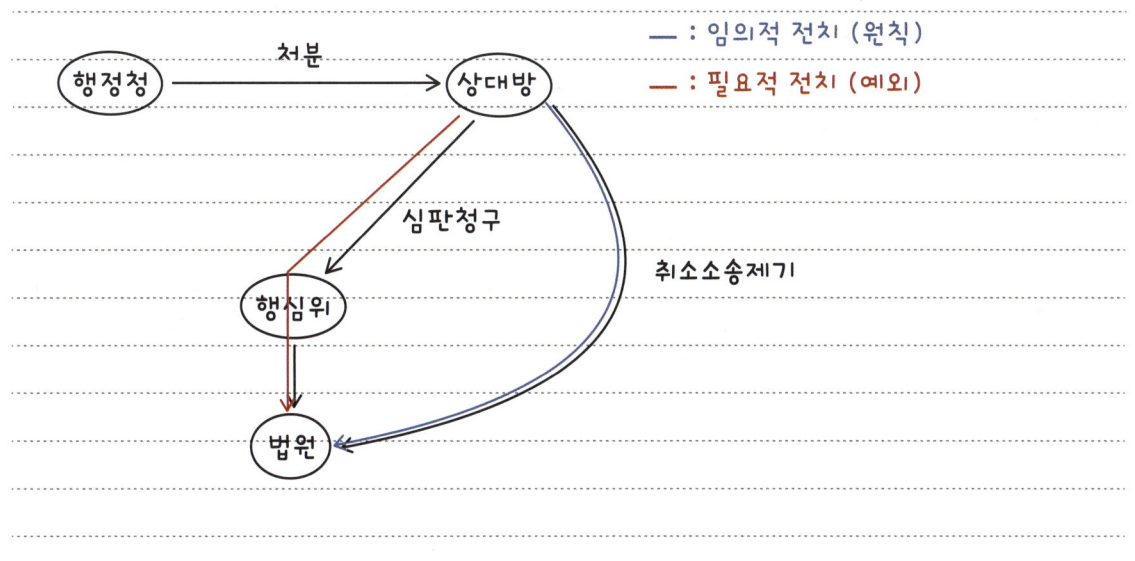

\* 필요적 전치

                                                    이유

- 과세처분: 심사청구 OR 심판청구    전문성이 높다
- 도로교통법상 처분: 심판청구       사건수가 과다
- 공무원 징계처분: 소청심사청구    특별권력관계

\* 행정심판과의 관계

- ① 원칙: 임의적 전치
     예외: 필요적 전치 (세 / 도 / 공)
- ② ③ 필요적 전치를 전제
       - (심판청구 O) 재결 없이 — 육/손/못/정
       - 심판청구 없이 — 동/관/변/필

\* 관련되는 처분이 행정심판을 거친 경우

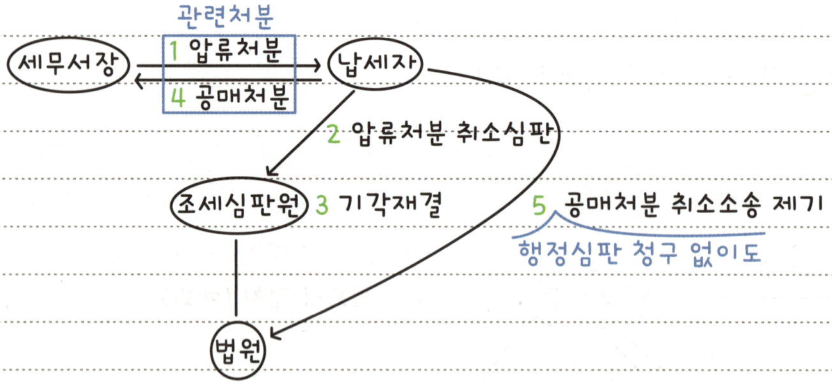

세무서장 ⇄ 납세자
     관련처분
     1 압류처분
     4 공매처분

납세자 → 조세심판원: 2 압류처분 취소심판
조세심판원: 3 기각재결
납세자 → 법원: 5 공매처분 취소소송 제기 (행정심판 청구 없이도)

* 변경된 처분에 대한 불복

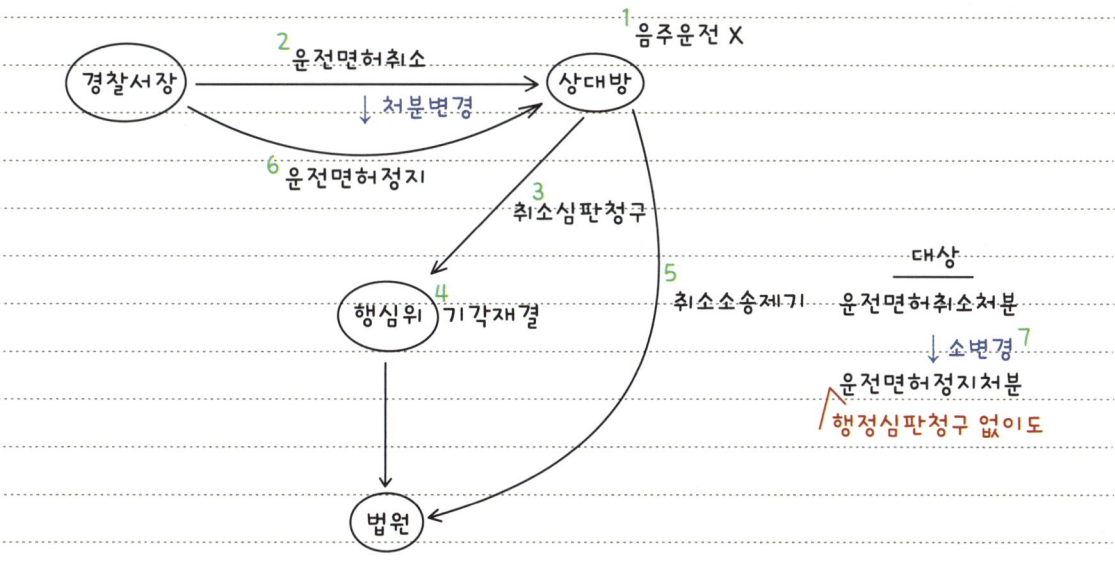

제19조(취소소송의 대상) 취소소송은 **처분등**을 대상으로 한다. 다만, **재결취소소송의 경우에는 재결 자체에 고유한 위법**이 있음을 이유로 하는 경우에 한한다.

* 처분 등
  - 처분: 국민의 권리·의무에 직접 영향
  - 등: 행정심판재결

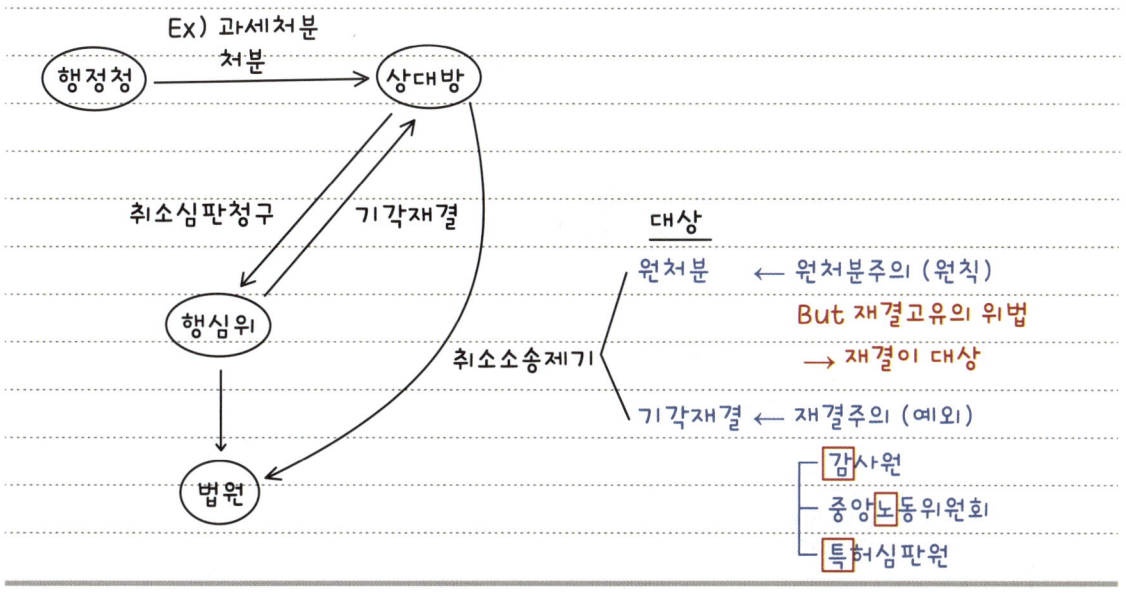

> **제20조(제소기간)** ① 취소소송은 처분등이 있음을 안 날부터 90일 이내에 제기하여야 한다. 다만, 제18조제1항 단서에 규정한 경우와 그 밖에 행정심판청구를 할 수 있는 경우 또는 행정청이 행정심판청구를 할 수 있다고 잘못 알린 경우에 행정심판청구가 있은 때의 기간은 재결서의 정본을 송달받은 날부터 기산한다. → 재결 안 날
> ② 취소소송은 처분등이 있은 날부터 1년(제1항 단서의 경우는 재결이 있은 날부터 1년)을 경과하면 이를 제기하지 못한다. 다만, 정당한 사유가 있는 때에는 그러하지 아니하다.
> 　　　　　　　　　　안 날 90일만 지나지 않으면 된다.
> ③ 제1항의 규정에 의한 기간은 불변기간으로 한다.

행정청 —처분— 상대방

기각재결
안 날: 90일
있은 날: 1년

행삼위 —취소소송제기→ 법원

처분
안 날: 90일
있은 날: 1년

행정청 —1 영업허가→ 연탄공장
2 허가일로부터 1년 뒤 가동개시
3 피해 ↓
인근주민
4 취소소송제기
↓
법원

제소기간 준수
영업허가
안 날: 90일
있은 날: 1년 도과 ← 정당한 사유 O

**제21조(소의 변경)** ① 법원은 취소소송을 당해 처분등에 관계되는 사무가 귀속하는 국가 또는 공공단체에 대한 당사자소송 또는 취소소송외의 항고소송으로 변경하는 것이 상당하다고 인정할 때에는 청구의 기초에 변경이 없는 한 사실심의 변론종결시까지 원고의 신청에 의하여 결정으로써 소의 변경을 허가할 수 있다.
② 제1항의 규정에 의한 허가를 하는 경우 피고를 달리하게 될 때에는 법원은 새로이 피고로 될 자의 의견을 들어야 한다.
③ 제1항의 규정에 의한 허가결정에 대하여는 즉시항고할 수 있다.
④ 제1항의 규정에 의한 허가결정에 대하여는 제14조제2항·제4항 및 제5항의 규정을 준용한다.

→ 행정주체
→ 무/부
→ 동일성 유지
= 법원직권불가
의견에 구속되지 않는다.
새로운 피고에게 송달 ← → 구소취하
→ 피고경정  → 신소제기

## 1. 항고소송 간의 변경
취 / 무 / 부

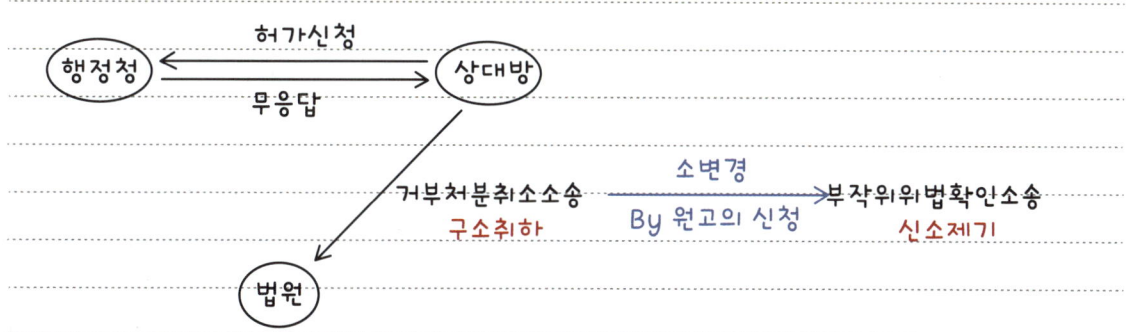

## 2. 항고소송과 당사자소송간의 변경

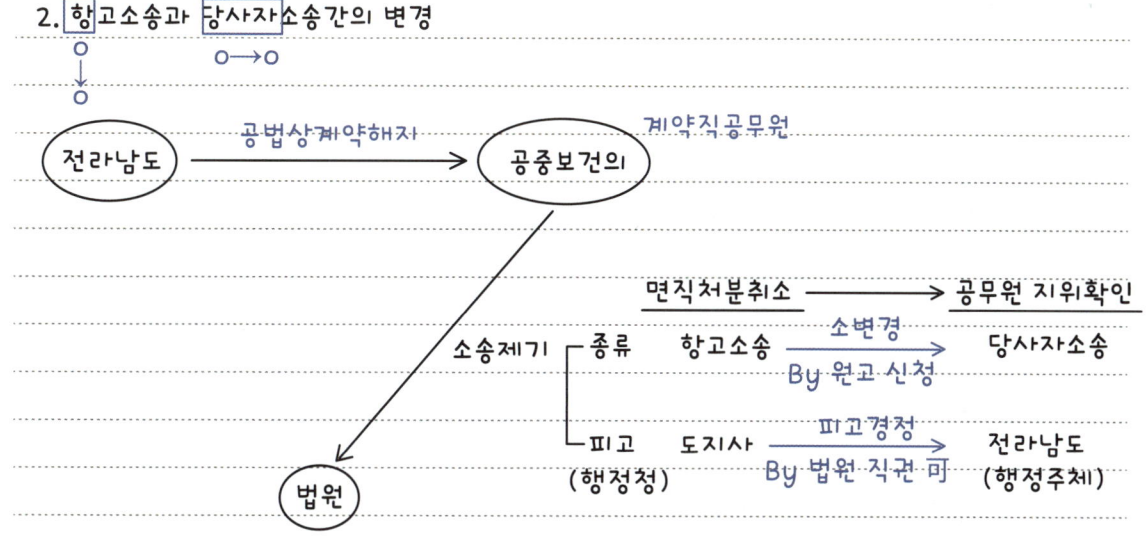

**제22조(처분변경으로 인한 소의 변경)** ① 법원은 행정청이 소송의 대상인 처분을 소가 제기된 후 변경한 때에는 <u>원고의 신청</u>에 의하여 결정으로써 청구의 취지 또는 원인의 변경을 허가할 수 있다.　= 법원직권불가
② 제1항의 규정에 의한 신청은 처분의 변경이 있음을 안 날로부터 60일 이내에 하여야 한다.
③ 제1항의 규정에 의하여 변경되는 청구는 <u>제18조제1항 단서</u>의 규정에 의한 요건을 갖춘 것으로 본다.
　　　　　　　　　　　　　↳ 필요적 전치

\* 처분변경으로 인한 소변경

　　　　　　　　　　　　　　　1
　　　　　　2 음주운전면허취소　　응급환자 후송
　경찰서장　────────────→　운전자
　　　　　　　　　처분변경↓
　　　　　　6 면허정지 30일
　　　　　　　　　　　　　│
　　　　　　　　　　　　3 │ 취소심판청구
　　　　　　　　　　　　　↓
　　　　　　　　　　　　행심위 : 기각재결　　　　　대상
　　　　　　　　　　　　　　　　4　　　5 취소소송제기　면허취소 ← 심판청구 필요
　　　　　　　　　　　　　│　　　　　　　　　　　　↓ 7 소변경 By 원고의 신청
　　　　　　　　　　　　　↓　　　　　　　　　　　면허정지 ← 심판청구 불필요
　　　　　　　　　　　　법원

**제23조(집행정지)** ① 취소소송의 제기는 처분등의 효력이나 그 집행 또는 절차의 속행에 영향을 주지 아니한다. → 집행부정지 원칙

② 취소소송이 제기된 경우에 처분등이나 그 집행 또는 절차의 속행으로 인하여 생길 **회복하기 어려운 손해**를 예방하기 (적) 위하여 **긴급한 필요**가 있다고 인정할 때에는 본안이 계속되고 있는 법원은 당사자의 신청 또는 직권에 의하여 **처분등의 효력**이나 그 **집행 또는 절차의 속행**의 전부 또는 일부의 정지(이하 "執行停止"라 한다)를 결정할 수 있다. 다만, 처분의 효력정지는 처분등의 집행 또는 절차의 속행을 정지함으로써 목적을 달성할 수 있는 경우에는 허용되지 아니한다. (Type 1) (Type 2) 〈단서〉

③ 집행정지는 **공공복리**에 **중대한 영향**을 미칠 우려가 있을 때에는 허용되지 아니한다. (소)

④ 제2항의 규정에 의한 집행정지의 결정을 신청함에 있어서는 그 이유에 대한 소명이 있어야 한다.

⑤ 제2항의 규정에 의한 집행정지의 결정 또는 기각의 결정에 대하여는 즉시항고할 수 있다. 이 경우 집행정지의 결정에 대한 **즉시항고**에는 결정의 집행을 정지하는 효력이 없다. → By 행정청

⑥ 제30조제1항의 규정은 제2항의 규정에 의한 집행정지의 결정에 이를 준용한다. → 기속력

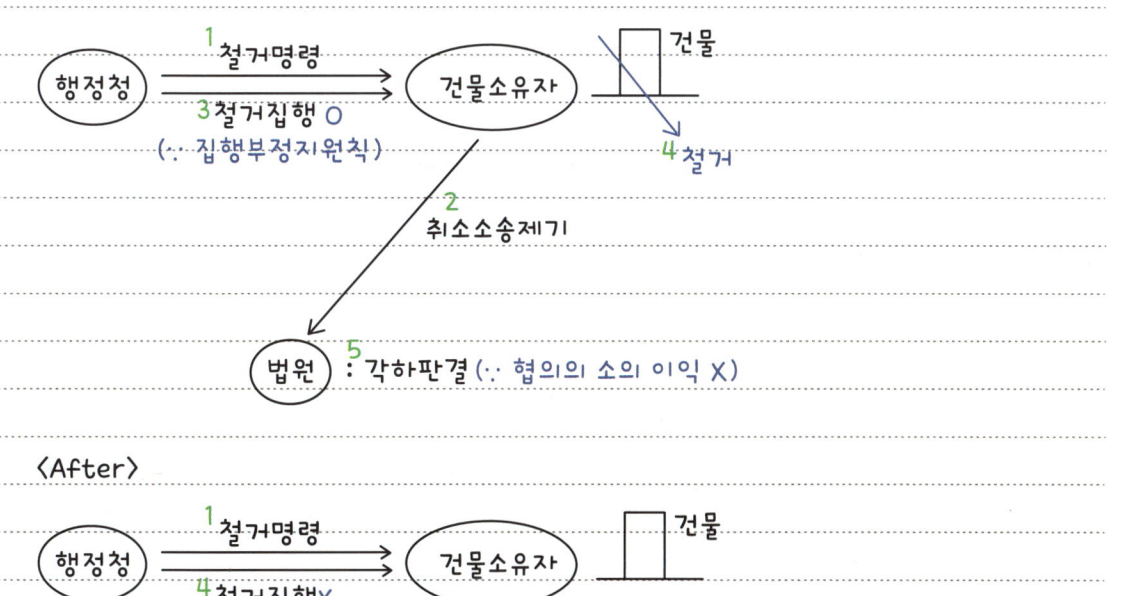

\* 집행정지의 요건

|  |  | Ex) | 입증책임 |
|---|---|---|---|
| 적 | 회복하기 어려운 손해<br>긴급한 필요 | 건물철거<br>철거집행임박 | 원고<br>(신청인) |
| 소 | 공공복리에 중대한 영향<br>본안청구가 이유없음이 명백<br>(원고승소가능성 0%) | 붕괴임박건물<br>상수원보호구역내 화학약품공장 | 피고행정청<br>(피신청인) |

\* 집행정지의 유형
- (강) Type 1: 처분의 효력자체정지
- (약) Type 2: 집행 또는 절차의 속행정지

\* 집행 또는 절차의 속행 정지

서울시장 —철거명령→ 상대방
         ↓ 취소소송제가
         + 집행정지 ┬ 효력정지 ─ 철거명령 자체 STOP (취소선)
                   └ 집행 OR 절차 속행정지 ┬ 철거명령은 유효
                                          └ 철거집행만 STOP
법원

의미

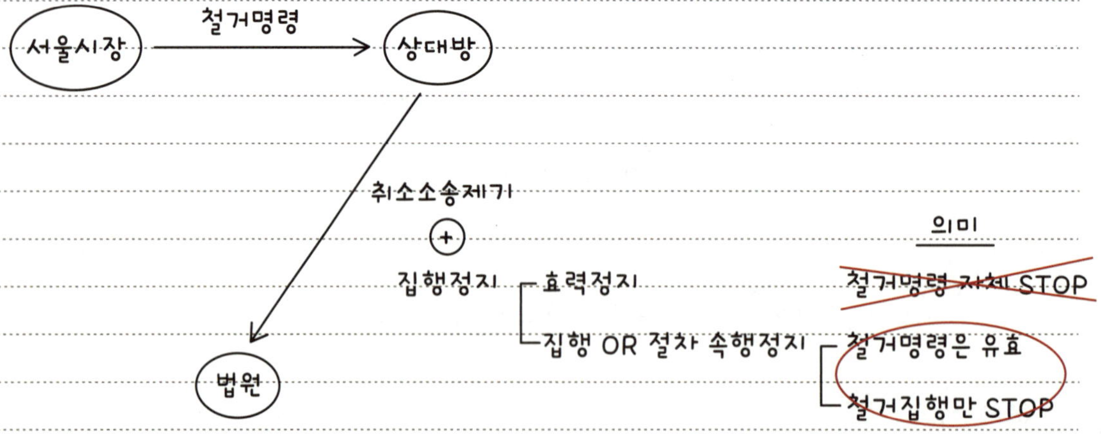

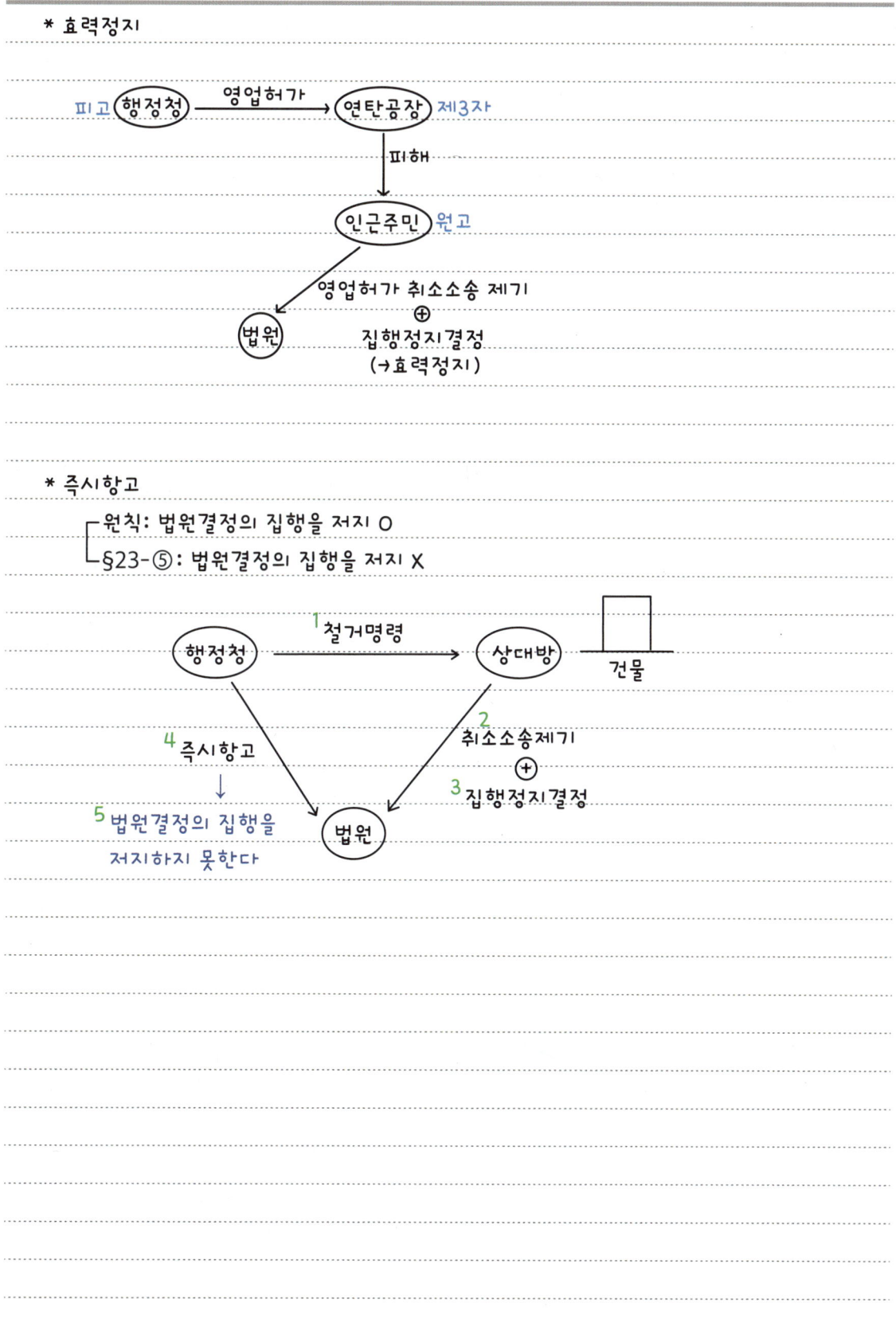

**제24조(집행정지의 취소)** ① 집행정지의 결정이 확정된 후 집행정지가 공공복리에 중대한 영향을 미치거나 그 정지사유
└→ Ex) 붕괴가 임박한 건축물
└→ 거주권 보장을 주장했던 원고가 타지역으로 이주
가 없어진 때에는 당사자의 신청 또는 직권에 의하여 결정으로써 집행정지의 결정을 취소할 수 있다.
　　　　　　　　　　　　　　　　　　　　　　　　　　　　　　　　　　　이유소명
② 제1항의 규정에 의한 집행정지결정의 취소결정과 이에 대한 불복의 경우에는 제23조 제4항 및 제5항의 규정을 준용　└→ (By 행정청)
한다.
　　　　　　　　　　　　　　　　　　　　　　　　　　　　　　　　　　　└→ 즉시항고
　　　　　　　　　　　　　　　　　　　　　　　　　　　　　　　　　　　　(불복절차)

## 제4절 | 심리

　　　　　　　　　　　= 법원직권불가　　　　　　　　　└→ 행심위
**제25조(행정심판기록의 제출명령)** ① 법원은 당사자의 신청이 있는 때에는 결정으로써 재결을 행한 행정청에 대하여 행
정심판에 관한 기록의 제출을 명할 수 있다.
　　　　　　　　　　　　　　　　　　　　　일체의
② 제1항의 규정에 의한 제출명령을 받은 행정청은 지체없이 당해 행정심판에 관한 기록을 법원에 제출하여야 한다.
　　　　　　　　　　└→ 행심위

```
                          1 처분            안 날 90일 내
  (행정청) ─────────────→ (상대방)
                              │  │
                              │  │ 2
                              │  │ 취소심판청구
                              ↓  ↓
                          3  (행심위)      4            5
                          기각재결           취소소송제기   행정심판기록 제출명령 신청
                              │
      6 제출명령                │
                              ↓
                          (법원)
```

**제26조(직권심리)** 법원은 필요하다고 인정할 때에는 직권으로 증거조사를 할 수 있고, 당사자가 주장하지 아니한 사실에 대하여도 판단할 수 있다. 법원의 제한적 개입

- 변론주의 : 당사자가 ㉠주장·㉡입증한 사항만 판단 → 원칙
- 직권심리 : 주장 안 한 사실판단, 직권증거조사 → 가미

경찰서장 —³ 음주운전 면허취소→ 운전자
운전자 : ¹채혈요구  ²But 위법한 거부당함
⁴취소소송제기  주장: 집에 늙으신 어머니가 계신다
법원 :⁵ 인용판결  [채혈거부한 절차상 위법이 존재한다 (당사자가 주장안했음)] 직권심리

- 직권조사사항 : 소송요건
- 직권결정 : 당사자의 신청 없더라도
- 직권심리 : 법원의 개입 ─ 주장 안한 사실
　　　　　　　　　　　　 └ 직권증거조사

# 제5절 | 재판

**제27조(재량처분의 취소)** 행정청의 재량에 속하는 처분이라도 재량권의 한계를 넘거나(→일탈) 그 남용이 있는 때에는 법원은 이를 취소할 수 있다.

Ex) 청소년 출입시킨 유흥업소는 6월 이하 영업정지 OR 영업취소 할 수 있다.
→ 재량행위

재량 ┬ 일탈: Ex) 영업정지 7개월
     └ 남용: Ex) 특정업소만 찍어서 제재, 너무 가혹한 경우

**제28조(사정판결)** ① 원고의 청구가 이유있다고 인정하는 경우에도 처분등을 취소하는 것이 현저히 공공복리에 적합하지 아니하다고 인정하는 때에는 법원은 원고의 청구를 기각할 수 있다. 이 경우 법원은 그 판결의 주문에서 그 처분등이 위법함을 명시하여야 한다.
→ 원소패소판결
② 법원이 제1항의 규정에 의한 판결을 함에 있어서는 미리 원고가 그로 인하여 입게 될 손해의 정도와 배상방법 그 밖의 사정을 조사하여야 한다.
③ 원고는 피고인 행정청이 속하는 국가 또는 공공단체를 상대로 손해배상, 제해시설의 설치 그 밖에 적당한 구제방법의 청구를 당해 취소소송등이 계속된 법원에 병합하여 제기할 수 있다.
→ §10-②

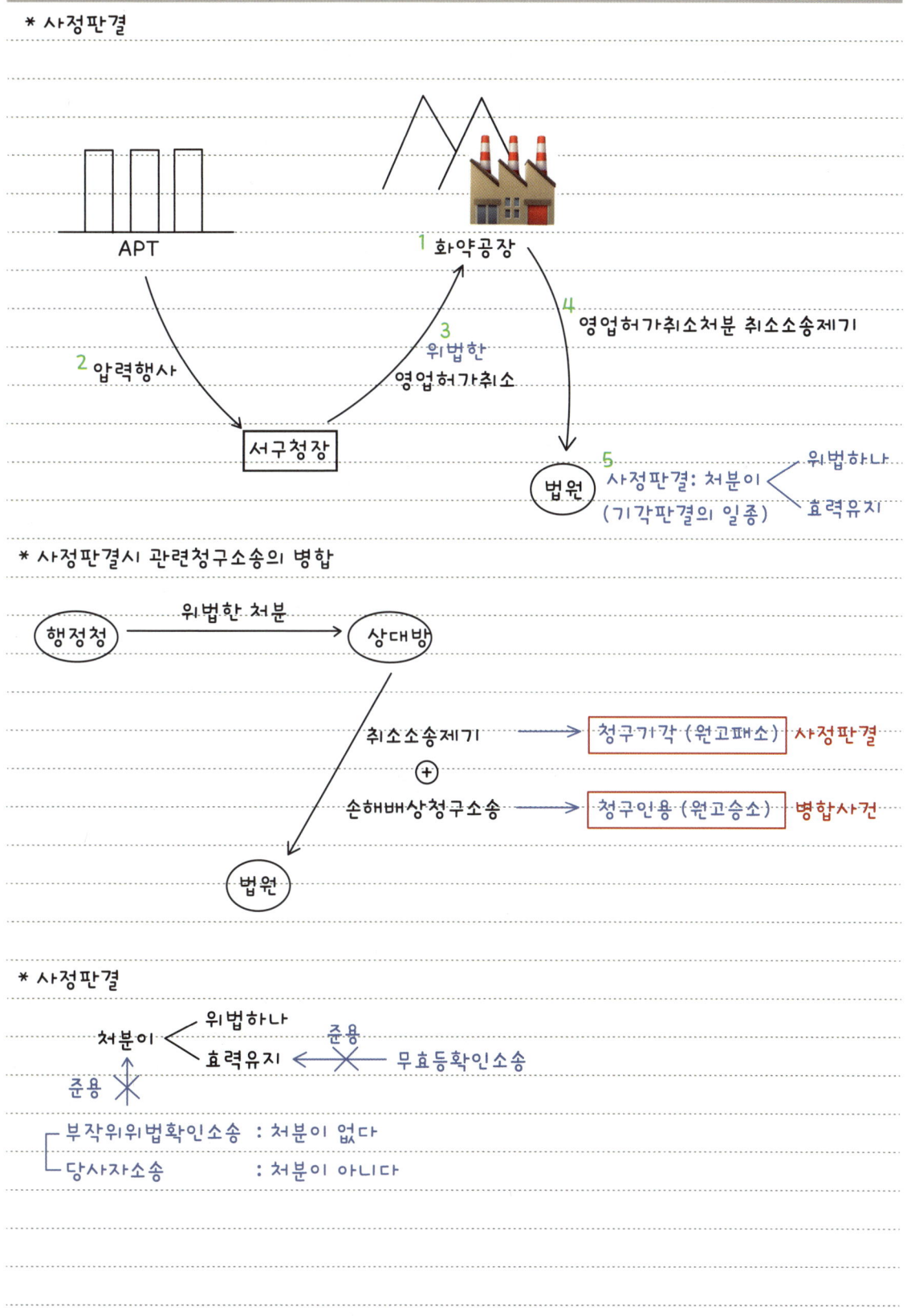

**제29조(취소판결등의 효력)** ① 처분등을 취소하는 확정판결은 제3자에 대하여도 효력이 있다.
　　　　　　　　　　　　　　　　　　　　Ex) 연탄공장
　　　　　　　　　　　　　　　　↳ 인용판결

② 제1항의 규정은 제23조의 규정에 의한 집행정지의 결정 또는 제24조의 규정에 의한 그 집행정지결정의 취소결정에 준용한다.　제3자효 ──준용──▶ 집행정지

\* 확정된 판결의 효력

관계행정청　(상급청)
　　　　　　　　│
　　　　　　　위임
　　　　　　　　▼
피고　(행정청) ──처분──▶ (상대방)
　　　　　　　　　　　　　　제3자
　　　　　　　　　　　　　　　│
　　　　　　　　　　　　　　　▼
　　　　　　　　　　　　　(제3자) 원고
　　　　　　　　　　　　　　　│
　　　　　　　　　　　취소소송제기
　　　　　　　　　　　　　　　▼
　　　　　　선고법원　(법원)

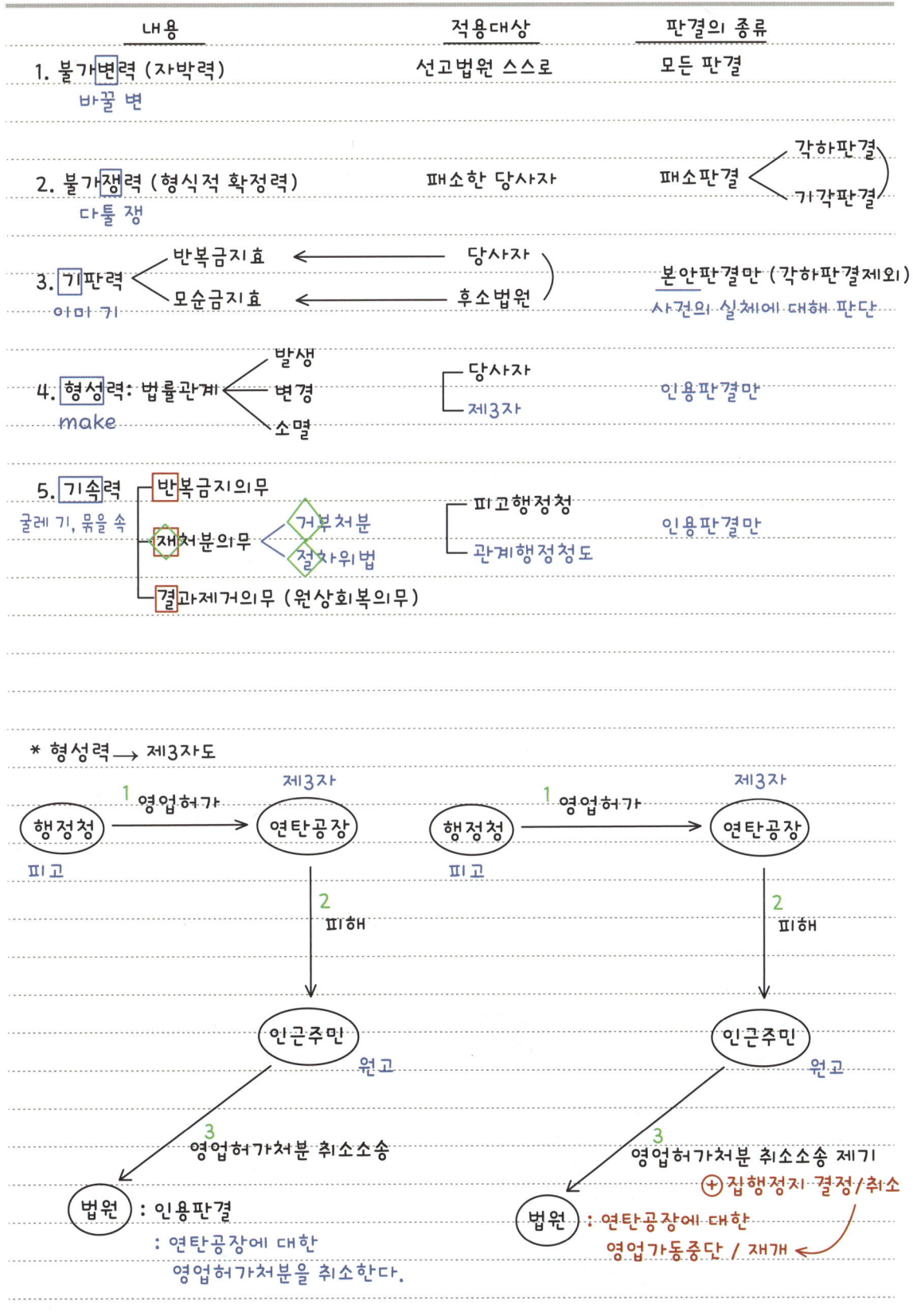

> ┌→ 인용판결
> **제30조(취소판결등의 기속력)** ① 처분등을 취소하는 확정판결은 그 사건에 관하여 당사자인 행정청과 그 밖의 **관계행정청**을 기속한다.
> ② 판결에 의하여 취소되는 처분이 당사자의 신청을 **거부**하는 것을 내용으로 하는 경우에는 그 처분을 행한 행정청은 판결의 취지에 따라 **다시** 이전의 신청에 대한 처분을 하여야 한다. : 재처분의무
>   └→재
> ③ 제2항의 규정은 신청에 따른 처분이 **절차의 위법**을 이유로 취소되는 경우에 준용한다. : 재처분의무

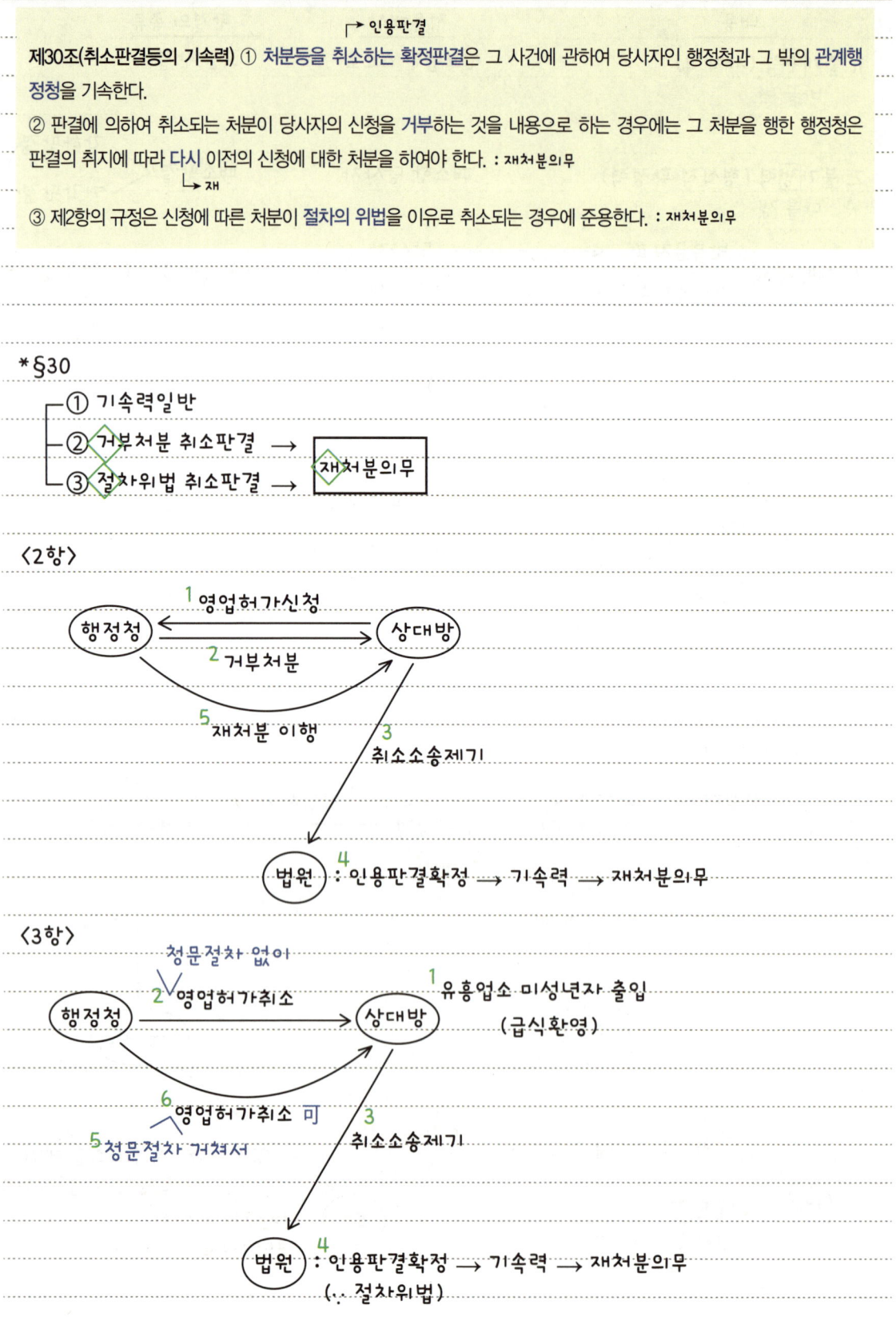

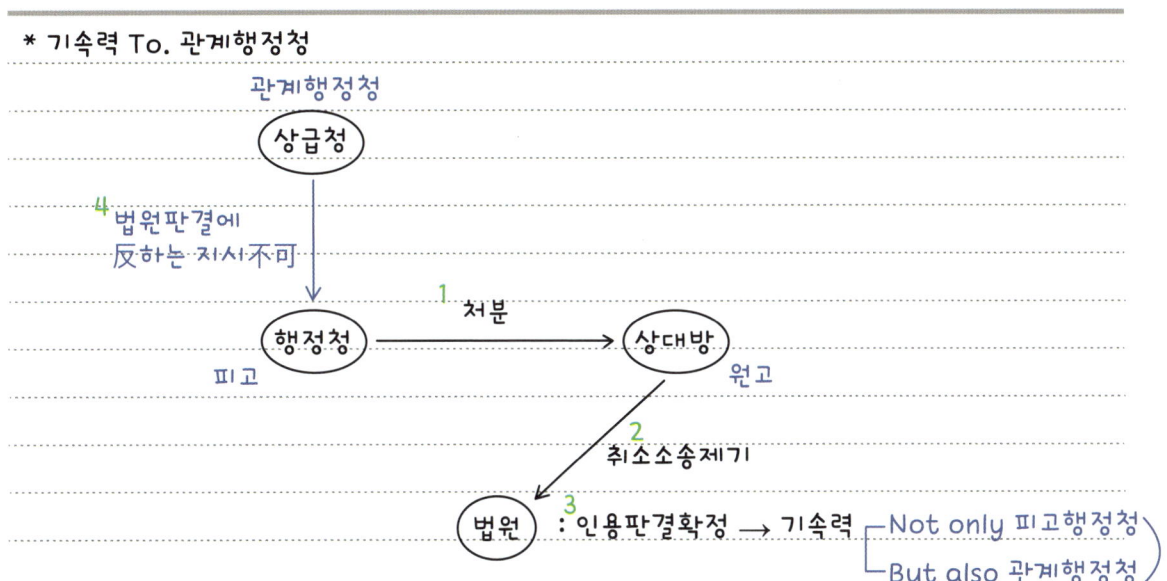

## 제6절 | 보칙

**→ §16와 관련 (제3자의 소송참가)**

**제31조(제3자에 의한 재심청구)** ① 처분등을 취소하는 판결에 의하여 권리 또는 이익의 침해를 받은 제3자는 자기에게 책임없는 사유로 소송에 참가하지 못함으로써 판결의 결과에 영향을 미칠 공격 또는 방어방법을 제출하지 못한 때에는 이를 이유로 확정된 종국판결에 대하여 재심의 청구를 할 수 있다.
② 제1항의 규정에 의한 청구는 확정판결이 있음을 안 날로부터 30일 이내, 판결이 확정된 날로부터 1년 이내에 제기하여야 한다.
③ 제2항의 규정에 의한 기간은 불변기간으로 한다.

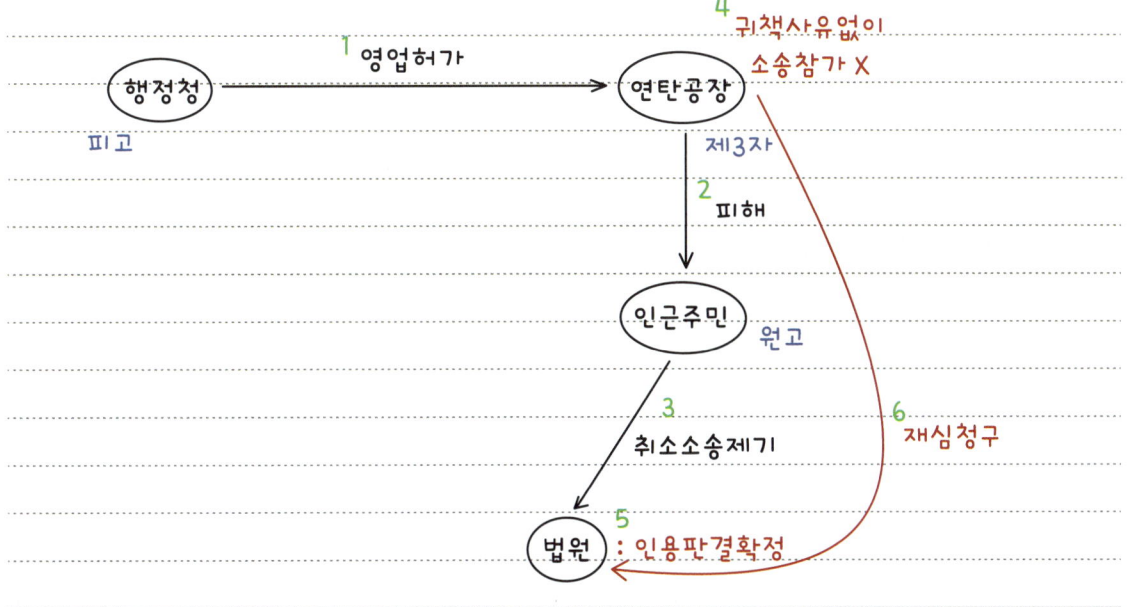

사정판결
**제32조(소송비용의 부담)** 취소청구가 제28조의 규정에 의하여 기각되거나 행정청이 처분등을 취소 또는 변경함으로 인하여 청구가 각하 또는 기각된 경우에는 소송비용은 피고의 부담으로 한다.

\* 소송비용부담
- 원칙 : 패소자 부담
- 예외 : 승소한 피고가 원고소송비용부담
  - 1. 사정판결
  - 2. 처분의 취소 OR 변경에 따른 청구각하 OR 기각

```
              2 영업정지처분          1 미성년자 출입X
    (행정청) ─────────────→ (상대방)
     피고    ←───────────         원고
              4 영업정지처분취소
                    ↑
                    │ 3
                    │ 영업정지처분 취소소송제기
                    ↓                    이유
    (법원) : 5 각하판결 ←─── 1. 대상적격흠결
                    │          2. 협의의 소익 흠결
                    └─ 원고패소
                       But ⁶소송비용은 승소한 피고 부담
```

행정청이 패소했으면 행정주체가 물어준다.                               ┌→ Ex) 동작구청장
**제33조(소송비용에 관한 재판의 효력)** 소송비용에 관한 재판이 확정된 때에는 피고 또는 참가인이었던 행정청이 소속하는 국가 또는 공공단체에 그 효력을 미친다.
  └→ 행정주체 Ex) 동작구

**제34조(거부처분취소판결의 간접강제)** ① 행정청이 제30조제2항의 규정에 의한 처분을 하지 아니하는 때에는 제1심수소법원은 당사자의 신청에 의하여 결정으로써 상당한 기간을 정하고 행정청이 그 기간내에 이행하지 아니하는 때에는 그 지연기간에 따라 일정한 배상을 할 것을 명하거나 즉시 손해배상을 할 것을 명할 수 있다.
② 제33조와 민사집행법 제262조의 규정은 제1항의 경우에 준용한다.

↳ 재처분
↳ 법원직권불가 : 피변론 접
① ②
↳ 소송비용부담

거부처분 취소판결
* 간접강제

1. 영업허가신청
행정청 ⇄ 상대방
2. 거부처분

5. 재차거부 OR 부작위
3. 거부처분취소소송제기
법원 4. 인용판결확정
↓
기속력
↓
재처분의무

6. 간접강제 신청
법원직권불가
To. 1심 수소법원

7. 간접강제결정
1. 2022. 6. 30. 까지 재처분하라
2. 안하면 상대방에게 하루당 100만원을 지급하라

8. IF 2022. 7. 10에 재처분
(상대방은 1천만원 추심 不可)

# 제3장 취소소송외의 항고소송

**제35조(무효등 확인소송의 원고적격)** 무효등 확인소송은 처분등의 효력 유무 또는 존재 여부의 확인을 구할 법률상 이익이 있는 자가 제기할 수 있다.

\* 무효등 (5가지)
- 효력유무: 유효확인 / 무효확인 / 실효확인
- 존재여부: 존재확인 / 부존재확인

\* 취소소송과 무효등 확인소송의 관계

| 하자의 정도 | 원고의 소제기 | 법원의 판결 | 전제사항 |
|---|---|---|---|
| 무효사유 100 | 취소소송 40 | 취소판결 40 | 취소소송의 요건구비 구비해야 |
| 취소사유 40 | 무효확인소송 100 | 취소판결 40 | Ex) 제소기간 / 필요적전치 (세/도/공) |

**제36조(부작위위법확인소송의 원고적격)** 부작위위법확인소송은 처분의 신청을 한 자로서 부작위의 위법의 확인을 구할 법률상 이익이 있는 자만이 제기할 수 있다.

* 부작위위법확인소송

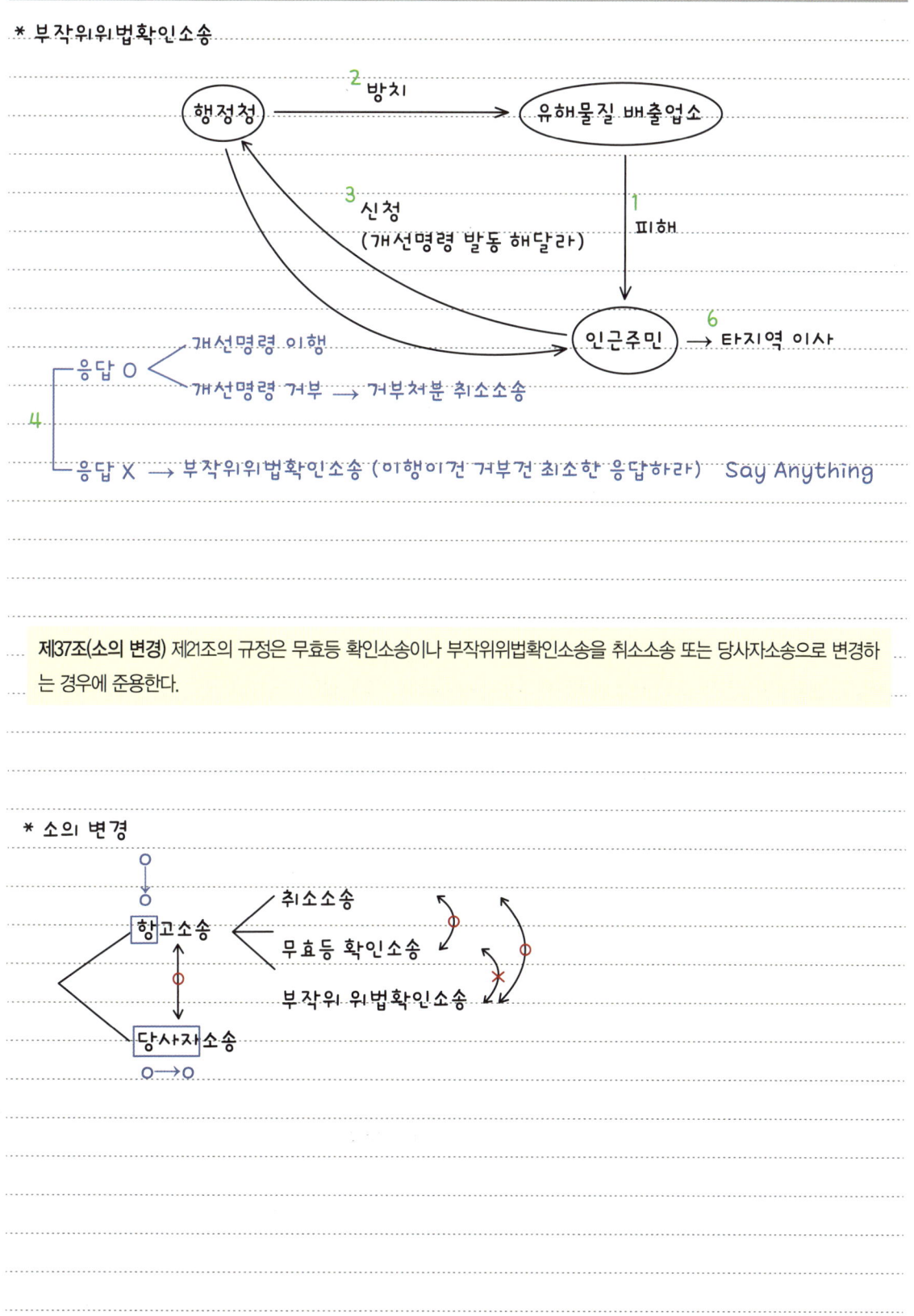

**제37조(소의 변경)** 제21조의 규정은 무효등 확인소송이나 부작위위법확인소송을 취소소송 또는 당사자소송으로 변경하는 경우에 준용한다.

* 소의 변경

**제38조(준용규정)** ① 제9조, 제10조, 제13조 내지 제17조, 제19조, 제22조 내지 제26조, 제29조 내지 제31조 및 제33조의 규정은 무효등 확인소송의 경우에 준용한다.
② 제9조, 제10조, 제13조 내지 제19조, 제20조, 제25조 내지 제27조, 제29조 내지 제31조, 제33조 및 제34조의 규정은 부작위위법확인소송의 경우에 준용한다.

\* 준용 안되는 경우
- 무효등 확인소송: 행정심판 필요적전치, 재량처분의 취소, 제소기간, 간접강제, 사정판결
  하자가 중대 · 명백
- 부작위 위법확인소송: 처분변경 소변경, 집행정지, 사정판결
  처분이 없다

# 제4장 당사자소송

**제39조(피고적격)** 당사자소송은 국가 · 공공단체 그 밖의 권리주체를 피고로 한다. → 행정주체

\* 행정상 법률관계

- 공법관계 → 행정소송
  - 처분 (부작위): 항고소송 — Ex) 과세처분, 병역처분
  - 그 외의 공법상 법률관계: 당사자소송 — 공법상 계약
    - 손해배상청구
    - 부당이득반환청구
- 사법관계 → 민사소송

법률관계
- 사법관계 → 민사소송
- 공법관계 → 당사자소송
  - 처분 → 항고소송

\* 피고적격

|  | 사례 | 항고소송 | 당사자소송 |
|---|---|---|---|
| 행정주체 (상 권리·의무의) | 서울시, 대한민국 |  | O (원칙) |
| 행정청 | 서울시장, 세무서장 | O (예외) |  |

\* 당사자소송

- 주관소송 (권리구제)
  - 항고소송
    - 취
    - 무
    - 부
  - 당사자소송
    - 형식적
    - 실질적
- 객관소송 (법질서유지)

* 형식적 당사자소송    Ex) 보상금 증감소송

**제40조(재판관할)** 제9조의 규정은 당사자소송의 경우에 준용한다. 다만, 국가 또는 공공단체가 피고인 경우에는 관계행정청의 소재지를 피고의 소재지로 본다. (→ 행정주체)

* 당사자소송의 재판관할
  Ex) 부가가치세 환급청구 → 당사자소송
      국세            피고는 국가
      관할법원은 관계행정청 소재지 법원

**제41조(제소기간)** 당사자소송에 관하여 법령에 제소기간이 정하여져 있는 때에는 그 기간은 불변기간으로 한다.

**제42조(소의 변경)** 제21조의 규정은 당사자소송을 항고소송으로 변경하는 경우에 준용한다.

\* 당사자소송의 소변경

서울시장 →(면직처분)→ 일반직 공무원    IF 취소소송의 제소기간: 2022. 6. 30까지

2022. 6. 1.  공무원지위확인 → 2022. 11. 20. 면직처분취소 ⇒ 제소기간 준수

소송제기 ─ 종류: 당사자소송 →(소변경)→ 취소소송
         └ 피고: 서울시 →(피고변경)→ 서울시장

→ 법원

**제43조(가집행선고의 제한)** 국가를 상대로 하는 당사자소송의 경우에는 가집행선고를 할 수 없다.
국가와 그밖의 행정주체 불문하고 모두 가집행선고 가능 (헌재의 제43조 위헌결정)

[단순위헌, 2020헌가12, 2022.2.24, 행정소송법(1984. 12. 15. 법률 제3754호로 전부개정된 것) 제43조 는 헌법에 위반된다.]

\* 가집행: 판결확정 전에 임시로 돈을 받을 수 있다.
　임시

```
                Ex) 공법상 계약
              1  공법상 금전채권
   (행정주체) ←──────────────── (상대방)
              2  지급거부      │
                              │ 3
                              │ 금전지급 청구소송 (당사자소송)
                              ↓
1심         (법원) : 인용판결 (1억원) → 가집행선고 가능
                    ↑4
             항소 ↓
2심         (법원)
             상고 ↓
3심         (법원)
```

\* 행정주체: 행정상 권리·의무의 주체

　　　　　　　　　　　　　　　　사례

- 국가
- 공공단체 ─ 지방자치단체　　　예산군, 구로구, 부산광역시
　　　　　 ─ 공공조합　　　　　아파트 재건축 조합
　　　　　 ─ 영조물법인　　　　도로공사, 토지주택공사
　　　　　 ─ 공법상재단　　　　한국학술문화진흥재단

**제44조(준용규정)** ① 제14조 내지 제17조, 제22조, 제25조, 제26조, 제30조제1항, 제32조 및 제33조의 규정은 당사자소송의 경우에 준용한다.
② 제10조의 규정은 당사자소송과 관련청구소송이 각각 다른 법원에 계속되고 있는 경우의 이송과 이들 소송의 병합의 경우에 준용한다.

* 당사자소송에 준용
  - 소송비용에 관한 재판의 효력
  - 행정심판기록 제출명령
  - 직권심리
  - (제3자·행정청) 소송참가
  - 기속력
  - 재판관할
  - (처분변경으로 인한) 소변경
  - 피고경정
  - 공동소송
  - 관련청구소송의 이송 및 병합

# ■ 제5장 민중소송 및 기관소송 : 객관소송

**제45조(소의 제기)** 민중소송 및 기관소송은 법률이 정한 경우에 법률에 정한 자에 한하여 제기할 수 있다.

→ 객관소송 법정주의 Ex) 대통령당선무효소송 → 원고적격 < 박근혜 / 문재인 민주당 >

* 객관소송 : 법질서 유지 (But 남소우려)
  - 민중소송 (public)
    - 선거관련 : 선거소송 / 당선소송 / 국민투표소송 / 주민투표소송
    - 지자체관련 : 주민소송
  - 기관소송 : 기관 상호간 다툼 / 헌재의 권한쟁의 심판대상 제외
    - 지방의회 vs 단체장
      (교육위원회)  (교육감)
    - 감독청 vs 단체장

**제46조(준용규정)** ① 민중소송 또는 기관소송으로써 처분등의 취소를 구하는 소송에는 그 성질에 반하지 아니하는 한 취소소송에 관한 규정을 준용한다.
② 민중소송 또는 기관소송으로써 처분등의 효력 유무 또는 존재 여부나 부작위의 위법의 확인을 구하는 소송에는 그 성질에 반하지 아니하는 한 각각 무효등 확인소송 또는 부작위법확인소송에 관한 규정을 준용한다.
③ 민중소송 또는 기관소송으로서 제1항 및 제2항에 규정된 소송외의 소송에는 그 성질에 반하지 아니하는 한 당사자소송에 관한 규정을 준용한다.

→ 처분 이외의 공법상 법률관계 (당사자소송)

# 부록2 행정소송법 '앞글자 정리사항'

| 주제 | 앞글자 | 내용 |
|---|---|---|
| 행정소송의 종류 | 항 / 당 / 민 / 기 | • **항**고소송<br>• **당**사자소송<br>• **민**중소송<br>• **기**관소송 |
| 항고소송의 종류 | 취 / 무 / 부 | • **취**소소송<br>• **무**효등확인소송<br>• **부**작위위법확인소송 |
| 행정소송법에 준용되는 법률 | 법 / 소 / 집 | • **법**원조직법<br>• 민사**소**송법<br>• 민사**집**행법 |
| 법률상 이익의 내용<br>(↔ 반사적 이익) | 개 / 직 / 구 | • **개**별적 ↔ 일반적<br>• **직**접적 ↔ 간접적<br>• **구**체적 ↔ 추상적 |
| 행정심판의 필요적 전치 | 세 / 도 / 공 | • 과**세**처분<br>• **도**로교통법상 처분 (면허취소, 면허정지)<br>• **공**무원에 대한 징계처분 |
| 필요적 전치주의에서 행정심판의 생략 — (심판청구는 하되) 재결을 생략 | 재결 / 육 / 손 / 못 / 정 | \* 행정심판의 **재결**을 거치지 아니하고 취소소송을 제기할 수 있는 경우<br>1. 행정심판청구가 있은 날로부터 **60**일이 지나도 재결이 없는 때<br>2. 처분의 집행 또는 절차의 속행으로 생길 중대한 **손**해를 예방하여야 할 긴급한 필요가 있는 때<br>3. 법령의 규정에 의한 행정심판기관이 의결 또는 재결을 하지 **못**할 사유가 있는 때<br>4. 그 밖의 **정**당한 사유가 있는 때 |
| 필요적 전치주의에서 행정심판의 생략 — 심판청구 자체를 생략 | 심판 / 동 / 관 / 변 / 필 | \* 행정**심판**을 제기함이 없이 취소소송을 제기할 수 있는 경우<br>1. **동**종사건에 관하여 이미 행정심판의 기각재결이 있은 때<br>2. 서로 내용상 **관**련되는 처분 또는 같은 목적을 위하여 단계적으로 진행되는 처분중 어느 하나가 이미 행정심판의 재결을 거친 때<br>3. 행정청이 사실심의 변론종결후 소송의 대상인 처분을 **변**경하여 당해 변경된 처분에 관하여 소를 제기하는 때<br>4. 처분을 행한 행정청이 행정심판을 거칠 **필**요가 없다고 잘못 알린 때 |

| 주제 | 앞글자 | 내용 |
|---|---|---|
| 재결주의 | 감 / 노 / 특 | • **감**사원의 재심의판정<br>• 중앙**노**동위원회 재심판정<br>• **특**허심판원의 심결 |
| 민사법원의 선결문제 심리시 준용규정 | 비 / 록 / 직 / 참 | • 소송**비**용에 관한 재판의 효력<br>• 행정심판기**록** 제출명령<br>• **직**권심리<br>• 행정청의 소송**참**가 |
| 즉시항고가 인정되지 않는 경우 | 피경전피 /<br>행참 /<br>처소 /<br>관이각 | • **피**고**경**정신청을 인용하는 결정에 대한 종**전피**고<br>• **행**정청의 소송**참**가<br>• **처**분변경으로 인한 **소**변경<br>• **관**할위반을 이유로 한 **이**송신청 기**각** |
| 당사자의 신청으로만 가능<br>(법원 직권 불가) | 피 / 변 / 록 / 접 | • **피**고경정<br>• (처분변경으로 인한) 소**변**경<br>• 행정심판기**록**제출명령<br>• 간**접**강제 |
| 상고심에서도 인정 | 집 / 참 / 유 | • **집**행정지<br>• 소송**참**가<br>• 소송요건 **유**지 |
| 기속력의 내용 | 반 / 재 / 결 | • **반**복금지의무<br>• **재**처분의무<br>• **결**과제거의무 |
| 기속력에 의해 재처분의무가 발생하는 경우 | 거 / 절 / 재 | • **거**부처분<br>• **절**차위법<br>▶ **재**처분의무 발생 |

| 주제 | | 앞글자 | 내용 |
|---|---|---|---|
| 취소소송 규정의 준용여부 | 무효등확인 소송 → 준용 × | 무 / 심 / 재 / 기 / 접 / 사 | * **무**효등확인소송<br>• 행정**심**판전치<br>• **재**량처분의 취소<br>• 제소**기**간<br>• 간**접**강제<br>• **사**정판결 |
| | 부작위위법 확인소송 → 준용 × | 부 / 처 / 집 / 사 | * **부**작위위법확인소송<br>• **처**분변경으로 인한 소변경<br>• **집**행정지<br>• **사**정판결 |
| | 당사자소송 → 준용 ○ | 비 / 록 / 직 / 참 /<br>속 / 할 /<br>변 / 경 / 공 / 병 | • 소송**비**용에 관한 재판의 효력<br>• 행정심판기**록** 제출명령<br>• **직**권심리<br>• (제3자 · 행정청) 소송**참**가<br>• 기**속**력<br>• 재판관**할**<br>• (처분변경으로 인한) 소**변**경<br>• 피고**경**정<br>• **공**동소송<br>• 관련청구소송의 이송 및 **병**합 |

## 정 인 국

고려대학교 법학과 졸업
제45회 사법시험 합격
사법연수원 제35기 수료
변호사
미국 공인회계사 시험 합격(Maine 주)
우리경영아카데미 세무사 행정소송법 강의

### ■ 저 서

- 세무사 행정소송법
- 세무사 행정소송법 필기노트
- 세무사 행정소송법 연도별 기출문제
- 하루에 끝장내기 행정소송법

제12판

# 2026 세무사 행정소송법 필기노트

| | | |
|---|---|---|
| 제3판1쇄 | 2016년 | 6월 30일 발행 |
| 제4판1쇄 | 2017년 | 7월 14일 발행 |
| 제5판1쇄 | 2018년 | 7월 2일 발행 |
| 제6판1쇄 | 2019년 | 6월 30일 발행 |
| 제7판1쇄 | 2020년 | 7월 14일 발행 |
| 제8판1쇄 | 2021년 | 8월 18일 발행 |
| 제9판1쇄 | 2022년 | 8월 17일 발행 |
| 제10판1쇄 | 2023년 | 8월 16일 발행 |
| 제11판1쇄 | 2024년 | 8월 7일 발행 |
| 제12판1쇄 | 2025년 | 8월 6일 발행 |
| 제12판2쇄 | 2025년 | 10월 10일 발행 |

지은이 | 정 인 국
펴낸이 | 이 은 경
펴낸곳 | ㈜세경북스
주 소 | 서울특별시 서초구 방배천로26길 25 유성빌딩 2층
전 화 | 02 - 596 - 3596
팩 스 | 02 - 596 - 3597
신 고 | 제2013 - 000189호
정 가 | 13,000원

저자와의
협의하에
인지를 생략함

이 책의 모든 권리는 ㈜세경북스에 있습니다.
본 출판사의 동의 없이 내용을 복제하거나 전산장치에
저장・전파할 수 없습니다.
Printed in Korea
ISBN : 979 - 11 - 5973 - 469 - 4 13360